意义形式论辩义集

叙述学卷

胡易容◎主编

科学出版社

北京

内 容 简 介

"意义形式论辩义集"系列文集是对赵毅衡意义形式论学术思想的延展、应用、商榷。本"叙述学卷",从国内外近千篇围绕"广义叙述学"(或"符号叙述学")学术观念展开的论文中遴选了16篇论文和1篇访谈文章,根据一定逻辑集结编撰而成,分别涉及符号叙述学的理论内涵与体裁拓展、核心概念与内在的形式特征,以及新类型的符号叙述典型范例。这些编选的论文,或深入一个专门领域,或拓展,或争鸣,从不同角度展示了"符号叙述学"的可探讨性和可探索空间。

本书广泛适用于语言、文学、艺术以及当代传媒文化研究等相关领域的学习者和研究者,也可为语言及文化学者提供一个跨学科的参考。

图书在版编目(CIP)数据

意义形式论辩义集. 叙述学卷 / 胡易容主编. -- 北京 : 科学出版社,
2025.3. -- ISBN 978-7-03-081466-1

Ⅰ. H0-53

中国国家版本馆 CIP 数据核字第 2025UU2474 号

责任编辑:常春娥 赵 洁 / 责任校对:张亚丹
责任印制:师艳茹 / 封面设计:有道文化

科 学 出 版 社 出版
北京东黄城根北街 16 号
邮政编码:100717
http://www.sciencep.com
北京天宇星印刷厂印刷
科学出版社发行 各地新华书店经销
*
2025 年 3 月第 一 版 开本:720×1000 1/16
2025 年 3 月第一次印刷 印张:17 3/4
字数:276 000
定价:**128.00** 元
(如有印装质量问题,我社负责调换)

前言 回归普遍意义形式的 "符号叙述学"

　　尤尔瓦·赫拉利（Yuval Harari）在《人类简史》中认为，推动人类从动物成为上帝的有三次重大革命。其中，人类从诸多动物和人类近亲中脱颖而出的第一次革命称为"认知革命"（cognitive revolution）。在他看来，不是语言而是虚构故事赋予了智人前所未有的能力。换言之，我们也可以将人类第一次革命称为"叙述革命"。在他看来，正由于大规模的人类合作是以叙述为基础的，因此只要改变所讲的故事，就能改变人类合作的方式。这等于开启了一条采用"文化演化"的快速道路，很快就远远甩掉了包括人类近亲在内的所有其他物种。人类通过叙述获得了一种"神一般"的力量，这种能力让我们能够构建复杂的社会体系，进行大规模的合作，并且在全球范围内影响现实世界。叙述使得人类能够超越生物学上的局限，通过共同的想象和信仰，创造出比个体生命更持久、更广泛的社会结构和文化。由此，"叙述"从来不是特定体裁的局部规律，而是人类认知世界及组织社会的基本方式。

　　既然叙述是一种普遍的力量或规律，那么它是怎样成为文学门类的限定性学问呢？这是委身于文学文本的实现学科化发展的近现代叙述学与许多其他学科共同的命运。实际上，人类学科发展史上许多学科基于一门具体的应用发展起来———个实然的结果，而并非基于学理逻辑的应然建构。尤其是近现代应用性学科发展过程中，诞生了许多因需求而出现的学科。诸如"语言"是"符号"中的一种，但20世纪初先行发展起来的是以索绪尔为代表的结构主义语言学而非以查尔斯·皮尔斯（Charles S. Peirce）为代表的"一般符号学"；类似的还有基于应用需求

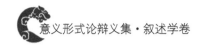

而发展起来的新闻学，在很长时间内都代表了"传播学"，但从学科种属关系逻辑上，我们清楚地了解，新闻只是其中一种传播方式，还有广告、公关等许多传播门类。这种先行发展起来的种学科代替属学科的现象尽管颠倒了学科逻辑的上下层级，但确是人类社会实践中基于具体问题导向再自然不过的方式。这不过说明这种下级门类具有历史阶段的需求性或典范性。但随着时代的发展，这种历史阶段下的学科路径往往会突破其原有边界，以实现学科实然向逻辑应然的发展。因此，我们看到语言学发展到一定阶段，面对跨语际问题时，语言本身的外延不得不向"一般符号"广义化发展；而新闻传播学在今天的学理化发展，也不断地越出新闻去探索一般意义的"人类传播规律"。

回顾叙述学的学科发展史，几乎也具有同样的特质。亚里士多德在《诗学》中对情节等要素的讨论奠定了古典叙事学框架。亚里士多德的古典叙事理论主要针对悲剧，之后的叙述研究传统，文学占据了主要位置也就自然而然。19世纪的文学批评部分地成为现代叙述学的实践前奏，而结构主义语言学直接促成了现代叙述学的诞生。茨维坦·托多罗夫（Tzvetan Todorov）是这门学科的命名者，也是叙述学的定义提出者之一。他认为，叙述学研究的对象是叙事的本质、形式、功能，无论叙事采取何种媒介，文字、图画还是声音。换言之，托多罗夫的观点代表了侧重叙事普遍特征一派的观点。但客观上它们都集中在文学文本，尤其是小说文本的研究之上。例如，被认为是接受了托多罗夫观点的《大拉霍斯词典》将叙述学解释为"人们有时将它指称为用来研究文学作品结构的科学研究"[①]。而以热拉尔·热奈特（Gerard Genette）为代表的观点则更为明确地将叙述学界定为"以语言为媒介的文学叙事研究"，并强调话语（包括时序、语式、语态等）研究，而并不那么关心故事结构。

如果说亚里士多德的古典叙述理论构成了文学文本对象的传统根源，那么现代经典叙述学的结构主义传统则形成了其封闭结构的直接成因。哪怕及结构主义发展至后结构主义，这种结构主义的惯性仍然强有

---

① 罗钢：《叙事学导论》，昆明：云南人民出版社，1994年，第2页。

力地掣肘着叙事学的发展。理论家们似乎也是一点一点往前突破。比如，A. J. 格雷马斯（A. J. Greimas），曾提出的叙述语法适用于任何的符号文本。但受限于这种传统，他也未能作出整体性的理论改革。而叙述学的边界常常是在叙事对象的迅猛发展中被挤破的，诸如，西摩·查特曼（Seymour Chatman）认为电影是符号学的领域，实际上就把电影看成了符号叙述。不仅如此，罗兰·巴尔特（Roland Barthes）所讨论的服装、广告、博物馆展览等流行文化现象，其中的叙述性显而易见。尽管巴尔特在《叙述结构分析导言》中将符号观引入了叙述学，但巴尔特的结构主义分析方法和对象依然受到限制而未能整体性地重塑叙述学面貌，后期巴尔特更多以符号学面貌，实现向后结构主义的转进。

在叙述学基础如此优越的西方学界，为什么迄今未以一种整体性的面貌实现重塑？原因之一或许是语言结构逻辑上的。对于没有时态的汉语来说，叙述学"过去性"看似不可撼动，但对于没有时态的汉语来说，它并没有坚实的语言逻辑根基。在文学对象范畴上，中国古典文学文本与历史文本彼此交融，也使得"文学文本"的范畴边界本就是不清楚的。由此，亚里士多德以来的西方叙述学传统，在学理上当然可借鉴，但在叙述文本的范畴方面，既没有基于语言的时态的逻辑依据，也不提供包含历史叙述文本这样的对象依据。这反而使得中国叙述学更少包袱，也更能面向叙述学这门学科的意义形式论的本意。20世纪七八十年代，海登·怀特（Hayden White）等以叙述学改造历史学的"新历史主义"运动对全球学界冲击都很大，但若考虑到中国史学的文学性之密切，中国学界没有发生这样的历史叙述运动反而是奇怪的。

当然，这也并不奇怪。毕竟，学术发展包含了当下学术史语境下的复杂因素。没有亚里士多德传统或语法时态包袱的优势是否能切实地转换为中国叙述学自主知识体系建构的实践成效，还取决于当下学界的诸多因素，也需要避免西方学术的一些弊端。比如，在赵毅衡看来，"每个学科都似乎要固守着自己的名字不愿意放下，有些画地为牢"[1]。他提

---

[1] 参见本书附录中的采访内容。

到，符号学家保罗·科布利（Paul Cobley）的《叙述》（*Narrative*），已经涉及符号叙述，但他始终进不了叙述学的圈子。而科布利教授对中国学界符号叙述学能进入叙述学领域的开放程度感到惊讶。这种未形成过于牢固圈子的情形是中国学界的优势，值得学界珍视。

此外，叙述学在中国的发展，还有一个具当下意义的语境优势——中国当下经历的文化与科技双重剧变的实践，为叙述学提供了诸多全新的文本样态。在科学技术领域，从互联网到物联网，再到包含人联网在内的元宇宙实践提供了诸多时态与时空交错的新文本形态，其亟待处理的叙述性问题常常无法再用传统的框架去套用；在文化领域，中华文化复兴的现实，可能超越了"后殖民"、"后现代"或"后工业"这些打上清晰的西方中心标记的概念所包含的潜在意涵。中华文化正在以自身的叙事方式超越传统与现代、东方与西方等二元关系，而正在开启一种有待重新审视的不同叙述逻辑。

沿着赫拉利将"叙述"作为人类的本质力量，需要从叙述本身的应然角度去面对叙述学，从一门学科所属的"意义形式论"展开探索。赵毅衡在处理"叙事"与"叙述"这一对在西语世界并没有区别的术语时，坚决采用"叙述"一词，虽然看上去是术语之别，但包含着理论范式的内在坚持。他坚称，如果沿用"叙事学"就无法展开"广义叙述学"讨论。沿着范式创新的思路，这本"叙述学卷"从上千篇相关论题的论文中遴选了触及"广义叙述学"关键点的讨论。本书除"绪编"外，主体部分共分四编：绪编"符号叙述学何为？"从学科发展角度讨论边界之拓展；第一编"符号叙述学：定义与基本问题商榷"从定义、媒介基础等分析符号叙述学的基本关键概念；第二编"符号叙述范畴：体裁、媒介与形态边界拓展"集中讨论图像、游戏、歌词乃至梦境这些非常统叙述样态如何丰富叙述学理论；第三编"符号叙述结构：'新底本'、'三度区隔'与'再叙述'辨析"力图展现符号叙述结构的普遍形式规律；第四编"符号叙述的展开：类型、主体、情节"则对包含演示叙述在内的符号叙述新分类的典型范例提供了具体分析。

本文集是一个协作成果，赵毅衡教授的"符号叙述学"理论是文集选编的核心线索和主要论辩对象。胡易容负责总体策划、篇目遴选、结构设计、前言撰写等并负责学术审核。孙少文配合主编负责全书文稿统筹协调汇总，并就相关学术问题征求原作者意见后进行适当处理；孙少文、李佳共同完成了各篇章导言撰写，并参与了引文校对汇总；杨红、许春红、李灵涓、韩嘉祥、马翾昂负责完成参考文献校对及注释等规范统一。特此说明。

　　一门学科的重大创新，常常是一批学者乃至一代学者的努力，赵毅衡《广义叙述学》及其系列论文出版以来，引发了诸多探讨，其中不乏争鸣乃至争议。这些编选的论文或赞同，或拓展，或争鸣，从不同角度展示了"符号叙述学"的"可探讨性"和可探索空间，这恰恰是学术发展最需要的氛围，也是我们编辑《意义形式论辩义集》的初衷。

胡易容

2024 年 12 月

目　录

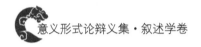

第三编 符号叙述结构："新底本"、"三度区隔"与"再叙述"辨析

第四编 符号叙述的展开：类型、主体、情节

绪 编

符号叙述学何为？

一、叙述学如何向全域敞开？

饶广祥①

摘要：任何一个学科要获得重大推进，都必须在基本原则上实现突破。要建立广义叙述学，不仅需要丰富分析技术，扩展研究疆域，更重要的是要应对当代媒介形态变化带来的挑战，推进对人类文化体验的理解。因此，若仅从叙述学分析技术创新的角度，评价赵毅衡提出的广义叙述学体系，恐怕只是外延性的解读。本文首先列出了媒介飞速发展对叙述学提出的三大挑战：纪实文本大量出现、意图性文本泛化、接收者地位提升。接着分析广义叙述学体系如何应对这些挑战，使叙述学向所有叙述体裁敞开，从而为人类理解和解释当今文化提供全新视角。

关键词：广义叙述学；纪实；意向性；接收者

（一）新媒介发展对叙述学提出的三大挑战

"叙事学是研究叙事文的科学"，而"叙事文的特征是叙述者按一定叙述方式结构起来传达给读者（或听众）的一系列事件"②。叙述学研究面对的都是由媒介组成的文本，媒介形态变化会改变文本形态和接收者的阅读状态，进而使传统叙述学③未重视的问题暴露出来，对叙述学理论

---

① 饶广祥，四川大学文学与新闻学院教授，符号学-传媒学研究所副所长，主要研究方向为产业与商品符号学、广告符号叙述学。本文原标题为"叙述学如何向全域敞开：评赵毅衡的《广义叙述学》"，刊载于《英美文学研究论丛》2016 年第 2 期。本文在原论文基础上略作了修改。

② 胡亚敏：《叙事学》，武汉：华中师范大学出版社，2004 年，第 11 页。

③ 为了便于行文，本文将与广义叙述学相对的叙述学称为传统叙述学，并搁置"叙述"和"叙事"这两个术语的争论，全文统一使用"叙述"和"叙述学"，引文部分若使用"叙事"，则尊重原文不作更改。——作者注

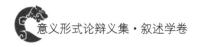
形成挑战。

近年来，随着移动互联网技术的提高和手机的普及，人们接触文本的方式发生了根本性变化。中国互联网络信息中心（China Internet Network Information Center，CNNIC）发布的第 54 次《中国互联网络发展状况统计报告》显示：截至 2024 年 6 月，我国网民规模为 10.9967 亿人，互联网普及率达 78.0%，我国手机网民规模为 10.96 亿人，网民使用手机上网的比例为 99.7%。①媒介剧烈演变，使这个挑战变得更加突出，叙述学不得不应对和处理。新媒介变化对叙述学提出了三大基础性的挑战。

首先，纪实型文本呈现出强烈的叙述性，挑战了叙述学研究领域。这种挑战在过去几十年已经在各个领域显现出来。这些挑战不仅体现在历史、影视、政治学等领域，还发生在医学、法学、新闻传播学等和小说相去甚远的学科。②这些领域的研究者开始研究叙述，并呼唤新的叙述学理论。例如，追求真实客观的新闻发生了演变，出现了"新新闻主义"。相对于追求"客观理性"的新闻观，新新闻主义"将文学写作的手法应用于新闻报道，重视对话、场景和心理描写，主张记者可以在新闻报道中描述人们的主观感受和心理活动，不遗余力地刻画细节"③。因为基于事实，行文时又大量借鉴了文学的表现技巧，很多新闻报道情节精彩程度甚至不亚于小说，因此具有强烈的文学性。蒋荣昌就认为，新闻等是广义的文学文本。"'新闻'和'报道'是大众传媒的典型文学样式。'现场'无论是以图像、声音，还是以文字的方式被'报道出来'，总是在表现公众在日常生活中凝聚的某种现场性关切，并且就是在这儿成为打动和吸引'读者'的文学文本。"④

---

① 中国互联网信息中心：《第 54 次中国互联网发展状况统计报告》，2024 年 8 月 29 日，https://www.cnnic.net.cn/NMediaFile/2024/0911/MAIN1726017626560DHICKVFSM6.pdf.

② 赵毅衡：《〈叙述转向〉之后：广义叙述学的可能性与必要性》，《江西社会科学》2008 年第 9 期，第 31 页。

③ 徐叶：《新新闻主义：新闻客观性的扩容》，《当代传播》2008 年第 3 期，第 92 页。

④ 蒋荣昌：《消费社会的文学文本：广义大众传媒时代的文学文本形态》，成都：四川大学出版社，2004 年，第 163 页。

传统叙述学理论主要以虚构的小说为研究对象，并不处理这种实用性高的"事实"文本。更深层次的影响是，由于对象的局限，传统叙述学并未有效处理经验世界和叙述的关系，因此未能在这个维度上确认叙述学研究的领域。

其次，以广告、宣传为代表的实用性文本提出"说服接收者行动"的分析要求。当前人们接触的宣传、广告远远比阅读的小说要多。"传播业是个超过 4000 亿美元的产业，而其中 2060 亿美元用于大众传播，也就是将同一个模子里生产的产品散布到不同的地区去。美国现有 1449 个电视台，4 大主要广播电视网，10379 个无线广播电台，1509 种日报，7047 种周报，超过 17000 种杂志和新闻简报，9 大影片制作中心。一个典型的美国人年均要花 1550 小时守候在电视机前，用 1160 小时来收听无线电频道，用 180 小时阅读报纸，用 110 小时读杂志。"[①]广告如此普遍，以至于成为我们社会共享的知识，是整合个体成为一个群体的价值所在。

宣传、广告、谣言等文本和小说最重要的区别在于：这些文本的发送有强烈的实用性目标。广告吸引接收者购买商品，宣传说服接收者实施捐款、投票等行为，谣言企图使接收者相信并采取相应行动。正是因为这种意图帮助发送者实现了目标，所以这些广义的体裁在当代社会发展迅猛。广告、宣传等已经成为当今社会非常重要的新兴体裁，但传统小说叙述学理论并不重视这种体裁的本质特征，虽然叙述视角、情节素等概念一样可以用于分析，但毫无疑问，类似的研究跳过了该类体裁最为本质的部分。

最后，接收者地位在叙述中的地位发生巨大变化。随着计算机技术的发展，网络以及移动网络的兴盛，使得互动性成为当代媒介的一个最重要特征，大众参与创作成为可能和趋势。这从根本上改变了叙述文本的传受关系。过去接收者（读者）或许也不缺乏选择权和解释权，但在网络时代，接收者（读者）不仅对文本进行阐释，而且可能干预文本的

---

① 安东尼·普拉卡尼斯、埃利奥特·阿伦森：《宣传力：政治与商业中的心理操纵》，林夕榆译，北京：新华出版社，2014 年，第 3 页。

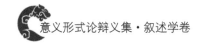

发展和走向。这种趋势在移动互联网时代变得更加复杂，微信等基于移动互联网的应用改变了接收者的阅读习惯，碎片化阅读占据了人们的大量时间。与此相适应，篇幅短小的文本广泛流行，而这类文本大多需要接收者更多地参与解读。这意味着叙述学需要重新审视接收者在叙述中的位置，并调整自己的理论提议以适应当今的叙述变化。

新媒介发展对叙述学提出的这三大挑战，提出了三个问题：如何处理纪实型文本、如何应对实用性叙述、如何处理接收者地位的变化。这三个问题实际上也是对叙述学根本学科框架的追问。如何处理纪实型文本是在讨论经验世界和文本的关系，为叙述研究奠定哲学基础；如何应对实用性叙述是处理叙述的意向性和时间问题；如何处理接收者地位的变化，则在处理叙述研究重心的问题。

众多叙述学研究者已经意识到传统叙述学的局限，并尝试推进叙述转向，于是出现了"新叙述学"或者"后经典叙述学"。虽然叙述学者所作的叙述转向努力方向不太一致，但都未能应对叙述全域，提出全新的理论体系。戴维·赫尔曼（David Herman）把叙述学扩展到电脑文化和计算机技术领域，但他所倡议的叙述学试图从其电子写作中借鉴有益的成分，并未打算扩展叙述学原有的研究疆域。同样，那些后经典叙述学研究也还是以小说为原型在讨论叙述学，停留在门类研究，没有打破各种叙述体裁之间的界限以探讨共享的基本规则。

赵毅衡的《广义叙述学》的努力方向很明晰，他开篇便提出"广义叙述学，讨论的是所有叙述体裁的共同规律"[①]。"使我们终于能够把叙述放在人类文化甚至人类心理构成的大背景上考察，在广义叙述学真正建立起来后，将会是小说叙述学'比喻地使用'广义叙述学的术语。"[②]下文将分析赵毅衡提出的广义叙述理论体系如何应对新媒介发展带来的三大挑战。

---

① 赵毅衡：《广义叙述学》，成都：四川大学出版社，2013年，第1页。

② 赵毅衡：《广义叙述学》，成都：四川大学出版社，2013年，第17页。

（二）"框架区隔"处理虚构与现实的关系，同时打开纪实型体裁进入叙述学的入口

叙述学研究最底层的问题是有关文本和经验世界的问题。任何文本都处在经验世界的对立面，和经验世界存在着某种关系。符号学给"符号"下定义时，也一直受符号与物关系的困扰。叙述学作为处理叙述文本的科学，也要面临人们有关真实与虚假的惯性追问。与这种思考模式相反，叙述学并不是从这个起点上展开研究的。茨维坦·托多罗夫从《十日谈》（*Decameron*）中总结出"语法"，提出叙述学的学科构想，自此开始了叙述学以虚构文本——小说——为主要研究对象的传统。虽然也有叙述学研究者在处理非虚构叙述问题，比如理查德·沃尔施（Richard Walsh）就提到："叙事在法学研究等非虚构语境中的地位近年来也受到很大关注。"[①]但从整体来看，研究虚构性文本被叙述学界当作一个不需论证的前提，甚至有些理论家认为"普遍存在的叙事性（narrativity）完全涵盖了虚构性概念"[②]。

沃尔施本人已经意识到纪实与虚构问题的重要性："叙事性这一基本概念的提出并没有取代虚构性概念，而是暴露出一个理论问题。如果叙事再现逻辑并不能在虚构与非虚构之间做出令人信服的区分，那么理论关注的焦点就会从虚构叙事的实质转移到虚构叙述的行为上，或者说从虚构叙事的产品移到虚构叙事的生产上。"[③]沃尔施强调若不处理叙述体裁的虚构，那就无法理解叙述行为的虚构属性，同时他也已经意识到虚构性问题不是真假问题，而是关联性问题，但他在处理虚构问题时，并未在虚构和纪实之间展开讨论，难以说清这二者的内在逻辑关系。杰

---

① 理查德·沃尔施：《叙事虚构性的语用研究》，载詹姆斯·费伦、彼得·J. 拉比诺维茨编《当代叙事理论指南》，申丹，等译，北京：北京大学出版社，2007 年，第 155 页。

② 理查德·沃尔施：《叙事虚构性的语用研究》，载詹姆斯·费伦、彼得·J. 拉比诺维茨编《当代叙事理论指南》，申丹，等译，北京：北京大学出版社，2007 年，第 155 页。

③ 理查德·沃尔施：《叙事虚构性的语用研究》，载詹姆斯·费伦、彼得·J. 拉比诺维茨编《当代叙事理论指南》，申丹，等译，北京：北京大学出版社，2007 年，第 155-156 页。

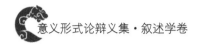

拉德·普林斯（Gerald Prince）也提到了真实问题，他给叙述定下了一个定义："由一个、两个或数个（或多或少显性的）叙述者向一个、两个或数个（或多或少显性的）受叙者传达一个或更多真实或虚构事件（作为产品和过程、对象和行为、结构和结构化）的表述。"[1]但普林斯的真实不是纪实，不是站在体裁角度讨论的文化约定。

赵毅衡在讨论这个问题时，一开始就对经验世界、虚构、纪实三者进行辨析："虚构与纪实，是人类叙述活动甚至思维方式的最基本两个范畴"，"虚构型叙述，是相对于纪实型叙述而言的，这是叙述的两种基本表意方式：明白了什么是虚构型，也就明白了纪实型"[2]。赵毅衡认为纪实与虚构不在于文本形式，也不在于指称性的强弱，从风格上、指称上区分两者都不可能。虚构与纪实是发生在发送者和接收者之间的文化契约。"文本作为符号组合的边界，实际上是接收者在文本形态、意义解释、文化程式三者之间'协调'的结果。"[3]基于这个判断，赵毅衡提出了"框架区隔"这一判别标准。"区隔框架是一个形态方式，是一种作者与读者都遵循的表意—解释模式，也是随着文化变迁而变化的体裁规范模式。区隔看上去是个形态问题，实际上在符形、符义、符用三个层次上都起隔出再现世界的作用。"[4]

通过提出"区隔框架"，赵毅衡把经验世界、纪实叙述和虚构叙述区分开来。"一度区隔是再现框架，把符号再现与经验世界区隔开来。一旦用某种媒介再现，被再现的经验之物已经不在场，媒介形成的符号代替它在场。""一度区隔为'再现区隔'。被区隔出来的，不再是被经验的世界，而是符号文本构成的世界，存在于媒介性中的世界。"[5]一度区隔是"透明"的，区隔出来的文本是"纪实型"的，直接指向"经验世界"。

① 杰拉德·普林斯：《叙述学词典》（修订版），乔国强、李孝弟译，上海：上海译文出版社，2011年，第136页。

② 赵毅衡：《广义叙述学》，成都：四川大学出版社，2013年，第64-65页。

③ 赵毅衡：《广义叙述学》，成都：四川大学出版社，2013年，第73页。

④ 赵毅衡：《广义叙述学》，成都：四川大学出版社，2013年，第74页。

⑤ 赵毅衡：《广义叙述学》，成都：四川大学出版社，2013年，第74页。

虚构叙述是符号再现基础上的再一次区隔，是再现中的再现。"为传达虚构文本，作者的人格中将分裂出一个虚构叙述发出者人格，而且用某种形式提醒接收者，他期盼接收者分裂出一个人格接受虚构叙述。虚构文本的传达就形成虚构的叙述者—受述者两极传达关系。这个框架区隔里的再现，不再是一度媒介再现，而是二度媒介化，与经验世界就隔开了双层距离。正因此，接收者不问虚构文本是否指称'经验事实'，他们不再期待虚构文本具有指称性。"[①]虚构叙述与经验世界隔开了两层，不能在经验世界求证，因此具有"不透明"效果。

赵毅衡的"框架区隔"理论对经验世界、纪实型叙述、虚构型叙述的讨论在根本上厘清了叙述学这个最为基础的问题，对叙述学理论作了重大推进。更重要的是，这个处理让叙述学向许多纪实型体裁敞开。比如，用区隔框架理论分析广告，便将广告学研究拉入叙述学研究当中。广告学也讨论文本和经验世界的问题，但广告学是站在文本和客观世界是否一致这个"真假"角度展开讨论的，判断"真实是广告的生命"这个讨论角度对于广告学本身来说本无可厚非，但广告出现叙述转向之后，广告中充满了大量虚构的内容，站在传统的指称、风格的角度讨论这个问题，无法讨论清楚。

更关键的是，若总是从科学验证的角度讨论广告文本与真实世界之间的关系，便堵死了叙述学和广告结合的入口。赵毅衡的"框架区隔"理论比较好地解决了这个问题[②]，同时也打开了广告叙述学研究的入口。这种入口意味着，新闻、广告、宣传等体裁要进入叙述学，可以不再是"'符合实情'的'经验真实'，那是个证实或者证伪的问题"[③]，而是从文本的虚构与纪实角度讨论，为整个文本叙述研究奠定基础。

---

① 赵毅衡：《广义叙述学》，成都：四川大学出版社，2013 年，第 76 页。

② 饶广祥：《广告是纪实还是虚构？：一个符号叙述学分析》，《中外文化与文论》2015 年第 3 期，第 107-116 页。

③ 赵毅衡：《符号学》，南京：南京大学出版社，2012 年，第 258 页。

（三）从体裁讨论意向性，将意动叙述和演示叙述引入叙述学研究

　　文本是发生在发送者和接收者之间的，这两者之间有一定的意向关系，这种意向性是文本研究框架性的问题。语言学使用"语气"（mood），分析哲学则使用"语力"来处理意向性，约翰·L.奥斯汀（John L. Austin）就提出了著名的"以言言事""以言行事""以言成事"三个类型，但大多学者都是站在文本内部，比如语句、判断等，而未站在体裁角度，来讨论语力和意向性，并关联到叙述学学科来展开讨论。赵毅衡在总结各家观点基础上，从整个体裁角度提出三种时间向度：过去、现在、未来。由此，整个叙述学从文本意向性的角度，就区分为了记录类叙述诸体裁、演示类叙述诸体裁、意动型叙述诸体裁。"这三种叙述文本的真正区分，在于文本意向性指向的时间方向：过去向度着重记录，因此是陈述；现在向度着重演示，意义待决，因此是疑问；未来向度着重规劝，因此是祈使。"[①]赵毅衡的这个分类，并不是基于文本内部的语句作出的，也不是基于被讲述时间（内容）发生的时间得出的，每个讲述事件里面可能会有陈述、疑问、祈使，甚至各类叙述文本讲的故事都可能接近，但因为文本的意向性不同，文本会被解读出完全不同的意向性。

　　赵毅衡有关文本意向性的讨论，对叙述学的最大影响是，将演示类叙述和意动型叙述拉进了叙述学研究的领域。"演示类叙述，是用'现成的'的媒介手段讲述故事的符号文本，可以用于演示的媒介种类有身体、言语、物件、音乐、音响、图像、光影等。演示叙述种类极多，最大一类是'表演型'的表演，如戏剧、舞蹈、歌唱、演奏、魔术、展览、演讲、口述、沙盘推演、仪式等。演示叙述也包括'竞赛型'的叙述，即为求得胜、赢而举行的比赛、赌博、决斗等；也包括各种'游戏型'叙述，即无目的，或只有虚拟目的（例如快乐，例如得分等）的游戏与

---

① 赵毅衡：《广义叙述学》，成都：四川大学出版社，2013年，第36页。

电子游戏等。"①因为西方不少传统叙述学研究者都认为叙述研究的是"过去时"的文本，因此把演示类叙述排除在叙述学之外。戏剧、游戏等已经成为当代人们生活的重心所在，叙述学若无法应对这类文本，解释力便会十分有限。

意动型叙述"不仅是叙述未来的事情，而且是预言这种情节将要发生，来劝说或要求接收者采取某种行动。这一类叙述数量极大，包括诺言、广告、预言、测算、警告、劝告、宣传、发誓等等"，且"这一类叙述最大特点，是承诺某事件会发生，或是否定性承诺，即恐吓警告，其目的都是要求接受者做出某种相应的行为"②。意动型叙述重在"取效"，广告不管说什么故事，都意在说服接收者购买商品，宣传则往往通过告知某种利益或者危险，说动受众采取发送者期待的行动。

意动型叙述为诺言、宣传等提供了全新的思考方向：意图不仅仅是通过发送者的意图实现，文本本身就携带"说服接收者采取行动"的意动能力。对于叙述学本身来说，意动型叙述第一次被当作独特的对象放入叙述学研究中，成为亟待深入研究的领域。

（四）提出二次叙述，将接收者端纳入叙述研究

叙述发生在发送者和接收者之间，但接收者因为在文本之外，往往被忽略。互联网出现之前，接收者的能动性极为有限，对文本影响较小。传统叙述学更重视文本内的叙述者与受述者、隐含作者与隐含读者这两对关系，对发送者和接收者这对关系研究较少。互联网出现后，接收者不仅仅掌握解释权，同时也更多参与到叙述生产中，对叙述文本有更大的影响。普林斯曾提出："近年来，一般文学研究尤其是叙事研究正在经历从关注作者或文本向关注读者的转变"，"我们似乎进入了这样一个时代：作家、写作过程和作品的重要性低于读物、阅读过程和读者的

---

① 赵毅衡：《广义叙述学》，成都：四川大学出版社，2013年，第38页。
② 赵毅衡：《广义叙述学》，成都：四川大学出版社，2013年，第57页。

重要"①。普林斯自己也讨论了"阅读叙事"，并提出了"任何读者在他阅读任何文本过程中都做出重大贡献"②。但他并未深入讨论接收者如何解读文本，以及这种解读对叙述的影响是什么。

赵毅衡的广义叙述学对接收者极为重视。这首先表现在对心像叙述的讨论上。叙述学界一直把心像叙述排除在叙述类型之外，理由是心像无法被理解为具有时间向度和意义向度的叙述。赵毅衡判定心像是叙述的原因是："首先它们是媒介化（心像）的符号文本再现，而不是直接经验；其次它们大都卷入有人物参与的情节，心像叙述者本人，就直接卷入情节。"③如果重视接收者在叙述中的作用，便不难发现，心像叙述中，接收者和发送者是同一个人，接收者在叙述的同时也在接收，接收时在不断揭示出文本的时间向度和意义向度。

赵毅衡将接收者在接收过程发生的解释行为定义为"二次叙述"。"二次叙述化，发生于文本接收过程中。只有叙述化，只有叙述文本，而没有接收者的二次叙述化，文本就没有完成叙述传达过程，任何文本必须经过二次叙述化，才能最后成为叙述文本。这个过程并不只是理解叙述文本，也并不只是回顾情节，而是追溯出情节的意义。"④文本经过特定解释社群的二次叙述，获得相对一致的意义。不同的文本本身叙述化的程度不同，需要进行不同的二次叙述。赵毅衡将二次叙述分为四个等级：对应式二次叙述、还原式二次叙述、妥协式二次叙述、创造式二次叙述。

赵毅衡提出二次叙述是解读多媒介之必须："当文本通过一系列媒介传播时，媒介之间很容易出现'各言其事'而不协调的情况，多媒介符号文本，在信息接收者头脑中要做最后的拼合：此时各种媒介表意不一定对应，接收者不得不对各媒介传送的意义分别进行解释，然后综合

① Gerald Prince, *Narratology: The Form and Functioning of Narrative*, Berlin: Mouton Publishers, 1982, p.103.

② Gerald Prince, *Narratology: The Form and Functioning of Narrative*, Berlin: Mouton Publishers, 1982, p.131.

③ 赵毅衡：《广义叙述学》，成都：四川大学出版社，2013年，第47页。

④ 赵毅衡：《广义叙述学》，成都：四川大学出版社，2013年，第106页。

起来。"①其实，不仅如此，二次叙述重新把一直未受重视的接收者拉进叙述学研究的视野，为叙述文本研究提供了全新的领域。对于其他学科来说，接收者和文本之间的互动关系，也有新的理论武器。

当然，赵毅衡在《广义叙述学》中重新讨论叙述学界长期争论不休的论题，对叙述者二象状态、叙述不可靠、"否叙述"与"另叙述"、可能世界、情节否定性推动力等问题，都提出了全新的见解。比如，辨析了"底本"和"述本"问题，提出"述本可以被理解为叙述的组合关系，底本可以被理解为叙述的聚合关系"②。

但在笔者看来，赵毅衡从根本上应对了新媒介时代对叙述学提出的三个挑战：纪实与虚构的区分，为新闻、历史、纪录片等体裁厘清了引进叙述学的基础；而有关意动性的讨论，为广告、宣传、游戏等当代体裁确立了叙述学研究方向；二次叙述等理论的提出，则整体上改变了叙述学重文本轻接收的现状，使叙述学向全域体裁敞开，获得全新活力。

---

① 赵毅衡：《广义叙述学》，成都：四川大学出版社，2013年，第117页。
② 赵毅衡：《广义叙述学》，成都：四川大学出版社，2013年，第129页。

二、广义叙述学的必要性

伏飞雄[①]

摘要："广义叙述学"的提出，为重新审视叙述学发展史提供了历史契机。一方面，广义叙述学是"经典叙述学"一项未竟的事业；另一方面，尽管"经典叙述学"甚至"后经典叙述学"为广义叙述学的建立提供了基础，但它们又无法完成后者之学科理论的建构。

关键词：广义叙述学；经典叙述学；后经典叙述学

2008 年，赵毅衡先生于国际叙述学界如何应对西方整个人文社会科学"叙述转向"挑战的问题语境中，提出建立一门"广义叙述学"的具体方案，从符号叙述学的立场提出了极具操作性的叙述底线定义与叙述分类原则。[②]这个建议为我们重新审视西方现代叙述学发展史提供了历史契机。本文试图表明："广义叙述学"是"经典叙述学"一项未竟的事业；"经典叙述学"甚至"后经典叙述学"由于自身的种种局限，已无法完成广义叙述学之学科理论的建构。

（一）

综合西方学者，如赫尔曼、莫妮卡·弗卢德尼克（Monkia Fludernik）

---

① 伏飞雄，重庆师范大学文学院教授。研究方向：解释学、叙述学、符号学、西方文学与文论。本文原标题为"从叙述学发展史看建立'广义叙述学'的必要性"，刊载于《当代文坛》2011 年第 6 期。本文在原论文基础上略作了修改。

② 赵毅衡：《"叙述转向"之后：广义叙述学的可能性与必要性》，《江西社会科学》2008 年第 9 期，第 30-41 页。

等的看法，我们倾向于把西方现代叙述学发展史分为这样三个阶段：20 世纪 20～30 年代德俄"形态学"模式、英美"现代小说理论"阶段，即前经典叙述学阶段；20 世纪 60～70 年代法国、德国、美国、以色列、荷兰等以结构主义为范式的经典叙述学阶段；20 世纪 80 年代以后的后经典叙述学阶段。叙述学的命名者托多罗夫在《〈十日谈〉语法》一书中，把叙述学（narratologie）定义为"关于叙事作品的科学"。此书是要讨论"一般的叙述结构，而不是一本书的叙述结构"①。换言之，对《十日谈》"叙述语法"的探讨只是作为他阐发其叙述理论的例证。这种理论取向也突出体现在法国其他叙述学家身上。作为较早认识到叙述普遍存在的理论家，罗兰·巴尔特不但研究了叙述作品的结构，还对"神话""时装体系""摄影""摔跤比赛""博物馆展览""广告"等的符号叙述进行了符号学的探索。A. J. 格雷马斯认为在电影语言、梦的语言和形象绘画等地方也存在叙述结构，他操心的是，怎样尽可能扩大叙述分析的应用领域，怎样使研究中出现的局部模型变得更形式化，进而完全从"普通符号学"的角度分析叙述作品的叙述结构、叙述语法的成分等等。②克洛德·布雷蒙（Claude Bremond）则从符号学角度，运用逻辑方法探索所有叙述作品之叙述的可能逻辑。热奈特对"批评"与"理论"谁服务于谁的问题相当纠结，但还是企图通过马赛尔·普鲁斯特（Marcel Proust）《追忆逝水年华》（À la recherche du temps perdu）这个小说文本来探讨"叙述理论"（"叙述话语"），并以"方法论"作为其书的副标题。③弗拉基米尔·普罗普（Vladimir Propp）与俄国形式文论学派的理论基础都源于 20 世纪初德国的形态学。这种形态研究范式采取有机模式来理解世界的结构，注重对部件"合成"为复杂的、更高级别的有结构的整体研究，尤其重视对从整体

---

① 张寅德：《叙述学研究》，北京：中国社会科学出版社，1989 年，第 6 页。

② A. J. 格雷马斯：《论意义：符号学论文集》（上），吴泓缈、冯学俊译，天津：百花文艺出版社，2005 年，第 165-166 页。

③ 热拉尔·热奈特：《叙事话语　新叙事话语》，王文融译，北京：中国社会科学出版社，1990 年，第 4 页。

到部件的"分布"的研究。①对于普罗普来说,他关心的是"俄罗斯神奇故事"的结构形态,但他认为"按照角色的功能来研究叙事体裁"的方法,也可以应用到其他故事样式,甚至应用于整个世界文学中的叙述性作品(尽管结论须受严格限制)。②俄国形式文论学派的影响,主要表现在语言研究角度,打破文体界限,关注艺术文本与非艺术文本差异的立场,极其看重艺术文本形式结构分析的态度与方法。赫尔曼对此有着十分精当的概括。

> 俄国形式主义者力图建立种种文体模型来尽量涵盖各种散文形式,包括叙事体裁的全部类型……形式主义者关注更高层面上的叙事结构……后来的情况表明,这些关注焦点的扩展是现代叙事理论史上的一次关键性发展。新焦点的出现推动了叙事理论与小说理论的分离,研究者的注意力从一种具体的文学体裁转移到所有话语,甚至可以说,转移到所有按照叙事原则组织起来的符号活动。形式主义者为后来的法国结构主义文论家布雷蒙和巴特等人的跨文类乃至跨媒质的(transmedial)理论探索开创了先例。③

对"经典叙述学"做出较大贡献的其他国家的叙述学家,如米克·巴尔(Mieke Bal)、查特曼、施洛米斯·里蒙-凯南(Shlomith Rimmon-Kenan)、F. K. 斯坦泽尔(F. K. Stanzel)等,基本都沿袭了法国叙述学的理论取向与方法,在自己的著作中表明了对叙述学研究对象的关注。巴尔认为,叙述学就是研究"叙述文本"的理论,即研究由语言符号组成的叙述性文本。她也对叙述文本的构成要素作了说明。④查特曼主要从形式的角度讨论了叙述的构成要素(事件、存在者),从符号学的角度

---

① 詹姆斯·费伦、彼得·J. 拉比诺维茨:《当代叙事理论指南》,申丹,等译,北京:北京大学出版社,2007年,第9页。

② 普罗普:《故事形态学》,贾放译,北京:中华书局,2006年,第182页。

③ 詹姆斯·费伦、彼得·J. 拉比诺维茨:《当代叙事理论指南》,申丹,等译,北京:北京大学出版社,2007年,第11页。

④ 米克·巴尔:《叙述学:叙事理论导论》,谭君强译,北京:中国社会科学出版社,1995年,第7页。

指出叙述之能指与所指所包含的三个要素（事件、角色、情景细节），也简要谈到不同媒介的叙述类型。①里蒙-凯南指出，我们的生活中充满叙述（新闻报道、历史书、小说、电影、连环漫画、哑剧、舞蹈、闲聊、精神分析记录等等），并在简要辨析叙述作品与非叙述作品、虚构叙述作品与非虚构叙述作品之间差异的基础上，把"叙事虚构作品"定义为"叙述一系列虚构事件的作品"②。斯坦泽尔也试图为所有可想象到的叙述结构勾画出综合的类型学。③

问题在于：既然把所有叙述类型作为研究对象已经是经典叙述学的理论逻辑，那么，还有必要提出广义叙述学吗？看来，非常有必要对经典叙述学的理论建构作进一步的研究。

（二）

1. 从事实上说，整个经典叙述学阶段并没有完成研究所有叙述类型的目标

由于语言研究远远领先于人类其他交际符号的研究，经典叙述学家们几乎没有涉及非语言符号叙述的领域。巴尔特对时装、摄影、广告的研究，也基本基于报纸、杂志、广告等的文字叙述。巴尔的"文本"定义，就直接排除了非语言符号叙述。同时，由于研究口语表达的困难，他们只探讨了书面语言叙述，而没有研究同样属于自然语言的日常口头叙述。对以书面表达为媒介的叙述来说，也主要局限在神话、民间故事、小说等文学叙述类型（个别人也研究电影、连环画等）。里蒙-凯南就有

---

① Seymour Chatman, *Story and Discourse: Narrative Structure in Fiction and Film*, Ithaca: Cornell University Press, 1978, pp.21-28.

② 里蒙-凯南：《叙事虚构作品》，姚锦清、黄虹伟、傅浩，等译，北京：生活·读书·新知三联书店，1989年，第1-3页。

③ F. K. Stanzel, *A Theory of Narrative*, Trans. Charlotte Goedsche, Cambridge: Cambridge University Press, 1986.

意识地把自己的研究限定于虚构叙述作品。

人类的叙述表意,无疑与其媒介、形式、语境等密切相关。这些叙述的"形式要素"具有自身的"形式的内容",往往内在规定了某叙述类型所要表达的意义。比如说"历史叙述"研究,学术界至今争吵不休。究其原因,就与承载历史的媒介、形式(比如口传)、语境紧密相关。在研究上取得进展的,也多以研究这些承载要素为突破口。如此看来,如果还没有对一些叙述盲区进行深入的研究,我们就不能说是在为所有叙述类型建立叙述结构或语法。另外,事实证明,小说叙述学不可能完全成为叙述学的"公分母"。它的"模式"无法对所有其他符号叙述类型完全有效(比如音乐叙述、计算机中的叙述、历史叙述等,尤其是历史叙述)。

2. 经典叙述学中具有"总体理论"性质的部分并未得到充分展开,一些基础概念也未得到基本阐明

法国叙述学理论建构有两种趋势。其一以托多罗夫、热奈特为代表。他们结合具体小说文本推出具有较强操作性的叙述文本分析工具——具体操作方法、术语与概念等。其所概括出的叙述语法之理论性、普适性是较为有限的。热奈特的"理论"与"批评"的犹豫似乎是这一点的极好注脚。托多罗夫注重文学批评也是众所周知的事实。其二以巴尔特、格雷马斯为代表。他们的叙述学理论可称为"叙述符号学",强调从普通符号学层面来研究"符号系统如何以叙述方式来表达意义",建立叙述模型。格雷马斯强调普通符号学先于语言学,认为"叙述结构模型属于符号学总体经济内部的自主机制",它的"普遍性完全由其符号语言属性得以保证";认为"没有完整的符号学理论,就很难建立一套公理系统来支撑叙述结构"[1]巴尔特尤其强调建立叙述模型对于研究不同叙述类型的重要性,叙述分析之演绎逻辑的必要性。[2]这样,在他们的理论

---

① A. J. 格雷马斯:《论意义:符号学论文集》(上),吴泓缈、冯学俊译,天津:百花文艺出版社,2005 年,第 165-170 页。

② 赵毅衡:《符号学文学论文集》,天津:百花文艺出版社,2004 年,第 406 页。

研究中，"总体叙述理论"占有很大比例。

经典叙述学在发展过程中，有一种不自觉偏向"小说叙述学"的理论建构与批评实践的趋向，或者说有偏重批评而非纯理论建构的取向。这尤其体现在法国叙述学家之外的其他国家的叙述学家身上。他们的叙述学理论，多与以亨利·詹姆斯（Henry James）、E. M. 福斯特（E. M. Forster）、珀西·卢伯克（Percy Lubbock）、埃德温·缪尔（Edwin Muir）、韦恩·布斯（Wayne Booth）等为代表人物的英美两国现代小说理论，以及受此传统影响的美国新批评思想整合。在这种理论语境中，他们多接受热奈特、托多罗夫的影响，并比较系统地发展了他们的观点。正因为如此，弗卢德尼克选择以热奈特的影响来展开经典叙述学发展史的论述。①

巴尔特与格雷马斯的一些基本观念、术语，也得到了其他叙述学家的广泛运用与讨论，格雷马斯曾抱怨叙述学界"凡话语皆叙述"，"叙述性"被掏空了内涵。②这个抱怨无疑是经典叙述学"事业未竟"的最基本表征（多"意会"这两个概念的含义）。因为，"叙述"与"叙述性"是两个事关叙述学大厦基业最为基础的概念。

3. 从理论上说，经典叙述学也完成不了为所有叙述类型提供叙述文本分析工具的任务

从逻辑上说，法国叙述学的理论范式或预设，似乎可以使之完成其目标。也许源于这种自信，早在 20 世纪 60 年代末，格雷马斯就预言"一门一般叙述学已经在望"，另外，托伊恩·梵·迪克（Teun van Dijk）也对积极建立一门"广义叙事学"投以极大的热情。③然而，结构主义语言学范式的局限，无疑也是经典叙述学无法超越的。

---

① 詹姆斯·费伦、彼得·J. 拉比诺维茨：《当代叙事理论指南》，申丹，等译，北京：北京大学出版社，2007 年，第 27-29 页。

② A. J. 格雷马斯：《论意义：符号学论文集》（上），吴泓缈、冯学俊译，天津：百花文艺出版社，2005 年，第 2-13 页。

③ 李幼蒸：《理论符号学导论》，第 3 版，北京：中国人民大学出版社，2007 年，第 420 页。

赫尔曼指出，法国经典叙述学把句子层面的语法范畴拔高到话语层面，是大有问题的。[①]话语并非句子的简单相加，它的表意已经涉及语言学句子层面之外具体的交流实践了。叙述话语的表意、表意结构、表意形式，由于交流实践的介入，已经超越了经典叙述学家从语言学句子层面所构建的叙述表意结构模式。这也为费尔迪南·德·索绪尔（Ferdinand de Saussure）之后发生于西方语言学界重视意义、语境、文本等因素的"语用学"革命所证实。这样，从语言学句子语法层面所构建的"叙述图式"，就很难对"叙述"本身行使完全有效的描述与说明功能。

经典叙述学是在"文本自足"理论预设的前提下，抽象、静态、逻辑地甚至主观地为种种叙述材料"预构"认识结构的。然而，这些结构并非事物本身的结构。从理论上说，"文本自足"本身就足以导致叙述话语的分析完全排除叙述话语的生产与接受，从而排除生产主体与接受主体。这样，只能从文本内部结构的层面来探讨叙述的构成要素，对之做出静态的描述。如此方式描述的叙述话语，既不能全面描述"叙述"本身，也很难具有实践意义。从符号意义的生产与接受来说，这也是一大弊端。

另外，经典叙述学的这种结构逻辑或逻辑结构，也无疑弱化甚至遮蔽了"时间性"这个对于叙述来说最重要的向度。没有时间性，这样的叙述结构的确也就只具有逻辑合理性，而无法对实际的叙述做出客观描述。对此，保罗·利科（Paul Ricoeur）有着深入的研究。从时间向度出发，以"现象解释学"的立场，他对普罗普、法国主要叙述符号学家的叙述结构图式重新进行了比较全面的解释，最终他认为，正如"法则论解释"不能取代"叙述智力"，逻辑化的解决办法也不适合于叙述学。[②]

再有，经典叙述学沿袭了亚里士多德以来的叙述传统，排除了戏剧

---

① 詹姆斯·费伦、彼得·J. 拉比诺维茨：《当代叙事理论指南》，申丹，等译，北京：北京大学出版社，2007年，第18页。

② Paul Ricoeur, *Time and Narrative*, Vol. Ⅱ, Trans. Kathleen Mclaughlin and David Pellauer, Chicago: University of Chicago Press, 1985, p. 32.

这一叙述类型。经典叙述学家之一的普林斯在其所编纂的《叙述学词典》（*A Dictionary of Narratology*）中就认为，戏剧所描述的事件，不是被叙述的，而是直接呈现在舞台上的。①这也就逻辑地排除了当下这个时间点所发生的叙述之叙述类型。无疑，从根本上说，这里所涉及的问题，还是如何看待"叙述"与"叙述性"这两个事关叙述学大厦基业的概念的问题。但由于结构主义叙述学无法在理论上给予解决，也就事实上宣告其建立"一般叙述学"的难产。

（三）

在笔者看来，"后经典叙述学"实在是一个"大拼盘"。之所以这样说，不在于它打破了经典叙述学的结构主义范式、形式论立场，引入了新的认识论、方法论，或西方其他文论思潮，而在于它对西方整个人文社会科学"叙述转向"诸多成果的吸收。它已经发生理论"内爆"，而不再完整地沿袭传统"叙述学"的理论架构。

就说上文提到的"叙述"与"叙述性"这两个术语。无疑，真正把它们视为人类经验表达的最基本形式，从范畴层次上加以深究的，还是"叙述转向"之中或之后的西方哲学家们，比如海登·怀特（Hayden White）、利科、阿瑟·C. 丹图（Arthur C. Danto）、F. R. 安克施密特（F. R. Ankersmit）等。这两个范畴在他们那里才真正得到基本阐明。这得益于他们的理论视野。如此看来，包括赫尔曼、弗卢德尼克、詹姆斯·费伦（James Phelan）等在内的西方新叙述学家囿于"文学叙述学"门户之见，实在没有必要。基本问题没有弄清楚，也很难对文学叙述学做出进一步的阐释。颇有意味的是，在他们所阐述的叙述学发展史中，都事实上涉及了它们。然而，他们这种对待西方"叙述转向"成果的"犹抱琵琶半遮面"的暧昧态度，断然不能为涵盖各个学科的叙述提供有效

① Gerald Prince, *A Dictionary of Narratology*, Lincoln: University of Nebraska Press, 1987, p. 58.

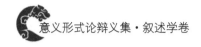

通用的理论基础、方法论，以及一套通用的术语。

考察至此，传统意义上的叙述学学科理论的局限已经非常清楚，建立"广义叙述学"的必要性十分明了。但是，我们也不能脏水、孩子一起泼掉。经典叙述学或后经典叙述学已经取得的成果或经验，比如其跨学科研究范式、符号学学科在研究中的基础性地位、其分类尝试、所提出的一些基础术语和观念等，无疑是建构广义叙述学的坚实基础。

第一编

符号叙述学：定义与基本问题商榷

导　言

　　广义叙述学既是叙述泛化的时代要求，也是叙述学继续发展之所向。在近三十年里，人文和社会科学中出现了"叙述转向"，赵毅衡认为它指向了包括但远超小说文学的广义叙述学。走向广义的叙述学，在理论层面，需要打破小说叙述的"时间回溯"，在分析对象层面，需要覆盖叙述体裁全域并进行分类，分类意味着寻找一般规律。

　　赵毅衡基于符号文本定义，提出了叙述的两条底线定义：①某个主体把有人物参与的事件组织进一个符号文本中；②此文本可以被接收者理解为具有时间和意义向度。就叙述分类，他提出沿着两条轴线展开的分类方法：一是再现的本体地位类型，即纪实型诸体裁和虚构型诸体裁；二是媒介-时向方式，媒介与时向在此分类上相通。基于本体和媒介这两种形式，赵毅衡初步建立了一个基本涵盖了叙述类型全域的体裁分类体系。

　　伏飞雄、李明芮肯定了赵毅衡对叙述的定义，但在对叙述类型的判断与解释上提出商榷，讨论了想象与回忆是不是叙述、直接经验与符号文本之间如何区隔等问题。唐小林认为文本是叙述的先决条件，而文本又是意义媒介化的结果，由此，他论述了媒介、文本、叙述及叙述类型之间的关系，提出媒介是符号叙述学的基础。

　　由于叙述定义的基础性、叙述范畴的全域性，对于许多叙述学的基本问题，赵毅衡从新的视角给出解释：在叙述的纪实和虚构问题上，提出"区隔框架"原则；在叙述的基本构筑方式上，区分了叙述化和二次叙述化，回应了底本/述本的关系问题等；在时间和情节问题上，对情节相关的诸多繁杂概念剖解辨析，并就叙述文本中叙述者、隐含作者、叙述分层等问题提出一系列新的见解。

　　王长才以书评的方式，全面评述了《广义叙述学》，一方面对广义叙述学的关键定义和主张进一步解读，另一方面对一些关键概念，如"区隔"、"底本"和"述本"等与赵毅衡商榷。

一、叙述定义再审视

伏飞雄　李明芮①

摘要：赵毅衡先生近年来从符号叙述学视域对叙述所下的定义，极大克服了其他叙述定义的局限，能涵盖尽可能多的叙述类型。但他对叙述类型的判断与解释有时与其定义本身发生龃龉。这主要表现在他对想象与回忆是不是叙述、直接经验与符号文本之间的区隔的讨论上。现象学对相关问题所作的静态分析与纯粹逻辑层次划分，不能直接运用到上述问题的讨论中。日常生活中的主体对事件的想象与回忆属于叙述，其叙述具有主体自我交流的性质。这说明，"二次叙述"（潜在）预设不同叙述主体具有局限性。另外，叙述还可拓展到日常生活中所发生的处于人们广义交流状态的事件等类型上。

关键词：一般叙述学；叙述；自我叙述交流；日常生活叙述

叙述的定义，要能涵盖所有的叙述类型，这一直是西方现代叙述学的理想，只是由于西方经典叙述学、"多种叙述学"（"后经典叙述学"）两个阶段的理论范式、框架与批评实践的局限，未能真正走向、达成这个目标。所谓"多种叙述学"，其实就是一个"大拼盘"。一方面，它并不固守经典叙述学的结构主义语言学范式、形式论立场，不仅吸纳了其他西方文论思潮，而且吸纳了整个人文社会学科"叙述转向"的诸多成果，引入了新的认识论、方法论。但另一方面，这个时期的理论家主

---

① 伏飞雄，文学博士，重庆师范大学文学院教授，主要研究领域为解释学、符号学、叙述学、西方文学与文论等；李明芮，重庆师范大学文学院 2018 级比较文学与世界文学硕士研究生，主要研究领域为西方文学与文论。本文原标题为"一般叙述学视野中的叙述定义：与赵毅衡先生商榷"，刊载于《符号与传媒》2020 年第 2 期。本文在原论文基础上略作了修改。

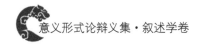

要还是从事"门类叙述学"的研究，要么对经典叙述学明显局限地修正，要么试图建构新的理论模式，但总体上并未根本突破"文学叙述学"，甚至"小说叙述学"的疆界。而且，他们在对待西方"叙述转向"的成果上，都存在不同程度的暧昧态度。因此，他们无法为涵盖各门类叙述学、各种叙述类型，提供一个有效通用的理论框架、一套方法论、一套通用的术语。

与前两个阶段不同，一般叙述学的出发点，就是建立一个能解释所有叙述类型的一般叙述理论。这是它不同于"多种叙述学"的根本方面。正因为如此，可把它视为现代叙述学发展历程中一个新的阶段，即第三阶段。这种理解，当然不同于赫尔曼、费伦等西方理论家对现代叙述学历史发展阶段的划分。以赫尔曼为代表的西方当代主流叙述学界，把20世纪60年代以来的西方现代叙述学划分为"经典叙述学"与"多种叙述学"两个阶段。[①]费伦则倾向于把西方现代叙述理论的演变划分为三种形态，也就是他所说的三个不同的"主角"，即"作为形式系统的叙述""作为意识形态工具的叙述""作为修辞的叙述"[②]。他并没有明确把这种划分看成三个阶段，但至少包括他自己在内的不少学者，都把"作为修辞的叙述"视为代表了现代叙述学新的阶段的理论形态。

一般叙述学，主要为中国学者开启与推动，发端于21世纪第一个十年，持续至今。从当代全球叙述实践与理论演变的内在逻辑来说，它会是未来一个时期叙述理论研究的一种主要模式。

（一）一般叙述学叙述定义回顾与分析

至少对汉语学术界一般叙述理论研究来说，赵毅衡先生是其最早、最主要的开拓者。2008年，他首次从"广义叙述学"（即一般叙述学）

① David Herman, *Narratologies*, Columbus: Ohio State University Press, 1999, pp.1-30.

② Robert Scholes, James Phelan and Robert Kellogg, *The Nature of Narrative*, New York: Oxford University Press, 2006, pp. 286-301.

视野出发提出了叙述的"最简定义",认为只要满足以下两个条件的"思维或言语行为"就是叙述:其一,叙述主体把人物参与的事件组织进一个符号链;其二,这个符号链可以被接受主体理解为具有内在的时间和意义向度。[①]这个定义,明显不同于其他叙述理论家的地方,在于它的理论视野已经扩大到了远比叙述学广阔的符号学。这也算是回到了现代叙述学初创时期以格雷马斯等为代表的西方符号叙述学家的理论初心。

格雷马斯一开始就倡导从普通符号学层面研究"符号系统如何以叙述方式来表达意义",并试图建立适用于不同叙述种类的叙述模型,他尤其强调普通符号学先于语言学,认为"叙述结构模型属于符号学总体经济内部的自主机制",它的"普遍性完全由其符号语言属性得以保证",认为"没有完整的符号学理论,就很难建立一套公理系统来支撑叙述结构"[②]。巴尔特尤为强调建立叙述模型对于研究不同符号叙述类型的重要性,强调叙述分析之演绎逻辑的必要性。[③]但是,正如前文所说,他们的结构主义语言学范式,基本以小说作为其理论试金石或批评对象,在文本内以形式论的立场讨论叙述语法、叙述技巧等的局限,使他们无法完成这一宏愿。赵先生的这个定义,其"思维或言语行为"这个限定表明,叙述或者是一种语言文字的行为,或者是一种思维行为。所谓思维性的叙述行为,在作者那里主要指心灵媒介类型的叙述体裁,比如白日梦、错觉、幻觉等。这类叙述体裁,是思维性的,但不一定经过语言媒介。这一点,明显是对现代叙述学狭隘研究范围的突破,即没有局限于口语叙述,尤其是文字书面叙述。思维可以不经过语言,已是当代学界共识。语言学家爱德华·萨丕尔(Edward Sapir)就指出,"语言和思维不是严格地同义的"[④],现象学家莫里斯·梅洛-庞蒂(Maurice Merleau-Ponty)

---

① 赵毅衡:《"叙述转向"之后:广义叙述学的可能性与必要性》,《江西社会科学》2008 年第 9 期,第 31-41 页。

② A. J. 格雷马斯:《论意义:符号学论文集》(上册),吴泓缈、冯学俊译,天津:百花文艺出版社,2005 年,第 165-170 页。

③ Roland Barthes, *Image, Music, Text*, Trans. Stephen Heath, London: Fontana Press, 1977, pp. 81-82.

④ 爱德华·萨丕尔:《语言论》,陆卓元译,北京:商务印书馆,1985 年,第 13 页。

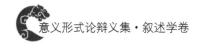

也强调，"思维并非语言的一个结果"①。

2013 年，赵毅衡对这个定义作了两个小改动。第一个小改动，是把"符号链"修改为"符号文本"，即认为"一个叙述文本包含由特定主体进行的两个叙述化过程：①某个主体把有人物参与的事件组织进一个符号文本中；②此符号文本可以被接收者理解为具有时间和意义向度"②。这个小改动，是其符号学理论进一步成熟的结果。"符号链"只表示符号之间的联结，而"符号文本"则表明，它不是符号的任意联结，而是构成一个符号组合，构成一个"合一表意单元"③。第二个小改动，是删除了 2008 年那个定义之"思维或言语行为"这个限定，使叙述范围进一步扩大与明确，即所有叙述性的"符号文本"。无论如何，"思维"一词总是指意模糊。况且，"言语行为"也多少给人退回到过去叙述定义狭窄范围的嫌疑。这个"最简叙述定义"，是其"最简符号定义"的推演式细分：一些符号组织进一个文本中，此符号文本可以被接收者理解为具有时间和意义向度。④

2014 年，赵毅衡对这个定义又作了一点修改，"只要满足以下两个条件的符号文本，就是叙述，它包含两个'叙述化'过程：①有人物参与的变化，即情节，被组织进一个符号组合；②此符号组合可以被接收者理解为具有时间和意义向度"⑤。相对于 2013 年那个定义，这个定义强调：这个符号文本，必须有能体现时间或事态变化的情节，因为情节既是叙述文本符号组合方式的特点，也是叙述文本的接受理解方式。鉴于作者对这个定义所涉及的基本因素都作了较为详细的解释，这里只从我们所关注的维度作一些不算多余的补充解释。首先，这个定义，突出了情节之于叙述的本质规定性，进一步把叙述明确为"卷入人物的情节"的广义符号叙述文本。其次，"卷入人物的情节，即故事"还要求：叙

① Maurice Merleau-Ponty, *Phenomenology of Perception*, Trans. Donald A. Landes, New York: Routledge, 2012, p. 198.

② 赵毅衡：《广义叙述学》，成都：四川大学出版社，2013 年，第 7 页。

③ 赵毅衡：《符号学原理与推演》，南京：南京大学出版社，2011 年，第 41 页。

④ 赵毅衡：《符号学原理与推演》，南京：南京大学出版社，2011 年，第 43 页。

⑤ 赵毅衡：《论二次叙述》，《福建论坛（人文社会科学版）》2014 年第 1 期，第 121-127 页。

述所述故事，或卷入的事件，必须是人物参与的事件，至少是"人格化"的事件。这一点，格雷马斯早在经典叙述学开创时期就强调过。他在对叙述进程所作的形式化描述中，已经明确提出了形象形式，即行为者角色，必须是人，或人格化（拟人化）的角色。①对此，他稍早时间所著《结构语义学》（*Structural Semantics: An Attempt at a Method*，中译本只翻译了主标题）一书有着较详尽的解释。

> 叙事被缩简为"考验"序列，后者在话语中显现为一个施动者模型，故在某种程度上使意义人格化，呈现为一连串人类（或拟人类）行为。我们已经知道，这些行为同时包含了一种时间上的连续（它既非邻接又非逻辑蕴涵）和一种连续自由，也就是说包含了人们习惯上据之定义历史的两个属性：不可逆性和选择性。我们还知道，这一不可逆选择（F 在 A 之后）必有一个结果，从而使参与历史进程的人始终负有责任。所以，顾名思义，叙事的基本历史性序列包含了人类历史活动的全部属性，即不可逆转性、自由和责任。②

其表述可简化为：①形象形式或施动者模型：人类行为或拟人化行为→意义人格化；②叙述的历史性序列（人参与的历史进程），时间上的连续及连续自由→不可逆转性、自由与责任。这个思考，已经不是我们对经典叙述学的通常理解了，即不能仅仅把它理解为受结构主义影响的纯形式论。当然，凡此两者，核心都在于赵毅衡把叙述进程形式化为"考验序列"。纯粹自然界、动物界、生物界、物理界、化学界等反映变化的事件进程，或状态变化，不可能有所谓"考验"一说。其逻辑，从本质上说在于：赵毅衡把叙述现象纳入了符号意义视域，符号意义问题，必须对人而言，或者必须人格化。之所以强化这一点，在于热奈特、普林斯等不少西方叙述学家在定义叙述时，都忽略了。热奈特曾这样定义叙述，"叙述指用语言，尤其是书面语言对一件或一系列真实或虚构的

---

① A.J. 格雷马斯：《论意义：符号学论文集》（上册），吴泓缈、冯学俊译，天津：百花文艺出版社，2005 年，第 174-176 页。

② A.J. 格雷马斯：《结构语义学》，蒋梓骅译，天津：百花文艺出版社，2001 年，第 312 页。

事件的表现"[1]，普林斯也认为，"叙述是对于一种时间序列中至少两个真实或虚构的事件或情境的表述，其中任何一个事件或情境都不假定或包含另一个事件或情境"[2]，等等。

再次，赵毅衡特别强调，"叙述文本携带的各种意义，需要接受者的理解和重构加以实现"，认为这是"判断某种意义活动是否为叙述的标准"。[3]这里所强调的——前面几次对叙述的定义都强调了这一点，是叙述信息的接收与解释：如果没有这一过程，叙述就只是单方面的，只是完成了叙述化过程的一半，因而无法最终成为叙述。这个看法，是其符号理论对皮尔斯符号三分之"解释项"强调的延伸。按照他的理解，符号意义之"存有"，只是符号接收的必要前提，符号发送者的意图意义，符号文本携带的意义，只是轮流在场，它们的在场最终被不在场的解释意义取消，最终在场的，就只有解释意义。[4]这种理解，并没有决然取消意图意义与符号文本携带的意义，只是说，这两种意义最终在与符号接收者的交流与解释中会合。当然，这一点不尽合理的潜在理论预设也会引发争论，下文将展开叙述。另外，这个定义中使用的"组织"一词，完全避免了其他理论家使用的"叙述"，甚至"重述""转述"等术语所带来的理论尴尬：要么同语反复，导致循环定义，要么暗示了被叙事件及其发生的时间。在这个定义中，我们完全看不出人物参与的事件到底发生在过去、现在，还是将来。这自然避免了过去学术界定义叙述似乎只讲述过去发生的事件，甚至一定有一个原本发生的事件等着我们去叙述的陷阱，也避免了"转述""重述"概念所暗示的叙述必经语言文字的陷阱。

总的来说，这个叙述定义基本上达到了一般叙述学的目标，能涵括尽可能多的叙述类型。当然，与任何系统性理论创构探索一样，该定义也留下一些困惑。这些困惑，更多来自赵毅衡对这个定义所做的解释与

---

① Gerard Genette, "Boundaries of Narrative", Trans. Ann Levonas, *New Literary History*, Vol. 1, No. 8, 1976, pp. 1-13.

② Gerald Prince, *Narratology: The Form and Functioning of Narrative*, Berlin: Mouton de Gruyter; Walter de Gruyter GmbH & Co. KG, 1982, p. 4.

③ 赵毅衡：《广义叙述学》，成都：四川大学出版社，2013年，第7-8页。

④ 赵毅衡：《符号学原理与推演》，南京：南京大学出版社，2011年，第50-51页。

具体运用。正是这些解释与具体运用，才使我们从根本上理解了该定义的内涵与外延；也是这些解释与具体运用，有时与该定义发生了龃龉。讨论这些龃龉，修正这个定义，将是下文的重点。

（二）一般叙述学叙述定义的深度解析与修正

赵毅衡先生在讨论心像叙述类型比如梦叙述时，特别说到回忆、想象不是叙述，因为虽然它们可能卷入了人物的事件，而且被"心像"媒介化，但它们属于"主体主动的有控制的行为"，且不符合叙述定义的第二条，"此文本可以被（另一个）主体理解为具有合一的时间和意义向度"，即它们只有一次叙述，没有二次叙述。[①]在判断心像叙述属于叙述时，赵毅衡还这样说道，"它们是叙述：首先它们是媒介化（心像）的符号文本再现，而不是直接经验"[②]。

应当说，这里真正触及赵毅衡关于叙述的问题意识：从哲学符号学这个更为原初、基础的理论视野思考叙述问题。归纳起来有两点：第一，叙述信息的产生、发送、接收与解释，似乎必须是不同的主体；第二，直接经验必须与符号文本区分，在此基础上，符号文本与叙述文本进行区分。

先说第一点。按照赵毅衡在《论二次叙述》一文的表述，"首度叙述化发生在文本形成过程中，二次叙述化发生在文本接受过程中"，只有"二次叙述才把这些因素真正'实例化'为一个叙述"[③]。也就是说，联系上文所引，在赵毅衡看来，回忆、想象之所以不属于叙述，乃是因为这两种行为只进行了叙述过程的一半，只有某主体对叙述文本的组织，而没有另外一个主体对这个文本的叙述接收与解释。这一点很难说得通。举例来说，某个人回忆他的初恋时光：一桩桩，一幕幕，或意象（物象），或事件细节，或情景（场景）画面（包括时间、空间），历历在目，回

① 赵毅衡：《广义叙述学》，成都：四川大学出版社，2013年，第47页。
② 赵毅衡：《广义叙述学》，成都：四川大学出版社，2013年，第47页。
③ 赵毅衡：《论二次叙述》，《福建论坛（人文社会科学版）》2014年第1期，第121-127页。

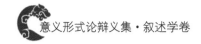

忆、品味、情伤、雾里看花式的美化等意识样式悉数在场。在这个过程中，必然涉及回忆主体对这些卷入人物的事件所作的情节化组织。如果这个人回忆时意识清醒，那么他的回忆性的叙述文本就显得较有逻辑，富于秩序化，尽管也包括不少情感化甚至非秩序化的成分。此时，这个主体不就既是叙述文本的构建者，同时也是其接收者、解释者吗？换一种方式思考，如果这个主体以写日记的方式回忆这段恋情，自己一边写一边咀嚼，或者写好之后供自己阅读，或者再也不看，也不给别人看，直接烧毁它，凡此种种，这个人是否经历了一次完整的叙述过程，完成了一种叙述？答案是显然的。正如我们常常说，一个作家往往是其作品的第一个读者，即使他写完之后再也不看自己的作品。

不过，从理论上说，这里依然有一些问题没有阐明。我们认为，赵毅衡所认为的这两种方式是以"心像"的方式"媒介化"的说法，只是说出了其媒介化的一种方式，而且是胡塞尔现象学所说的想象、回忆的方式。对想象与回忆的思考，在埃德蒙德·胡塞尔（Edmund Husserl）那里经历了较为漫长的过程，其间出现了不少摇摆与变化。[①]简单来说，广义的想象，本质上属于一种当下化的直观行为，根据是否具有存在设定信仰，可分为不设定的想象与设定的想象。前者称为单纯想象或单纯表象、单纯思维。后者在作者的最终思考中，划分为回忆、期待、真实性想象或感知性想象。感知性想象与回忆，属于与感知（知觉）行为对立的行为样式。在感知行为中，对象直接显现，属于当下直观。感知性想象与回忆，属于感知的想象性变异（变更），对象以"心像"（"心象""表象"）的方式显现，是对对象感知的"再造"，属于当下化直观的行为（他也提到了"回忆图像"，但未对回忆表象作深入的描述）。[②]

胡塞尔这种关于想象与回忆的现象学分析，是否能直接运用到对日常生活中的想象与回忆体验的讨论上呢？换言之，日常生活中一个人的想象与回忆是否只以"心像"的形式存在呢？胡塞尔在讨论想象表象（心

① 倪梁康：《胡塞尔现象学概念通释》（修订版），北京：生活·读书·新知三联书店，2007年，第356-359页。

② 埃德蒙德·胡塞尔：《逻辑研究》，倪梁康译，北京：商务印书馆，2015年，第861-871页。

像）时，也把它们看成是"图像符号"，它们作为想象的内容，在想象中被"立义"或赋予意义（同上）。这似乎表明，这个过程属于符号性的行为。但从胡塞尔的符号意义理论来说，还不能这么看。他在这个时期还没有严格区分图像表象与想象表象。他认为对象以"图像"的方式显现于想象中，图像与对象具有绝对的、必然的相似性，因此其"图像符号"似乎还难以完全说是符号学意义上的符号——尽管他也认为，这种"图像符号"像指示性符号一样，是"对被标示之物的表象"（同上）。这种说法，有其意义理论的支撑。对胡塞尔来说，纯粹的知觉立义行为与言语表达含义行为是分割的，知觉立义行为"能独立于言语声音出现"，"不需要一点音声语言意义上的表达或任何类似于语言意指的东西"[①]。言语表达的含义，源自知觉意向体验行为中所获得的意义，是现成的，"言语声音只能被称作一个表达，因为属于它的意义在表达着：表达行为原初地内在于它"[②]。从哲学符号学的立场来说，这种分割是有严重问题的。从知觉意义行为来说，似乎无需符号，因为事物直接向知觉主体显现，知觉对事物立义。但这并非一种真正的意义行为。真正的意义行为，必需意义载体即符号，哪怕符号载体就是意义发送者的身体行为，或者事物本身——也就在此时，行为或事物被看成了符号。没有符号载体，意义就无法外在化地传与他人，他人无法接收、交流与确认。纯粹个体性的、单向的意义实在无从说起。简言之，意义必伴随符号，是由意义发生的主体间性或者说公共性决定的。因此，如果我们确认想象与回忆是一种意义性的行为，那么必然由符号或语言伴随。换言之，日常生活中一个人想象、回忆初恋，不可能只是"心像"式的体验，因为，日常生活经验已是一种符号意义行为。这一点，下文还会作详尽的解释。

　　另外，赵毅衡之所以把回忆、想象看成纯粹的"心像"行为，可能受到了胡塞尔"孤独心灵生活中的表达"思想的影响。胡塞尔认为，"在

[①] 胡塞尔：《纯粹现象学通论：纯粹现象学和现象学哲学的观念》（第一卷），李幼蒸译，北京：商务印书馆，1992 年，第 302 页。

[②] 胡塞尔：《纯粹现象学通论：纯粹现象学和现象学哲学的观念》（第一卷），李幼蒸译，北京：商务印书馆，1992 年，第 302-303 页。

孤独的话语中，我们并不需要真实的语词，而只需要被表象的语词就够了。在想象中，一个被说出的或被印出的语词文字浮现在我们面前，实际上它根本不实存"①。从根本上说，胡塞尔不认为孤独心灵中存在言语表达。在他看来，真正的、交往意义的表达，是主体间的。这当然是对孤独心灵话语与表达过分狭隘的理解。狭隘理解的根源，依然是前文提到的其分裂的意义观，即言语表达含义的行为与感知、想象、回忆等"立义"行为的完全分离。事实上，柏拉图的"心灵与它自己的无声对话"思想，并没有被后世哲学家完全驳倒与放弃。倪梁康先生认为，对语言的使用往往也可以不带有交往的目的，比如出声或不出声的自言自语。②问题在于，一旦承认孤独心灵中一个主体的自言自语，即存在表达，也就承认了存在一个主体发出叙述信息并自己接收、解释这个叙述信息的情形。因此，不把日常生活中回忆、想象过去事件的现象看成完整的叙述过程，认为叙述信息的产生、发送与接收、解释，须是不同主体的看法，需要修正。这也说明，"二次叙述"至少不能对"是否为叙述文本"这个问题潜在预设不同主体这个条件。除此以外，"二次叙述"依然是一个非常有用的概念，因为它经常发生于人类的叙述实践中，只是需要注意其有效适用范围或层面。

再说第二点。上文对胡塞尔有关感知、想象、回忆等所作的现象学思考的讨论，已经涉及"直接经验与符号文本的区分"这个问题。对这个问题的澄清，涉及叙述的外延扩容，即涉及发生在日常生活的事件在什么情形下可能是一种叙述。

2013 年，赵毅衡先生对叙述作了一个"极简式"的定义："任何符号组合，只要再现卷入人物的情节，即讲故事，就成为叙述。"③这个定义，包括上文对作者判断心像叙述是否属于叙述的引述，都出现了"再

① 埃德蒙德·胡塞尔：《逻辑研究》第二卷第一部分，倪梁康译，北京：商务印书馆，2017 年，第 384 页。

② 倪梁康：《意识的向度：以胡塞尔为轴心的现象学问题研究》，北京：北京大学出版社，2007 年，第 285 页。

③ 赵毅衡：《演示叙述：一个符号学分析》，《文学评论》2013 年第 1 期，第 139 页。

现"这一重要概念。在赵毅衡的解释中，"再现"，是指"符号再现"。在他看来，对于人类经验来说，事物呈现表现为直接呈现，但它尚未媒介化为符号，因而无法传达意义。因此，事物要传达意义，必须经过符号再现："再现是用一种可感知的媒介携带意义，成为符号载体"，通过符号"媒介化"，再现就表现为事物的"重新呈现"——"用某种媒介再次呈现事物的形态"。①就叙述来说，它必须通过符号媒介，或者必须经由符号之"媒介化"过程，才能成为叙述。

应当说，赵毅衡也是在现象学的理论框架中理解"直接经验与符号文本"的区隔。对胡塞尔来说，人的知觉与事物的原初关系，是知觉朝向事物，事物直接向知觉呈现。此时，知觉与事物之间还没有建立一种意义关系，最多只是建立了一种"表象性"的关系，即"知觉表象"。伊曼努尔·康德（Immanuel Kant）的先验主体哲学也大致这样看待这种关系。只是在康德那里，感性中一些先天直观形式比如时间、空间形式介入了对经验对象的感知，对象对主体成为"现象"，构成"感性表象"。人的知觉与事物建立的第二步关系，才是意义关系。在这个第二步骤中，知觉行为对杂多的知觉材料（事物向知觉显现的材料，它们成为意向性的意识感知体验的实项内容）赋予一种意义（立义），把事物统摄为一个意识对象，构成一种初级阶段的认识。对此，倪梁康先生这样解释道："在感知中，杂多的感性材料被统合、被统摄、被立义为一个统一的东西。在这里已经有最基本的认识形成，它可以说是初级阶段的认识。但我们一般还不会把它称为'认识'，而是至多称作'辨认'，就像我们不会说，'狮子把面前的一个动物认识为羚羊'。之所以如此，乃是因为，确切意义上的'认识'，一般是指在符号行为中进行的认知活动。"②在康德那里，则是主体知性自发性的表象能力通过概念或范畴对杂多感性表象进行联结、综合把握等，从而达成对现象一定的认识。当然，正如前文不断指

---

① 赵毅衡：《"表征"还是"再现"？：一个不能再"姑且"下去的重要概念区分》，《国际新闻界》2017 年第 8 期，第 32、26 页。

② 倪梁康：《现象学的始基：对胡塞尔〈逻辑研究〉的理解与思考》，广州：广东人民出版社，2004年，第 196 页。

出的，我们这里所说的知觉对对象进行"符号立义"，已经不是胡塞尔认识论现象学的语言意义论立场，而是哲学符号学的符号意义论立场。

　　如此看来，赵毅衡对直接经验与符号文本的区分（"区隔"），无疑有着坚实的、有效的哲学基础。但问题是，我们是否能直接运用这种哲学区分去判断日常生活中人们对过去事件的想象或回忆，或者去判断发生在日常生活中有着广义交流性质的事件是否属于叙述这样的问题呢？

　　应该说，胡塞尔对知觉意义过程所作的现象学区分，有其理论合理性。但这种区分，属于对意向意识行为进行共时性静态分析的结果。胡塞尔本人非常重视这种静态分析与（历时性的）动态分析的区别，认为在动态分析中，认识行为将各个关系环节联系在一起（在时间上则是相互分离的，这与其严格的现象学时间认识有关）。①简言之，对对象的知觉与"意指"，与意义的直观"充实"并不决然分离。这与符号哲学如下理解基本一致：对知觉对象的直观与意义赋予呈现为一体化的过程。这也与康德对感性与知性在认识一个现象时的关系的理解一致："康德所谓感性与知性的'联合'（联结），就不能理解为好像两种要素各自都可以单独存在。并不是感性已经预先提供了个别对象，而后知性才从这个现成的对象出发运用概念去思维它；相反，感觉之成为表象、对象时就已经包含了知性的综合作用了，即使在意识或表象的最简单、最不确定的状态中，概念和直观都已经在共同起作用了。"②这说明，直接经验与符号文本的区分，其有效性是有范围的。在胡塞尔那里，其有效性只能限定在对感知、想象、回忆等基础性的直观意识行为所作的静态分析中。在动态分析中，这种明显层次化的逻辑区分，也不再完全有效。同时，正如上文所指出的，胡塞尔的这种区分本身，在意义理论方面还存在着严重局限。对于胡塞尔现象学的知觉意指观，利科早就提出了批评："现象学讨论的首要问题是能指（signifier）意指什么，指出这一点是很重要的。不管后来知觉描述得到多大的重视，现象学的出发点不是意识活动的无声特点，而是它借助各种符号与事物产生的联系，比如

---

① 埃德蒙德·胡塞尔：《逻辑研究》，倪梁康译，北京：商务印书馆，2015年，第911-912页。
② 杨祖陶、邓晓芒：《康德〈纯粹理性批判〉指要》，北京：人民出版社，2001年，第100页。

像一个既定的文化所建立的关系。"①另外，汉斯-格奥尔格·伽达默尔（Hans-Georg Gadamer）对胡塞尔经验思想的反思，也表达了类似的意思："胡塞尔给出了一个经验的系谱，以说明经验作为生命世界的经验在它被科学理想化之前就存在。不过，我认为他似乎仍被他所批判的片面性所支配。因为就他使知觉作为某种外在的、指向单纯物理现象的东西成为一切连续的经验的基础而言，他总是把精确科学经验的理想化世界投射进原始的世界经验之中。"②他进一步指出："胡塞尔试图从意义起源学上返回到经验的起源地并克服科学所造成的理想化，他这一尝试显然必须以一种特别的方式与这样一种困难相斗争，即自我的纯粹先验主体性实际上并不是作为这样的东西被给予的，而总是存在于语言的理想化中，而这种语言的理想化在所有获得经验的过程中已经存在，并且造成个别自我对某个语言共同体的隶属性。"③其实，赵毅衡先生也严重质疑了胡塞尔把"直观行为"与"符号行为"分割开来的做法。④这种质疑主要基于其符号意义观的符号哲学立场，即意义必须用符号才能承载（发生、传达、理解），没有无须符号承载的意义。⑤

从实质上说，利科与伽达默尔的上述看法，无非是想说，人类的日常生活经验本身，已经是一个符号意义化的世界。这一点，恩斯特·卡西尔（Ernst Cassirer）、埃米尔·本维尼斯特（Émile Benveniste）等理论家都有着异常直白的强调。卡西尔在对人与一般生物世界的比较中指出，人除了具有一切动物物种都具有的感受器系统和效应系统外，还具有符号系统这个处于上述两个系统之间的第三环节。正是这个环节，使人生活在远比动物更为宽广的实在之中，也是新的实在之维之中："人不再生活在一个单纯的物理宇宙之中，而是生活在一个符号宇宙之

---

① 保罗·利科：《论现象学流派》，蒋海燕译，南京：南京大学出版社，2010年，第3页。

② 汉斯-格奥尔格·加达默尔：《真理与方法：哲学诠释学的基本特征》，洪汉鼎译，上海：上海译文出版社，1999年，第446页。笔者行文采用"伽达默尔"，所引文献保留原貌。

③ 汉斯-格奥尔格·加达默尔：《真理与方法：哲学诠释学的基本特征》，洪汉鼎译，上海：上海译文出版社，1999年，第446-447页。

④ 赵毅衡：《意义理论，符号现象学，哲学符号学》，《符号与传媒》2017年第2期，第1-9页。

⑤ 赵毅衡：《哲学符号学：意义世界的形成》，成都：四川大学出版社，2017年，第62页。

中。……人不再能直接地面对实在，他不可能仿佛是面对面地直观实在了。……在某种意义上说，人是在不断地与自身打交道而不是在应付事物本身。他是如此地使自己被包围在语言的形式……以致除非凭借这些人为媒介物的中介，他就不可能看见或认识任何东西。"①对此，当代现象学新锐、丹麦哲学家丹·扎哈维（Dan Zahavi）也明确给予了肯定。②本维尼斯特也曾指出人类的基本状况、一个基本事实是，"在人与世界之间或在一个人与另一个人之间不存在自然的、无中介的和直接的关系，中介者是必不可少的"③。这个中介，指的就是符号或语言。这种理解，更可从利科对晚期胡塞尔提出的"生活世界"观念的反思中得到强化。他认为，人类无法在直接的直观中抵近"生活世界"，而只能通过对符号或语言"迂回的沉思"间接地"回问"达到，因为，"我们一旦开始思考就会发现我们已经'在'并且'通过'各种再现的'世界'、各种空想的'世界'、各种标准的'世界'而生活了"④。"生活世界"为既定的世界，属于界限和他人的根基，同时也只能是一种理想或理论预设，无法完全还原，经验世界已经属于符号象征和规则的世界，已经被符号再现等所包围。简言之，人类已然生活在符号意义化的世界中。应当说，这是我们讨论日常生活经验的前提或基础。所有这些，其实也是赵毅衡先生在其符号学开山之作开篇所强调的："人的精神，人的社会，整个人化的世界，浸泡在一种人们很少感觉到其存在却没有一刻能摆脱的东西里，这种东西叫符号。"⑤

　　至此，可以这样认为，我们不能直接运用胡塞尔现象学对直接经验与符号文本所作的静态区分去理解这两者的关系，更不能用此静态区分去判断日常生活中一个人对过去事件的想象或回忆、日常生活中所发生的处于人们广义交流状态的事件是否属于叙述这样的问题。如此看来，

---

① 恩斯特·卡西尔：《人论》，甘阳译，北京：西苑出版社，2003年，第44-45页。

② 丹·扎哈维：《主体性和自身性：对第一人称视角的探究》，蔡文菁译，上海：上海译文出版社，2008年，第113页。

③ 保罗·利科：《哲学主要趋向》，李幼蒸、徐奕春译，北京：商务印书馆，1988年，第354页。

④ 保罗·利科：《论现象学流派》，蒋海燕译，南京：南京大学出版社，2010年，第285页。

⑤ 赵毅衡：《符号学原理与推演》，南京：南京大学出版社，2011年，第1页。

作者所说的"直接经验",基本属于一个哲学用语,指认识论现象学对人的直观行为或者客体化行为,如感知、想象、回忆等所作静态考察的结果。它与人类在日常生活中符号意义化的生活体验并不相同。简言之,人的日常生活已经就是一种符号文本形式了。而且,日常生活中发生的处于人们广义交流状态的那些事件,还属于一种叙述文本形式。所谓日常生活中发生的处于人们广义交流状态的事件,可以描述为如下一些事件样式:日常生活中发生的具有直接交往性质的事件行为,一个人自己体验、自己解释不乏事件性与情节性的生活过程本身,或者一个人在日常生活中对他人生活事件(常态的、偶发的)的持续观看或观察等。人类社会的日常生活总是处于或隐或显、各种各样的交流中,发生在你我他身上的事件、行为,总被自己或他者观看/观察与思索。这些叙述类型,到目前为止,都被世界主流叙述学界排除在外。当然,正是由于首次讨论这些事件是否属于叙述,其理论上论证的繁难不同一般,这里只是简单提及,以服务于这里的叙述定义,笔者会专文详论。

综上所述,我们认为,相比于其他叙述定义,赵毅衡先生的如下叙述定义更具包容性,也更恰切一些:"任何符号组合,只要再现卷入人物的情节,即讲故事,就成为叙述。"[①]只是从表述上,似可修改为:叙述,指以符号文本形式存在,以情节化方式所表达与交流的卷入人物的事件或人格化的事件。这个定义,明确了叙述的媒介形式即符号文本,明确了卷入人物,或人格化的事件或事件系列,明确了事件被组织的方式即情节化,也明确了叙述必须是交流的——因而没有特别强调叙述化过程之构造与接收、解释两端——哪怕是自我交流。广义的事件或系列事件,总是时间性的,没有事件不在时间中发生、变化,就如康德所说的时间与空间一样,它们总是人类经验认识的先天直观形式。该定义没有特别提到"故事"一词,因为它已被该定义内在蕴含,事件或事件系列的情节化组织的结果就是故事。此时的故事,既有内容的性质,也有形式的性质,是内容与形式的综合体。这个定义,也适合一些日常生活叙述类型。

---

① 赵毅衡:《演示叙述:一个符号学分析》,《文学评论》2013 年第 1 期,第 139 页。

二、符号叙述学的媒介基础

唐小林[①]

摘要：媒介不是传播学专属的概念，也是符号学和符号叙述学的基础，是符号携带意义的感知部分。意义媒介化是符号成为符号的前提，也是文本成为文本的先决条件。媒介特点决定叙述体裁，叙述类型就是媒介类型。媒介隔开经验世界，使纪实与虚构有了可能。媒介范围划定叙述学边界，为有效处理文本世界与经验世界的关系提供学理依据。可以说，媒介隐藏着符号学和叙述学的全部秘密。

关键词：符号；媒介；意义媒介化；文本化；符号叙述学

（一）符号作为媒介

所谓基础，在思辨的意义上，是事物之所是的前提条件。说媒介是符号叙述学的基础，即是说离开媒介，符号叙述学无从谈起。这首先可以从媒介是构成符号的基础说起。

符号即媒介，笔者已在另一处提出。[②]意思是说，符号的首要功能是媒介。因此符号是"被认为携带意义的感知"[③]，也可以说成"符号是被认为携带意义的媒介"。这一改动至关重要，它突出了媒介在符号中"第一性"的位置。听《蓝色多瑙河》，首先扣动我们心扉的，是伴随旋律

① 唐小林，四川大学文学与新闻学院教授，四川大学符号学与传媒学研究所副所长，主要研究方向：符号学、中国现当代文学与基督教文化。本文原标题为"媒介：作为符号叙述学的基础"，刊载于《中国比较文学》2016 年第 2 期。本文在原论文基础上略作了修改。
② 唐小林：《符号媒介论》，《符号与传媒》2015 年第 2 期，第 139-154 页。
③ 赵毅衡：《重新定义符号与符号学》，《国际新闻界》2013 年第 6 期，第 6-14 页。

的音符；读《纯粹理性批判》，第一个映入眼帘的，是文字这一媒介；看不懂新媒体艺术家加里·希尔（Gary Hill）的《电子语言学》（*Electronic Linguistics*），并不妨碍我们在屏幕上看到快速移动的图像，即便符号的意义不在，媒介总在。

人类的宿命，正如卡西尔在《人论》中所说，"人不再生活在一个单纯的物理宇宙之中，而是生活在一个符号宇宙之中"，"人不再能直接地面对实在，他不可能仿佛是面对面地直观实在了"。人的符号能力进展多少，实在世界就退却多少。"在某种意义上说，人是在不断地与自身打交道而不是在应付事物本身。他是如此地使自己被包围在语言的形式、艺术的想象、神话的符号以及宗教的仪式之中，以致除非凭借这些人为媒介物的中介，他就不可能看见或认识任何东西。"①

惯熟辩证法的人，也许不太喜欢卡西尔说得那么绝对。但在这一点上，他的确说对了，除非凭借符号媒介，我们什么也不能认知。尽管他在《人论》中只论述了神话、宗教、语言、艺术等几种文化符号，但推演开去，尤其在当下，这一论断愈加散发理性光辉：随着低头族②的形成和壮大，小小的手机屏幕，正把一代又一代人带离实在世界。他们已经习惯于生活在媒介之中，哪怕不足一尺见方。生活的媒介化，已是不争的事实。

正是在这个意义上，哲学家、思想家、逻辑学家、符号学家等说了一大堆类似的话。C. K. 奥格登（C. K. Ogden）和 I. A. 瑞恰慈（I. A. Richards）说："我们的一生几乎从头到尾，一直把事物当作符号。我们所有的经验，在这个词的最宽的意义上，不是在使用符号，就是在解释符号。"③他们的说法有点奇怪，一直把事物当作符号，实际是说，我们一生面对的事物都是符号。皮尔斯也许是考虑到除了符号世界还有实在世界，否则他不会这样说："整个宇宙……哪怕不完全是由符号构成，

① 恩斯特·卡西尔：《人论》，甘阳译，北京：西苑出版社，2003 年，第 44-45 页。

② 低头族，英文单词 Phubbing，意指那些只顾低头看手机而冷落了面前一切的人们。——作者注

③ C. K. Ogden and I. A. Richards. *The Meaning of Meaning*, New York: Harcourt, Grace & World, 1946, pp. 50-51.

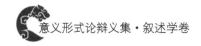

也是充满了符号。"①肯尼斯·伯克（Kenneth Burke）简直绝了："没有符号系统，世界就没有意义。"②苏珊·K. 朗格（Susanne K. Langer）的说法显然是在回应乃师："没有符号，人就不能思维，就只能是一个动物，因此符号是人的本质。"③因为卡西尔曾经说过："我们应当把人定义为符号的动物（animal symbolicum）来取代把人定义为理性的动物。只有这样，我们才能指明人的独特之处，也才能理解对人开放的新路——通向文化之路。"④

这些说法无疑论证了一点：符号把我们与实在世界隔开了，使它自身成为联系我们与实在世界的"中介"。正如本维尼斯特所说，这"揭示了人类状况的一个基本的，也许是最基本的事实，即在人与世界之间或在一个人与另一个人之间不存在自然的、无中介的和直接的关系。中介者是必不可少的"⑤。换句话说，我们只有经由符号才能与实在世界打交道。从这个意义上讲，这个"中介"也是"媒介"。符号化的世界，将我们置于符号化的生存中。离开符号这个中介，我们一无所是，一事无成，失去人之为人的依据。没有符号，我们不能思考、不能表达、不能交流，整个世界阒寂无声、静默无语，处在意义洪荒。我们直接面对的是符号而不是实在这一事实，改变了我们的一切，也改变了实在世界本身。

先哲们的说法很精彩：我们在实在世界中直接面对的是"符号"。但先哲们并没有明白告诉我们，我们面对的是符号的哪一部分。这个问题并非没有必要，而常常是因为对符号熟视无睹，我们才停止追问。其实无须仔细分析就会发现，我们直接面对的是符号的"可感知部分"。这一部分，在索绪尔那里称为"能指"，在皮尔斯那里称为"再现体"，

① Charles Sanders Peirce, *The Essential Peirce, Vol. 2: Selected Philosophical Writings (1893-1913)*, Bloomington: Indiana University Press, 1998, p. 394.

② Kenneth Burke, *Language as Symbolic Action: Essay on Life Literature and Method,* Oakkland: University of California Press, 1968, p. 6.

③ 转引自赵毅衡：《符号学原理与推演》，南京：南京大学出版社，2011年，第5页。

④ 恩斯特·卡西尔：《人论》，甘阳译，北京：西苑出版社，2003年，第46页。

⑤ 转引自保罗·利科：《哲学主要趋向》，李幼蒸、徐奕春译，北京：商务印书馆，1988年，第354页。

在路易斯·叶尔姆斯列夫（Louis Hjelmslev）那里称为"表达层"，在赵毅衡那里称为"感知"，在笔者这里称为"媒介"。符号的其他部分，无论叫"所指"，还是"内容层"，或者是"对象""解释项"等，我们并不直接面对。这些只是符号的"可感知部分"在每个人心中唤起的那些东西。用皮尔斯的话说，是另一些符号。它们并不在场。也因为它们并不在场，我们不能直接面对，才需要符号的出现。是"木瓜"和"琼琚"的相互投报，使男女双方明白"永以为好"。已经"永以为好"的夫妻，再以"木瓜""琼琚"示爱，难免被视为"作秀"，符号意义大变。注意，符号的意义是解释出来的。

斯图尔特[①]·霍尔（Stuart Hall）真是悟出了这一点：不是符号在"说话"，而是符号的媒介在"说话"。在谈到语言（其实是符号）如何运作，才能生产和传播意义时，霍尔说：

> [符号]并非因为它们都是被写或被说的（它们不是），而是因为它们都使用了某些因素去代表或表征我们想说的，去表达或传递某个思想、概念、观念或感情。口语用声响，书面语用词语，音乐语言用调性序列中的音符，身体语言用身体姿势，时装业用制装面料，面部表情语言用调动五官的方式，电视用数码或电子产生的荧屏上的色点，交通信号灯用红、绿、黄色——来"说话"。这些元素：声响、词语、音符、音阶、姿势、表情、衣服，都是我们自然和物质世界的组成部分，但它们对语言的重要性不在于它们是什么，而在于它们做什么，在于它们的功能。它们构成并传递意义。它们意指。它们本身并不具有任何清晰的意义。不如说，它们是运载意义的工具或媒介。因为它们作为代表或表征（也就是象征）我们想要传达意义的各种符号来起作用。换一个比喻就是，它们发挥符号的功能。符号代表或表征我们的各种概念、观念和感情，以使别人用与我们表现它们时大致相同的路数"读出"、译解或阐释其意义。[②]

---

① 笔者采用规范译名斯图尔特，所引文献保留原貌。

② 斯图尔特·霍尔：《表征：文化表征与意指实践》，徐亮、陆兴华译，北京：商务印书馆，2013年，第7页。

霍尔的用语特别准确，这些"媒介""它们发挥符号的功能"，意味着它们还不是符号。至于说"它们对语言的重要性不在于它们是什么，而在于它们做什么"，作为惯常之见，似乎没错，事实上却大有文章可作。忽视或者学术偏见，正是我们缺乏对称号媒介研究的原因。

上面的引文太长了，但是很说明问题：符号通过它的媒介来生产、传播和构成意义，达成其"意指实践"和"文化表征"。接收者通过符号的媒介来解释意义，并使这个"媒介"因此成为"符号"。显然，媒介是构成符号的基础，当然就是构成符号学的基础，也应该是符号叙述学的基础。

（二）媒介化即文本化

正如媒介是构成符号的基础，文本是符号叙述学的基础。没有文本，就没有叙述。

叙述文本与一般符号文本不同的只有两点：一是必须有人物卷入，二是必须有时间变化，"'人物'与'变化'缺一不可，两者兼有的符号文本，才是叙述"①。有人物卷入，才有叙述与被述主体；有时间变化，才有事件发生；人物卷入事件，叙述条件就具备，最宽意义的故事就开讲。我们作为主体存在于世，世事沧桑，瞬息万变，无时无刻不处在事件中，故事便层出不穷。所以让-保罗·萨特（Jean-Paul Sartre）说："人永远是讲故事者；人的生活包围在他自己的故事和别人的故事中，他通过故事看待周围发生的一切，他自己过日子像是在讲故事。"②③

人的一生就是一个精彩的叙述文本。所以巴尔特也说，种类繁多、

---

① 赵毅衡：《广义叙述学》，成都：四川大学出版社，2013年，第8页。

② "A man is always a teller of tales; he lives surrounded by his stories and the stories of others; he sees everything that happens to him through them, and he tries to live his life as if he were recounting it".

③ Jean-Paul Sartre, *Nausea*. New York: Penguin Modern Classics, 2000, p. 12.

题材各异的"叙述遍存于一切时代、一切地方、一切社会"①。哪里有人类，哪里就有叙述，人类史就是叙述史，就是一部卷帙浩繁的叙述长卷。从这个意义上说，"叙述是一种人类共同机制"，是有关"人类学"的问题，是有道理的。②

但无论叙述的面有多宽，叙述的历史有多长，叙述的题材和种类如何多样，也无论叙述文本与别的符号文本有怎样不同，有一点却是确定不移的：文本永远是叙述的先决条件。

文本从何而来？最简答案是：文本是意义媒介化的结果。意义媒介化，既是意义传达之必需，是"意义"跃升为"符号"的初始条件，也是文本得以可能的原因。文本是意义的媒介。这看似符号定义的同义反复，实际却道明了意义媒介化的本质特征：它始终是文本化的。意义媒介化即文本化。

倒过来的说法更符合今天符号学的潮流。意义是文本解释出来的，文本化即意义媒介化。文本就是"任何可以被解释的东西"，可以是霍尔意义上的任何事物：人、物、事件。③没有意义不通过文本表达，没有不表达意义的文本。

说意义须媒介化才能传达，很好理解。表达激愤，可以是张飞的倒竖虎须、圆睁环眼，也可以是《报任安书》这样的一纸文字。但没有这些媒介，"激愤"这一意义不可能到场。向对方示爱，可以是文字媒介，发短信；可以是声音媒介，直接口头表达；可以是身体媒介，暗送秋波；也可以是实物媒介，送一朵芳香玫瑰，或向古人学习，投以木瓜。至于心中之"志"，既可发言为诗，也可嗟叹之、咏歌之、手之舞之足之蹈之，但无论哪种方式，都离不开媒介。

意义媒介化即文本化，已经暗含了这层意思：任何一次意义的媒介

---

① 转引自赵毅衡：《符号学文学论文集》，天津：百花文艺出版社，2004年，第404页。

② 刘俐俐：《文学研究如何面对广义叙述学出现的机遇和挑战》，《符号与传媒》2015年第2期，第1-16页。

③ 斯图尔特·霍尔：《表征：文化表征与意指实践》，徐亮、陆兴华译，北京：商务印书馆，2013年，第10页。

化，都一定是一个文本。只有文本才能担负意义传达的使命。原因其实很简单："完全孤立的符号，不可能表达意义。要表达意义，符号必然形成组合。"①单个符号不表意，应该是符号学的一个基本原理。

正因为单个符号不表意，任何一次意义的媒介化，都必然是一些符号组合，都必然形成符号链，而此符号链必然"被接收者理解为具有合一的时间和意义向度"②，否则，本次意义活动失败。即便是一字诗，之所以被读成"诗歌文本"，依然是由众多符号构成的。比如北岛的诗《生活》，尽管只有一个"网"字，但文本中不忘给出足够的"空白"符号与其组合，就像中国画和中国书法作品中的留白一样，使其达成"诗歌文本"的样式，将"网"字置入一个"符号系统"。一旦进入这个系统，如乔纳森·卡勒（Jonathan Culler）所说，这个系统中早已习焉不察的文化惯例和文化程序③，就会自动发挥作用，让接收者用"诗"的方式来阅读、来解释。

没有文本，何来系统？没有系统，符号间的差异又如何存在？没有这些差异，表意如何可能？索绪尔的符号学，在这个意义上并未过时。当然任何一个符号系统，都是在"共享意义"的文化社群中经年累月长期形成的。它靠约定俗成的一系列惯例、程序和规则生成。这不是单纯加之以"结构主义""系统论"可以粗暴否定的。人类是"组织"的动物，因此才天天叫嚷自由。意义不在场，才需要符号助威呐喊。解构主义是可以理解的。

后期路德维希·维特根斯坦（Ludwig Wittgenstein）有名言：意义即用法，可谓深悟其道。符号自身是死的，只有在使用中焕发意义④。奥格登和瑞恰慈始终坚持"语境论"，也显然是持守单个符号不表意的立场。所谓"使用"，是将符号置于符号组合。所谓"语境"，不过是一些符号与另一些符号的关系，当然离不开符号组合。这些符号组合，又都只

① 赵毅衡：《符号学原理与推演》，南京：南京大学出版社，2011 年，第 45 页。
② 赵毅衡：《符号学原理与推演》，南京：南京大学出版社，2011 年，第 43 页。
③ 乔纳森·卡勒：《索绪尔》，宋珉译，北京：昆仑出版社，1999 年，第 84 页。
④ 维特根斯坦：《哲学研究》，韩林合译，北京：商务印书馆，2013 年，第 89 页。

能被理解为具有合一的时间和意义向度，只能是文本。哪里有表意活动，哪里就有文本存在。哪里有表意，哪里就有文本。文本构成我们意义活动的基本事实。

每次表意必是文本，意义媒介化必然文本化，致使文本成为意义的基本单位，成为人文科学及至文化研究的首要出发点。米哈伊尔·巴赫金（Mikhail Bakhtin）说，"文本是任何人文学科的第一性实体（现实）和出发点"[1]，尤里·洛特曼（Yuri Lotman）进一步认为，"文本可以看作是文化的第一要素"[2]。

一句话，文本是意义媒介，是叙述文本的基础，"如果不被媒介化为符号文本，不可能成为叙述"[3]。

（三）叙述类型即媒介类型

符号叙述学，力求找到所有叙述体裁的规律。"'分节'是符号全域获得意义的第一步。"[4]据《圣经》记载，起初大地混沌一团，神说要有光，就有了光，区分出昼夜。神说要有空气，便有了空气，如此这般，区分出天地、日月、星辰、生物等等。上帝六天的创世，其实就是在"分节"；"分节"的结果，不仅得到了有关人类的宇宙全域，而且形成了整个宇宙的内在秩序。分节的重要性可见一斑，难怪符号学又叫分节学。因此分节，也即对整个叙述全域分类，是符号叙述学最基础的工作，整个符号叙述学的大厦就建基于上。

当然，还有比叙述分类更基础的工作，那就是确定以什么来对叙述分类。事实也是如此，如何划分叙述体裁，成为符号叙述学建构的基点

---

① 钱中文：《巴赫金全集 第四卷 文本 对话与人文》，白春仁、晓河、周启超，等译，石家庄：河北教育出版社，1998 年，第 317 页。

② 转引自康澄：《文化及其生存与发展的空间：洛特曼文化符号学理论研究》，南京：河海大学出版社，2006 年，第 19 页。

③ 赵毅衡：《广义叙述学》，成都：四川大学出版社，2013 年，第 92 页。

④ 赵毅衡：《广义叙述分类的一个尝试》，《文艺研究》2014 年第 7 期，第 8 页。

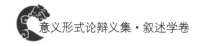

和难点。多年来，叙述学科裹足不前，未曾有重大突破，很大程度上就是困于没有找到合理的分类依据，没有找到那个撬动叙述学科的"支点"。不能有效分类，符号叙述学的意义秩序就不能建立，系统理论就不可能不支离破碎。

以媒介划分叙述体裁，可谓触到了叙述的共相，彻底改变了符号叙述学的面貌。叙述学史上第一部符号叙述学著作——赵毅衡的《广义叙述学》，正是从媒介出发的叙述分类，创开了符号叙述学的新局面。《广义叙述学》破例将叙述分类，以表格的形式，一目了然地置于全书之首、目录之前。这个开篇，不依惯例，用心良苦，匠心独运，可谓神来之笔：广义叙述学的重中之重，是分类。类分好了，广义叙述学的篇就开好了，基就奠好了，接下来的事儿就好办了。这个开局也说明，作者首先要告诉叙述学界的是，叙述分类是该书的最大创新。叙述学的"创世"，就在恰当的叙述分类。这个分类的核心标准就是媒介。作者是这样谈论叙述分类的方法的："沿着纵横两条轴线展开：一条轴线是再现的本体地位类型，即纪实型诸体裁/虚构型诸体裁；另一条轴线是媒介—时向方式，媒介与时向在这个分类上相通。也就是说，媒介分类即时间意向分类［……］每一种叙述，都属于某种再现类型，也属于某种时向—媒介类型。"[1]叙述类型即媒介类型。

这个分类，看似两条轴线，实则一个中心。或者说两条轴线最终交织在一个点上：媒介。也就是"所有的叙述"，"按其媒介构成的品质"来划分。[2]其分类的结果是，叙述全域由三种类型构成：记录类叙述、演示类叙述和意动类叙述。分别对应构成时间全域的三种时态：过去时、现在时和未来时。记录类叙述，适用的媒介是文字、言语、图像、雕塑；演示类叙述适用身体、影像、实物和言语媒介；而意动类叙述，任何媒介皆可。还有两类叙述，即记录演示类叙述和类演示类叙述，是否作为叙述学的基本类型，还可考究。作为符号叙述学基本原理，有记录、演示、意动三大类叙述"主型"，分别对应过去、现在和未来三个时向，

---

① 赵毅衡：《广义叙述学》，成都：四川大学出版社，2013 年，第 3 页。

② 赵毅衡：《广义叙述学》，成都：四川大学出版社，2013 年，第 37 页。

笔者认为就够了。记录演示类叙述和类演示类叙述，分别对应过去现在和类现在时向，其实是记录类叙述和演示类叙述的交叉、融合和发展，可以作为叙述类型的"副型"。也许随着人类进入媒介时代，新的"副型"还会出现。当然"副型"并非不重要，恰恰可能是它引领当代文化潮流的叙述样式，比如记录演示类的纪录片、故事片、电视采访等，几乎挤满了时下的荧屏。再比如对类演示叙述中梦的研究，近一个世纪以来，成了揭开人类心理机制和艺术创作机制的主战场。

之所以用媒介才能合理分出叙述类型，是因为媒介的特点决定了叙述的特点。这与文本意向性作为分类原则并不矛盾。尽管"所有的叙述文本，都靠意向性才能执行最基本的意义表达和接收功能"[1]，但作为文本意向性的"内在的意义与时间向度"，最终却落在被接收者解释的媒介中。记录类叙述使用"人造特用媒介"，演示类叙述则用"现成非特用媒介"，而意动类叙述"媒介不限"。[2]为何记录类叙述必须是文字或图像类"特制"媒介呢？符号大致上可分为"自然符号"和"人造符号"。[3]特制媒介，指的是人类"为表意而制造的纯符号"，这类符号"是专为记录叙述设计的媒介"[4]，其所具有的"持久性"，不仅可以反复推敲，再三修改，而且可供反复阅读，长期保留，而其叙述的是过去发生的事情，历史、小说、新闻、壁画等是最典型的体裁。

演示类叙述，是用"非特制"媒介进行的叙述。非特制媒介，实际上指的是作为符号的自然物和作为符号的人造物，它们原先都不是符号，是被接收者在使用过程中当场解释为符号的，例如实物、身体姿势、表情等，最集中的表现，"是演示媒介的身体性"，"所有的演示类叙述，都以身体为中心展开"[5]，简称"肉身—实物媒介"[6]。其媒介特征具有"临时性""即时性""实时性""在场性"。所以演示类叙述，有时也

① 赵毅衡：《广义叙述学》，成都：四川大学出版社，2013年，第23页。

② 赵毅衡：《广义叙述学》，成都：四川大学出版社，2013年，第35页。

③ 赵毅衡：《符号学原理与推演》，南京：南京大学出版社，2011年，第29页。

④ 赵毅衡：《广义叙述学》，成都：四川大学出版社，2013年，第45页。

⑤ 赵毅衡：《广义叙述学》，成都：四川大学出版社，2013年，第45页。

⑥ 赵毅衡：《广义叙述学》，成都：四川大学出版社，2013年，第47页。

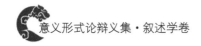

说成是"用'现成的'的媒介手段讲故事的符号文本"①。比如大型实景剧《印象·刘三姐》，就是以大地山川、日月星辰为背景展开的。进一步说，演示类媒介何时为符号、何时为物，完全依据语境而定，媒介身份的"此地此刻"性，使运用此类媒介的叙述为演示类叙述，叙述的是现在正在发生的事情，代表性体裁有戏剧、比赛、游戏等。演示类叙述媒介使用的随时性和方便性，也使其成为人类最古老的叙述，较之"特制媒介"类叙述，即记录类叙述的历史不知要悠久多少。比如远古部落的巫术、图腾仪式等，后来的皮影、木偶、动画、影视、动漫、电游、播客等新媒介或其他新新媒介的演示叙述，不过是对这类叙述的模仿、复制和发展，或许它们的媒介特征和叙述特征已经发生了一些改变，但依然涂抹不掉其基本叙述类型的某些特质。

意动类叙述，以预言、命令、广告、宣传、祝愿等体裁为代表，"不仅是叙述未来的事情，而且是预言这种情节将要发生，来劝说或要求接收者采取某种行动"②。由于文本意向的张力过强，媒介为我所用，不拘一格。正因为没有媒介限制，意动类叙述，是否一定要成为叙述的基本类型，单独成类，还可辨析。也就是说"意动性"主要是一种"文本意向"，还是一种叙述主型，还可从媒介角度再加以论证。如果能够在记录类、演示类叙述中找到意动类叙述的例子，或在意动类叙述中找到记录与演示叙述的证据，符号叙述学的格局，是否还可变动？如果把叙述不恰当地简化为"讲故事"③，那么可以说"记录"了一个故事，"演示"出一个故事，说"意动"了一个故事，似乎有些牵强。但就目前而言，三种媒介，对应三种时间方向和三种文本意向，得到叙述的三种基本类型，所构建的符号叙述学大厦，无疑是最完美的。

到此有必要回顾本节开始时的判断，《广义叙述学》"从媒介出发的叙述分类，创开了符号叙述学的新局面"。"创新"二字究竟落在哪

---

① 赵毅衡：《广义叙述学》，成都：四川大学出版社，2013年，第38页。
② 赵毅衡：《广义叙述学》，成都：四川大学出版社，2013年，第57页。
③ 当然，"叙述"的绝不仅是一个"故事"。《广义叙述学》的突破性贡献，就是颠覆了"叙述必重述"的神话。——作者注

里？一言以蔽之，它突破了"叙述即重述"的神话，将叙述全域纳入了叙述学的框架，勾画出符号叙述学的蓝图。既往的西方主流叙述学，坚持叙述学讨论的对象，是业已发生的事情，叙述学的"过去性"立场似乎不可撼动。这可以追溯到持"模仿与叙述对立"的柏拉图和亚里士多德，从经典叙述学家普林斯，一直到晚近的新叙述学家费伦和阿波特等，大都坚持"叙述的默认时态是过去时"[①]，"事件的先存在感"是叙述得以可能的条件。[②]换言之，他们把叙述限定在"特制媒介"上，认为运用其他媒介不可能叙述。《广义叙述学》一旦将"非特制"类媒介也纳入叙述学，不仅覆盖时间全域，更是覆盖符号全域，"特制媒介"以外的更广大的叙述空间被敞开、被照亮、被呈现，叙述学从一百年的"叙述必过去"的陷阱中突围而出，迈向"符号叙述学"的新境界。叙述学也因此有了一个适应信息浪潮、传媒时代、网络社会的新姿态。

从符号媒介的角度，叙述学从"特制媒介"走向"非特制媒介"和多种媒介的混合，就是它的新发展。我们还有什么理由可以怀疑媒介在符号叙述学中的基础地位？

（四）媒介空间隔出纪实与虚构

框架理论，无疑是符号叙述学的重大贡献。它有效地解决了纪实型叙述与虚构型叙述的一系列难题。比如，到底用什么来区分纪实与虚构，是风格标识还是指称标准？是"只有作者能决定"还是靠"封面标注"？歧说不一，莫衷一是，是叙述学界一直没有解开的死结。框架理论让这些问题不仅变得十分容易回答，而且在实践中还具有可操作性。但让这一理论得以可能的基础，是媒介，是媒介空间隔出纪实与虚构。在这个

---

① 詹姆斯·费伦：《文学叙事研究的修辞美学及其它论题》，尚必武译，《江西社会科学》2007年第7期，第25-31页。

② 詹姆斯·费伦、彼得·J. 拉比诺维茨：《当代叙事理论指南》，申丹，等译，北京：北京大学出版社，2007年，第623页。

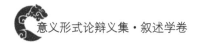

意义上说，框架理论，实际是空间理论。

框架理论的实质是框架区隔："所有的纪实叙述，不管这个叙述是否讲述出'真实'，可以声称（也要求接收者认为）始终是在讲述'真实'。虚构叙述的文本并不指向外部'经验事实'，但它们不是如塞尔说的'假作真实宣称'，而是用双层框架区隔切出一个内层，在区隔的边界内建立一个只具有'内部真实'的叙述世界。"[1]这个建立在"双层区隔"原则上的框架理论，又可称为"双区隔"理论。[2]一度区隔是"再现区隔"。它以"再现框架，把符号再现与经验世界区隔开来。一旦用某种媒介再现，被再现的经验之物已经不在场，媒介形成的符号代替它在场"。这个立足于媒介的再现区隔，是双区隔理论的基础。因为"再现的最大特征是媒介化：经验直观地作用于感知，而经验的再现，则必须用一种媒介才能实现，因为符号文本必须通过媒介才能被感知"[3]。这也是我前面所说的，可以把符号定义为"被认为携带意义的媒介"的理由之一。说穿了，是媒介在经验世界外隔出一个符号世界，使纪实与虚构叙述既有了一个自主的文本空间，又有了一个可以锚定的实在世界，这样框架理论才有了用武之地。

由于"'媒介替代'是符号再现的本质"，被媒介一度区隔出来的空间，就"不再是被经验的世界，而是符号文本构成的世界，存在于媒介性中的世界"[4]。这个世界就是纪实型叙述所在的位置，是所有纪实性体裁，比如新闻报道、历史、记事画、展览、演示、报告、庭辩、魔术、纪录片、心灵感应等所在的位置。纪实类体裁的共同特点，是直接指向经验事实，媒介的"透明性"既是体裁本身的要求，也是接收者的期待。所谓媒介的透明性，意指体裁追求符号文本与经验世界的最大"象似性"。这种象似性是皮尔斯符号学意义的，既指具体"形象"的象似，也指"关

---

① 赵毅衡：《广义叙述学》，成都：四川大学出版社，2013 年，第 73 页。

② 赵毅衡：《论区隔：意义活动的前提》，《西北大学学报（哲学社会科学版）》2015 年第 2 期，第 54-60 页。

③ 赵毅衡：《广义叙述学》，成都：四川大学出版社，2013 年，第 74 页。

④ 赵毅衡：《广义叙述学》，成都：四川大学出版社，2013 年，第 74 页。

系"和"概念"的象似。当然，这种媒介的"透明性"，在语言学转向以后，尤其在"不是言说者在言说，而是言说在言说言说者"成为主潮、建构主义大行其道、媒介的透明性遭到普遍怀疑的时候，难免被嘲笑与指责。但文化作为"相关表意行为的总集合"①，它是解释社群的"共享意义"。它与各种叙述体裁签下的契约，不仅具有相对的稳定性，而且也不是想颠覆就能随便颠覆的，尤其是进入文化实践，更是这样。

二度区隔是"二度再现区隔"，即"在符号再现的基础上再设置的第二层区隔"。它是再现中的进一步再现，也就是说"不再是一度媒介再现，而是二度媒介化，与经验世界就隔开了双层距离"。犹如"画家的床"离柏拉图"理念的床"隔了两层的情况，只是所隔之物的情形很不一样。这个从文本中再度区隔出的空间，是虚构叙述所在的位置，也是所有虚构类体裁，比如小说、神话、连环画、装置艺术、戏剧、相声、笑话、游戏、故事片、梦、幻觉等所在的位置。

关于"一度区隔"与"二度区隔"的区别与联系，《广义叙述学》援引霍尔的例子作了很好的说明，不妨在此援引："意义生产过程，就是用媒介（在他的例子中是心像）来表达一个不在场的对象或意义：我看到某人摔了一个杯子，这是经验。我转过头去，心里想起这个情景，是心像再现；我画下来，写下来，是用再现构成纪实叙述文本；当我把这情景画进连环画，把这段情景写进诗歌、小说，把这段录像剪辑成电影，就可以是虚构叙述的一部分，它可以不再是纪实，不再与原先握在手中的那个杯子对应。"②意思是说，虚构叙述的媒介不仅是不透明的，不仅不是指称性的，而且往往跳过对象，越过指称，直指解释项。③这才是这类体裁的共同特征，虚构叙述就不能在经验世界求证，否则就会犯"范畴谬误"。

但是，无论是一度区隔还是二度区隔，无论是一度媒介化还是二度

---

① 赵毅衡：《苦恼的叙述者：中国小说的叙述形式与中国文化》，北京：北京十月文艺出版社，1994年，第2页。

② 赵毅衡：《广义叙述学》，成都：四川大学出版社，2013年，第76页。

③ 赵毅衡：《符号学原理与推演》，南京：南京大学出版社，2011年，第307页。

媒介化，也无论是纪实叙述还是虚构叙述，纪实是其基本品格。在各自的框架内，遵循纪实的规程，是所有叙述文本的共性：被媒介隔出的经验世界，是所有媒介世界的最终锚定点和落脚地。

（五）媒介范围划定叙述学边界

媒介的范围，就是叙述学的边界。媒介范围有多大，叙述学边界就有多宽，听起来有些不可思议，而事实就是这样。这又一次显示出媒介的基础作用，它使符号叙述学的边界得以澄明，从混沌中呈现出来。由于一进入解释，任何事物都可以成为符号，媒介的范围变动不居，广阔无边，在实际操作中，坚持"媒介立场"就至关重要，它是叙述学"守边"行动的立足点。

斗胆说一句：学科意识，其实就是边界意识。没有边界意识，难有学科敬畏，理性与科学，就变得遥不可及。叙述学研究的是媒介化的世界，不是经验世界，因此媒介化是符号叙述学的基础。超出媒介化的行为，对于符号叙述学来说，是越界行动。或者说，看似属于叙述学的范围，但只要不在媒介世界，就不属于叙述学考察的对象。即使在媒介世界，但不用谈符号媒介的方法去谈论，依然可以不认为是符号叙述学。这不是画地为牢，也不是作茧自缚，更不是故步自封，一门学科有它的专业性要求，同时也有所为有所不为，这样才能对其他相关学科保持足够的敬畏与谦卑。跨学科研究是另一回事，它同样有自己的学科边界。

对于符号叙述学，要做到不越界，还真很困难。比如演示类叙述，《广义叙述学》在谈到为什么它属于符号叙述学的研究对象时，就持守了"媒介立场"。从仪式、戏剧，到足球比赛，到电子游戏，之所以是演示类叙述，是因为它们都是"落在一定叙述框架中的文本，其情节有控制地按一定方式展开：它们不是打架、战争那样'本来状态'的生活经验，而是媒介替代再现。虽然其媒介（人的身体、手中的武器）几乎与真实经验中的身体与武器相同,但是媒介化的再现与经验有本体性的不同"[1]。再清楚不过了,只有落入媒介、落入文本中的演示,才是符号叙述学考察的内容,不能把经验世界的东西与之混同,因为它们"有本体性的不同"[2]。但有些符号学家、叙述学家却没有坚持好这一条。比如克里斯蒂安·麦茨(Christian Metz)在分析电影的现在时态时说:"观众总是将运动作为'现时的'来感知。"[3]如果把电影"观众"也看成是电影这个演示文本内部的要素,就相当于把小说的"读者"当成小说文本的构成要件一样,显然是不恰当的。小说读者,同样"感同身受",同样有电影的"现场感",林黛玉哭,读者也会跟着垂泪,有关例子不胜枚举,但不能说小说是现在时态的。同理,就不能把作为"接收者"的观众,当作演示类叙述的"受述者"来分析,除非"观众"参与文本建构,实实在在成为这个演示文本的一部分。对演示类叙述之所以是现在时态的考量,在逻辑上应与对记录类叙述、意动类叙述是过去时和未来时的辨析取得一致。

笔者认为,如果从媒介角度观察,记录类叙述与演示类叙述的区别在于媒介自身的静止与运动。只要是静止类媒介,就是记录类的、有关过去的叙述,原因是媒介本身不占用叙述时间。凡是运动类媒介,就是演示类的、有关现在的,原因是媒介本身要占用叙述时间。记录类的"叙述行为是在瞬时中完成的"[4],而"演示叙述的最大特点,是其被叙述时段、叙述时段、接收时段三者的重合"。[5]限于篇幅,不再展开。

又比如底本与述本。"底本"究竟在哪里?到底是什么?底本与述本谁在先?等等。回答这些问题,不少叙述学家也越出了媒介世界。有的认为底本是"真正发生的事情";有的认为底本是"符合现实的故事";有的认为只要是底本里的,就是"事情本来面目";有的认为底本到述

---

① 赵毅衡:《广义叙述学》,成都:四川大学出版社,2013年,第38页。
② 赵毅衡:《广义叙述学》,成都:四川大学出版社,2013年,第38页。
③ 克里斯蒂安·麦茨:《电影语言:电影符号学导论》,刘森尧译,台北:远流出版事业股份有限公司,1996年,第20页。
④ 赵毅衡:《广义叙述学》,成都:四川大学出版社,2013年,第157页。
⑤ 赵毅衡:《广义叙述学》,成都:四川大学出版社,2013年,第162页。

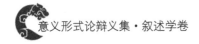

本的转化除了选择，还需要"被媒介化赋予形式"，也就是将底本视为"尚未被媒介再现的非文本"。即便是俄国形式主义所说的，即底本是"未曾变形的故事"，也与前述诸说法一样，底本容易被理解为"经验世界"里发生的事情，容易被笼罩在底本在先的阴影之下。如果坚持媒介立场，坚持底本和述本是符号双轴运动的结果，那么底本/述本都在符号世界中，不可能一个掉到经验世界里，也当然就都在媒介世界中。它们是同时发生的，不存在谁先谁后。叙述无论是分为法布拉-休热特、故事/话语、素材/故事、底本/述本等双层，还是分为故事—叙述行为—文本三层，都不可能"分"到"经验世界"中去。其实"情节"与"事件"也只能作如是观，并不是前者在媒介世界，后者在经验世界。真实作者与真实读者不进入叙述学的原因，就在于他们在经验世界中，在文本世界外。不是说他们不需要研究，而是他们自有人研究，自传作家、历史学家，甚至社会学家都可能将其作为考察对象。

此类例子几乎涉及叙述学的所有关键概念，不再一一列举。好在只要我们意识到媒介是符号叙述学的基础，就会自觉到这门学科的边界，用符号学和叙述学的方式，处理好文本世界与经验世界美丽与深邃的关系。

三、叙述学的几个基本概念

王长才[1]

编者按：本书评中，王长才详尽梳理了广义叙述学的主要观点，肯定其特点，提出商榷的疑点。作者指出广义叙述学打破了以小说叙述为代表的"文学叙述"、以过去时为圭臬的"重述性"，这是它能够建构一个新的宏大叙述理论体系的重要前提，也指向了对"叙述"的新定义、新分类维度和分析视角；同时，就"二度区隔"、"底本"和"述本"等，作者提出困惑，与赵毅衡商榷。

任何一位读者在拿到《广义叙述学》（赵毅衡著，四川大学出版社2013年版）时，第一反应或许应该是怀疑。在经历了后现代主义的洗礼之后，建构一种宏大的理论体系还可能吗？然而令人惊讶的是，作者的确做到了。赵毅衡先生多年潜心于形式论，以三十余年的积累，厚积薄发，拿出了这部力作。放眼世界，就其抱负、创见来看，该著作的确是近年来非常重要、非常值得研读的叙述学著作之一。本文试图对该书的贡献进行梳理，并就其中一些问题提出商榷。

（一）

近年来叙述学相关的论著和论文层出不穷，这一方面说明了"叙述转向"之下，叙述学作为理论和具有操作性的研究方法的活力，另一方面

---

① 王长才，西南交通大学人文学院教授，主要从事叙述学研究。本文原标题为"梳理与商榷：评赵毅衡《广义叙述学》"，刊载于《文艺研究》2015年第7期。本文在原论文基础上略作了修改。

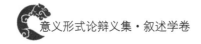

也说明了叙述学研究中存在着不少领域和问题值得好好探讨。西方出版的影响较大的叙述学导论或指南类著述，如《新叙述学》（*Narratologies: New Perspectives on Narrative Analysis*）[①]、《剑桥叙述导论》（*The Cambridge Introduction to Narrative*）[②]、《当代叙事理论指南》（*A Companion to Narrative Theory*）[③]、《剑桥叙事学导论》（*The Cambridge Companion to Narrative*）[④]、《叙述学手册》（*Handbook of Narratology*）[⑤]、《后经典叙述学：方法与分析》（*Postclassical Narratology: Approaches and Analyses*）[⑥]等，大多是由多位学者分别就叙述学方方面面进行梳理，对当前叙述学研究状况进行归纳，对发展趋势进行展望等。其中一个突出的现象是后经典叙述学已经突破了文学这一狭义叙述学研究范围，将目光投向更加广阔的叙述实践，诗歌、戏剧以及影视、音乐、连环画、电子游戏等非文字媒介等此前较少关注的对象得到了更多的研究。比如《新叙述学》第三部分为"走出文学叙述"，第四部分为"叙述媒介、叙述逻辑"；《当代叙事理论指南》中第四部分为"超越文学叙事"，其中几篇论文分别考察法律、电影、歌剧、电影音乐、古典器乐与叙述等等，最后尾声部分的几篇文章讨论表演艺术与数码艺术中的叙述。

但这些叙述学家们大多仍是以文学叙述或"重述性"叙述的研究为根基，对于非文学叙述、非文字媒介叙述的探讨也大多将之整合到原有

---

① David Herman, *Narratologies: New Perspectives on Narrative Analysis*, Columbus: Ohio State University Press, 1999.

② H. Porter Abbott, *The Cambridge Introduction to Narrative*, 2nd edn, Cambridge: Cambridge University Press, 2008.

③ James Phelan and Peter J. Rabinowitz, *A Companion to Narrative Theory*, Malden: Blackwell Publishing, 2005.

④ David Herman, *The Cambridge Companion to Narrative*, Cambridge: Cambridge University Press, 2007.

⑤ Peter Hühn, John Pier, Wolf Schmid and Jörg Schönert, *Handbook of Narratology*, Berlin: Walter De Gruyter, 2009.

⑥ Jan Alber and Monika Fludernik, *Postclassical Narratology: Approaches and Analyses*, Columbus: Ohio State University Press, 2010.

的叙述学框架之中。如弗卢德尼克在讨论媒介研究和社会科学领域内的"叙述"概念的泛化时，认为"这些拓展经常充满着张力，因为非文学学科对叙述学框架的挪用往往会导致叙述学根基的削弱，丧失精确性，结果是对叙述学术语比喻性的使用"①。H. 伯特·阿波特（H. Porter Abbott）在讨论了新技术条件下出现的超文本叙述、高度互动性等新趋势时，也认为"事件（真或假，虚构或非虚构）的先在感是叙述的一个规定性条件（a defining condition of narrative）。当然有其他叙述的规定性条件，但只要有叙述，就会出现这一条件"②。即使强调互动性的游戏，他也强调那是由无数参与者/作者即席创作，仍然会将它当作重述的故事。"这些科技支持的叙述中的形形色色的实验，精彩而充满希望，但却没有给经久不变的叙述结构带来革命甚至微小的改变。叙述将继续是叙述，所以，在这个意义上，叙述的未来就是叙述的过去。"③

该书对此提出了质疑，"有没有准备好提供一套有效通用的理论基础、一套方法论，以及一套通用的概念，来涵盖各个学科的叙述呢？"④而这实际上也点明了作者的用心和抱负。该书开篇就开宗明义："广义叙述学，讨论的是所有叙述体裁的共同规律。"并提供了一个"叙述体裁基本分类"的表格⑤。该表格从依照不同的时间向度、适用媒介，以及纪实和虚构等角度，将所有的叙述体裁纳入其中。与众不同的是，作者的分类更加细致，从而使得此前的叙述研究中忽略的部分，或者混到其他类型的问题凸显出来。比如，时间向度上此前通常认为叙述是对过去的叙述。这里，不仅仅加上了"现在"和"未来"，还增加了"过去现在"和"类现在"两类；在媒介上，此前叙述学最关注的是文字叙述，

---

① James Phelan and Peter J. Rabinowitz, *A Companion to Narrative Theory*, Malden: Blackwell Publishing, 2005, p. 46.

② James Phelan and Peter J. Rabinowitz, *A Companion to Narrative Theory*, Malden: Blackwell Publishing, 2005, p. 535.

③ James Phelan and Peter J. Rabinowitz, *A Companion to Narrative Theory*, Malden: Blackwell Publishing, 2005, p. 531.

④ 赵毅衡：《广义叙述学》，成都：四川大学出版社，2013年，第17页。

⑤ 赵毅衡：《广义叙述学》，成都：四川大学出版社，2013年，第4页。

这里，文字叙述与言语、图像、雕塑归为记录类叙述，与之并列的是记录演示类叙述（胶卷与数字录制）、演示类叙述（身体、影像、实物、言语）、类演示类叙述（心像、心感、心语）、意动类叙述。这个表格不仅包括影视、戏剧，以及近来开始得到关注的现场直播、广告、电子游戏等，还纳入了少有学者探讨的许诺、预测、誓言，甚至梦和幻觉。仅仅从这个表格中，我们就可以感觉到这部著作的可贵之处，作者将叙述视为人类表意活动之一，叙述学研究作为符号学研究的分支，研究对象从文学类叙述文本拓展到其他媒介，从狭义叙述学延伸到广义叙述学就顺理成章了。更重要的是，通过体裁的分类，该书确立了涵盖方方面面的研究对象[作者特意指出玛丽-劳尔·瑞安（Marie-Laure Ryan）的《跨媒介叙述》（*Narrative Across Media*）只是列举，不是分类]。与这个分类相联系，该书也重新定义了"叙述"。

1. 某个主体把有人物参与的事件组织进一个符号文本中。
2. 此文本可以被接收者理解为具有时间和意义向度。[①]

我们可以先看看几个新近提出的叙述定义。普林斯在他影响深远的《叙述学词典》的修订版中，给出的定义是："由一个、两个或数个（或多或少显性的）叙述者 NARRATORS 向一个、两个或数个（或多或少显性的）受叙者 NARRATEES 传达一个或更多真实或虚构事件 EVENTS（作为产品和过程、对象和行为、结构和结构化）的表述。"[②]阿波特在《剑桥叙事学导论》的定义则是："简单地说，叙述是对一个事件或一系列事件的再现。"[③]费伦的定义是："叙述是某人在某场合为了某些目的，向别的某人讲述某人或某物发生了某事。（Narrative is somebody telling somebody else, on some occasion and for some purposes that something

---

① 赵毅衡：《广义叙述学》，成都：四川大学出版社，2013 年，第 7 页。

② 杰拉德·普林斯：《叙述学词典》（修订版），乔国强、李孝弟译，上海：上海译文出版社，2011 年，第 136 页。

③ H. Porter Abbott, *The Cambridge Introduction to Narrative*, 2nd edn, Cambridge: Cambridge University Press, 2008, p. 13.

happened to someone or something.）"①这几个定义已经暗含了对此前叙述定义的讨论。比如，普林斯的定义已经修订了旧版中叙述是对过去事件的重述的提法，改为"传达"（communicate），"正在发生的"戏剧等叙述也不再被排斥在外。阿波特的定义也不再固守"叙述者"，也不再像巴尔特、里蒙-凯南等叙述学家强调的必须由两个以上事件构成叙述，并使用了"再现"这一更宽泛的词，从而扩大了叙述范围，可以将电影、戏剧，甚至图画纳入叙述之中。费伦的定义突出了他的修辞叙述学的立场，强调意图，以及叙述者与受述者之间的交流。然而，《广义叙述学》的"叙述"定义相比之下，涵盖更广泛，表述也更清晰。它给出了一个相对动态的定义，更突出了"接收者"的作用：时间和意义向度也由接收者认定，"某个主体"事实上也可以由接收者构筑出来，从而将图像、雕塑等原本没有时间维度、不被视为叙述的文本，甚至梦、幻觉这一类叙述主体并不明确、没有明确叙述意图的文本也纳入叙述之中。由此，作者提出了一个新的叙述学构架，它包罗万象，提出了一系列值得讨论与探究的新问题。

建立一个体系，仅仅有雄心是不够的，还需要细致入微的工作。令人惊叹的是，作者不仅从宏观角度提出了广义叙述学的构想与体系，还进一步稳扎稳打、步步为营地提出、解决了一个又一个的具体问题。作者善于将缠杂不清的问题进行条块分割，从不同的类别、不同的层面仔细辨析。书中的一段话，可以作为该书研究方法的一个概括："首先是把这个问题扩展到所有体裁的叙述，尤其是图像和影视文本，看有没有可能得出一个更清晰更普适的理解；第二则是把这个问题分成几个层次进行解析，拒绝把不同层次问题混在一起。"②从上述体裁分类中多种时间向度的区分中我们就已经体会到了这一点，这一特点贯穿了整部著作。比如第四部分第五章"元叙述"，先是对从古到今的"元"的意义进行梳理，讨论了"元叙述"概念使用上的混乱，提出该书从"文本的构造

① David Herman, James Phelan, Peter J. Rabinowitz, et al., *Narrative Theory: Core Concepts and Critical Debates*, Columbus: Ohio State University Press, 2012, p. 3.

② 赵毅衡：《广义叙述学》，成都：四川大学出版社，2013年，第262页。

原理"上讨论元叙述，希望找出"横跨各种媒介的所有的符号叙述文本'元叙述化'的规律"[①]，随后分别讨论纪实型叙述和虚构型叙述的"元叙述化"，前者依次讨论了"元历史""元新闻""元广告"，后者依次讨论了"元戏剧""元电影""元游戏""元小说"，随后又进一步总结各种叙述体裁共同的"元叙述化"途径，并按照普遍存在的元叙述因素的程度不同，依照从文本内到外的次序，分别讨论了"露迹式"元叙述、多叙述合一、多层联动式、"寄生式"、全媒体承接式元叙述。接下来又总结所有元叙述的"犯框"共性，并导向对叙述本质的思考，最后则从元叙述延伸向了"元意识"，以及中国传统思想的讨论。环环相扣，清晰缜密。

因为广义叙述学的全新理论构架，全书的各个章节要么是填补新体系所需的空白点（如"心象叙述""意动类叙述"等等），要么是从广义叙述学的角度重新讨论争议多年、有待廓清的叙述学难题，提出了许多独到的见解，体现出惊人的洞见。比如，叙述者从广义叙述学的角度重新认定，就不再只是人格，而具有"人格—框架"二象性，并且因二者在不同体裁中比重不同而呈现不同的状态。这样就精彩地解决了演示类叙述的叙述者问题（第二部分第一章）。再如，作者强调"全文本"的概念，强调任何文本都不可能避免伴随文本，从而构成"全文本"，而与之相关的"隐含作者"概念，也成为"普遍隐含作者"，即解释社群的读者从全文本中推导归纳出来的一套意义价值，不同的文本，不同边界的全文本，以及不同的读者，有不同的隐含作者。[②]再比如，提出了"二次叙述化"的概念："任何文本必须经过二次叙述化，才能最后成为叙述文本"[③]，将读者对叙述的接受提升到一个新的理论高度。该书还依照复杂性的高低，将"二次叙述化"分成对应式、还原式、妥协式、创造式四个层次，清晰地容纳了不同的阅读策略，也为解释不可靠叙述及实验性文本提供了新的观照。再比如，用"叙述框架中的人格填充"来

① 赵毅衡：《广义叙述学》，成都：四川大学出版社，2013年，第294页。

② 赵毅衡：《广义叙述学》，成都：四川大学出版社，2013年，第220页。

③ 赵毅衡：《广义叙述学》，成都：四川大学出版社，2013年，第106页。

探讨"第三人称叙述"的不可靠问题，用"一度区隔"（再现）之后的"二度区隔"来解释虚构世界问题，从叙述的组合关系和聚合关系重新定义述本（"话语"）与底本（"故事"），将底本视为述本作为符号组合形成过程中在聚合轴上操作的痕迹，既包括内容材料也包括此前通常理解中仅仅属于述本的形式材料，等等。这类创见只要有一个，就已经令人眼前一亮。该书的每一章都有类似的新见，让人惊喜连连，不忍释卷，显示出作者强大的思辨能力和理论原创能力。

该书的另一个特点，是对术语的看重。这首先表现在作者提出一系列独到的术语。作者拒绝将"不同层次的问题混为一谈"，提出的系列术语使得原本混乱、含糊的问题得以廓清。比如，在谈"叙述时间"时，具体化为四种时间范畴："被叙述时间""叙述行为时间""叙述文本内外时间间距""叙述意向时间"，而每一种"时间"都会有"时刻""时段""时向"的三种形态[1]。依照"被叙述时间"和"叙述行为时间"对应的方式，又将所有的叙述分为四类：时段同步、时段弹性剪裁、篇幅比喻时段、零时段。正是在这些具体的术语基础上，才可以抽丝剥茧般地将复杂的问题讲清楚。上面提到的二次叙述化的不同层次、元叙述的不同方式等也同样如此。

除了自出机杼，提出新概念之外，作者还对学界在术语的定义及使用上的混乱仔细辨析，进而予以修订补正，或给出更准确和清楚的译名，以减少可能的误解与混乱。比如对法国叙述学大家热奈特的"转喻"概念进行了直言不讳的批评[2]；用底本和述本来指称容易产生混淆的故事与话语；比如对 disnarration、denarration 提出了"否叙述""另叙述"的新译名。该书对新提出的术语也提供了英语译名，比如"叙述分层"，通常被称为"叙述层次"（narrative levels），但它只是名词，无法描述层次的生成，该书建议采用 stratification[3]。该书附录的术语中英对照表不仅仅在学术规范上有意义，更是作者多年深思熟虑的结晶（稍有遗憾

---

① 赵毅衡：《广义叙述学》，成都：四川大学出版社，2013年，第145页。
② 赵毅衡：《广义叙述学》，成都：四川大学出版社，2013年，第263-264页。
③ 赵毅衡：《广义叙述学》，成都：四川大学出版社，2013年，第264页。

的是，有些正文中出现的术语并没有被收入）。

作者对西方叙述理论很熟悉，对学界最新发展也了然于胸，因而讨论起问题来游刃有余。书中诸多创见都是在深入讨论了各家理论和观点的异同、短长之后提出的，每一步都是在与已有观点的讨论、辩驳中开展。比如，在提出叙述体裁分类时，谈到与同样关注跨媒介叙述的玛丽-劳尔·瑞安的不同[①]，在谈到二次叙述化时，讨论了弗卢德尼克的"叙述性"[②]、"自然的叙述学"、卡勒的"自然化"概念[③]、赫尔曼的叙述定义、霍尔的三种解码[④]等等，这些讨论不仅仅是介绍和梳理西方理论，更多的是指出其混乱与不足，体现出少有的洞察力。

该部著作另一个值得学习的地方是，文风浑朴，文字写得亲切通脱，又提供了很多鲜活的例子加以说明，没有学术著作常见的艰深晦涩，读来倍感流畅生动。

（二）

《广义叙述学》令人惊叹地建立起了宏大的理论体系，开创性地提出了很多重要问题，值得进一步讨论、思考。笔者仅就几个问题提一些看法，向赵先生及广大读者请教，这也是表达敬意的一种方式。

1. 关于"二度区隔"

该书的一个重要特点，是作者始终注意虚构叙述与纪实叙述的差异，重点讨论的就有第一部分第五章和第三部分第三章。尤其是前者，提出了"二度区隔"这一新的解释，给人很大启发，但也给笔者带来一些困惑。

---

① 赵毅衡：《广义叙述学》，成都：四川大学出版社，2013年，第2-3页。
② 赵毅衡：《广义叙述学》，成都：四川大学出版社，2013年，第106页。
③ 赵毅衡：《广义叙述学》，成都：四川大学出版社，2013年，第109页。
④ 赵毅衡：《广义叙述学》，成都：四川大学出版社，2013年，第114页。

关于"区隔"的集中表述主要在：

> 所有的纪实叙述，不管这个叙述是否讲述出"真实"，可以声称（也要求接收者认为）始终是在讲述"事实"。虚构叙述的文本并不指向外部"经验事实"，但它们不是如塞尔说的"假作真实宣称"，而是用双层框架区隔切出一个内层，在区隔边界内建立一个只具有"内部真实"的叙述世界，这就是笔者说的"双层区隔"原则。①

> 区隔框架是一个形态方式，是一种作者与读者都遵循的表意—解释模式，也是随着文化变迁而变化的体裁规范模式。②

由此看来，二度区隔的要点如下。

第一，是在一度区隔内再次区隔出来的一个独立的世界，只具有"内部真实"，它与经验/现实世界之间存在着两次区隔：虚构世界与纪实世界的鸿沟及纪实世界与经验世界的再现区隔，"由于与经验世界隔开两层，虚构叙述不能在经验世界求证"，因而具有"不透明效果"③，从而将虚构区别于现实的根据从"风格"和"指称性"转到了二度区隔之上，认为读者对二度区隔的辨识，要比上述两种更容易。

第二，是叙述者与接收者都遵循的表意—解释模式，也就是说，是一种约定，并不是一种明确的客观存在；一方不遵循，虚构就不会成立。即使读者辨识出了二度区隔，如果发送者一方不认为是二度区隔，也难以认定是虚构的。反之亦然。

第三，是一种体裁规范，并且不是一成不变的，而是随着文化变迁而变化。这种对于虚构的定义，引入作者与读者相互作用的两极，具有了动态性，相对于以作者意图、指称或者风格为衡量虚构与否的根据，有了更多的包容性。

二度区隔提法的另一个好处是，可以更容易地解释为何读者会将虚构作品视为纪实的。读者只要搁置了二度区隔的框架，自然就到了一度

---

① 赵毅衡：《广义叙述学》，成都：四川大学出版社，2013年，第73页。

② 赵毅衡：《广义叙述学》，成都：四川大学出版社，2013年，第74页。

③ 赵毅衡：《广义叙述学》，成都：四川大学出版社，2013年，第79页。

区隔的再现区隔框架之中。

但是，笔者的疑惑也首先在于此。纪实类叙述的区隔状态，是一度媒介化，将现实世界用特定媒介表现出来，这很好理解。虚构和真实之间存在着另一种区隔也容易理解。但是将虚构与真实之间的区隔认定为是建立在一度区隔之上的二度区隔，中间的逻辑关联笔者还没有理解得特别透彻。根据作者的论述："虚构叙述必须在符号再现的基础上再设置第二层区隔。也就是说，它是'再现中的进一步再现'。""一度再现可以缩得很短，依然能找出区隔的痕迹。"[1]似乎所有虚构叙述都有一度再现及二度再现。对于演示叙述，所有演员都存在于经验世界之中，从生活中的人到虚构角色可以视为从经验世界到一度再现区隔再到二度虚构区隔的转换，即使很难辨别出一度区隔的痕迹。对于以文字为媒介的文学叙述，作者没有说明。这引起了笔者的疑问：虚构叙述不具有对现实的指称，不会经历从经验到纪实世界再到虚构世界的转化，那么如何确认它先经历了一度区隔才到了二度区隔呢？第一层再现框架，又是如何再现并不存在的经验世界呢？

作者认为，"没有无区隔的再现文本，也没有无二度区隔的虚构文本"[2]，这就意味着二度区隔是虚构叙述的本质属性。关键是：二度区隔的性质是什么？作者有两种表述，一种是"再现中的进一步再现"[3]。那么再度媒介化（二度区隔）和一度媒介化（一度区隔）是否有质的不同？为何再现了两次就会成为虚构？仅经验世界隔了两层就必然变成虚构吗？比如，以前人们照相之前都要精心准备、正襟危坐，这与日常状态相比已可视为一种再现区隔。随后拍照，或者画肖像，或对这一状态进行描写，这是再度媒介化，但这仍属于纪实性。或者，纪实性叙述中的人物讲述自身经历，也是两度再现了，似乎仍属于纪实型。

作者还有另一种表述："为传达虚构文本，作者的人格中将分裂出一个虚构叙述发出者人格，而且用某种形式提醒接收者，他期盼接收者

① 赵毅衡：《广义叙述学》，成都：四川大学出版社，2013年，第76-77页。
② 赵毅衡：《广义叙述学》，成都：四川大学出版社，2013年，第78页。
③ 赵毅衡：《广义叙述学》，成都：四川大学出版社，2013年，第76页。

分裂出一个人格接受虚构叙述。"①在此，叙述的虚构性来自作者的意愿，并给读者以期待。这里的"虚构叙述发出者人格"有点近似于布斯意义上的"隐含作者"，即作者的"第二自我"，它不同于叙述作品中的叙述者，接受虚构叙述的人格类似于"隐含读者"，也不同于受述者。作者在谈到区隔时，又说："那是一种准人格化的'叙述者框架'，它与再现区隔是重合的，二者只是对同一种现象不同角度的观察。"②在此，区隔框架又与叙述者框架结合了起来，似乎与前面的描述有点矛盾。按照作者定义，叙述者具有"人格—框架"二象性③，但这个叙述者似乎应该处于被区隔了的文本世界中，而不应该是区隔本身。只有这个叙述者才可以对于受述者是纪实的。这几种表述如何整合在一起，笔者有些疑惑。

关于读者如何辨识区隔框架，作者的看法是基于"文化程式与阅读经验"④。作者承认框架区隔"这种隔断可能只是一个微小的、几乎难以知觉的信号"⑤，那么"文化程式与阅读经验"是否就已经使读者能做出真实或虚构的判断了？也就是说，是先确定是虚构作品才去找二度区隔，还是先辨别出了二度区隔才认定是虚构作品？当区隔痕迹不好辨认时，可能会是先认定了虚构，才从叙述中抽象出一个不可见的二度区隔框架。

还有，是否可能存在着多度区隔？还是只能将多度区隔标记简化为一度、二度区隔？就以作者所举莫言的剧本《我们的荆轲》为例：它本身就已经是虚构文本，按照作者的说法就是二度区隔了。也就是说，其中的演员已经是虚构框架内的演员了。其中的"人艺小剧场"也是二度区隔化的虚构世界的一部分。如果是戏剧演出，演员上台时已经完成了从一度区隔到二度区隔的转换。那么，接下来区隔的标记是否可以视为三重区隔？还是只能将虚构区隔之内的叙述视为纪实型，再去讨论二度

---

① 赵毅衡：《广义叙述学》，成都：四川大学出版社，2013 年，第 76 页。

② 赵毅衡：《广义叙述学》，成都：四川大学出版社，2013 年，第 75 页。

③ 赵毅衡：《广义叙述学》，成都：四川大学出版社，2013 年，第 92 页。

④ 赵毅衡：《广义叙述学》，成都：四川大学出版社，2013 年，第 84 页。

⑤ 赵毅衡：《广义叙述学》，成都：四川大学出版社，2013 年，第 78 页。

区隔问题？这似乎又接近于"叙述层次"问题了。

有些虚构作品借用纪实体裁，从体裁规范角度，并不容易确认虚构。比如豪尔赫·路易斯·博尔赫斯（Jorge Luis Borges）的短篇小说《通向阿尔-穆塔西姆》（*The Approach to Al-Mu'tasim*），是对一部并不存在的侦探小说所写的书评。作品本身是虚构，作者却给出了纪实型作品的信号，读者也误认为是纪实作品。直到它最后收录到短篇小说集中，它的虚构属性才得以明确。同一部作品，经历了从纪实到虚构的转换。这种作品似乎只能在指称性上确认虚构性。

2. "否叙述"与"另叙述"

作者对"否叙述"（disnarration）与"另叙述"（denarration）两个概念进行了辨析，对杰拉德·普林斯（Gerald Prince）、罗宾·沃霍尔（Robyn Warhol）以及布莱恩·理查森（Brian Richardson）对两个概念的看法进行了讨论，认为"都是说某个事件根本没有发生过"。"'否叙述'的典型语句是'没有如此做'，但叙述文本却具体描写了没有做的事件；而'另叙述'的典型语句是'上面这段不算，下面才是真正发生的事'，目的是改变先前的情节进程，典型的例子是电影《罗拉快跑》等。"①

但作者对理查森的"denarration"的理解似乎有一点遗漏。在《劳特利奇叙述理论百科全书》（*Routledge Encyclopedia of Narrative Theory*）的denarration条目中，理查森从"本体论"和"存在论"的两个层面来谈这一术语的用法："目前术语'另叙述'在两种明显的意义上使用：'本体论'的另叙述是前面已经确立的故事事件的悬而未决的（unresolvable）否定，而'存在论'的另叙述是指在后现代文化和社会中身份的丧失。""当叙述者否认或者取消直到此时为止作为故事世界一部分的事件或描述时，就产生了本体论的另叙述。以下两个语句组成了另叙述行为：'那天，多维尔雨下个不停'，紧跟着'那天多维尔一直阳光灿烂。'"②

---

① 赵毅衡：《广义叙述学》，成都：四川大学出版社，2013年，第172页。

② David Herman, Manfred Jahn and Marie-Laure Ryan, *Routledge Encyclopedia of Narrative Theory*, London: Routledge, 2010, p. 100.

　　理查森的"另叙述"也以普林斯的未被实在化的"否叙述"为参照，是对已经确立的故事事件的否定。但最关键的一个限定词是"悬而未决的"，也就是说，前后叙述相互冲突，但叙述者并没有确认哪个真哪个假。"另叙述"的这种特性使它与大部分的矛盾性叙述相区别："矛盾性的陈述在小说中是普遍存在的，但大多可以被归于常规原因，诸如不可靠的叙述者，不同感知者对同一事件的不同叙述，作者式的人物在决定一种特定描述之前讲到不同的可能性，甚至少见的作者粗心大意地自相矛盾。另叙述与此不同，它与虚构世界的变动有关。当一个全知的权威叙述者说，一个虚构空间是全黑的，又说它是全白的，再说它是全灰的，他或她正在创建一个虚构世界，然后否定，又重新创建另一个虚构世界，这些语句无法被否认或反驳，除非叙述者自己这样做。"①由此可见，"另叙述"是不好归于常规原因的矛盾，最终处于似是而非的"悬而未决"状态。理查森举的例子是塞缪尔·贝克特（Samuel Beckett）和阿兰·罗伯-格里耶（Alain Robbe-Grillet）。那种难以消除混乱的叙述，与该书作者"'上面这段不算，下面才是真正发生的事'"的"另叙述"的典型语句显然有一定的距离。

　　在笔者看来，"否叙述"和"另叙述"的重要分野似在于叙述层次。"否叙述"因为未在故事世界中实在化，幻想、做梦或者回忆等等，都可以归于下一叙述层次，它体现的是一种可能，取消了这一叙述，尽管有可能会对主体叙述中的人物产生影响（如黄粱梦后书生的大彻大悟），但并不会对主体叙述脉络产生干扰。"另叙述"中，相矛盾、冲突的几种叙述来自同一个权威叙述者，处于同一叙述层次，它们之间的冲突才悬而未决。由于没有更加权威的叙述者对这种混乱进行解释，才构成这种"另叙述"。显然这种"另叙述"是理查森所关注的"非自然叙述"的典型现象。典型的"否叙述"应该存在着从主叙述层次向次叙述层次的转化。也就是说，开始会被读者认为是主叙述者的正式的叙述，后面才发现它没有被实在化，而被归到梦、幻觉或者猜想之中。

---

① David Herman, Manfred Jahn and Marie-Laure Ryan, *Routledge Encyclopedia of Narrative Theory*, London: Routledge, 2010, p. 100.

另外，在时间旅行主题的科幻小说或魔幻类作品中，实在化了的事件可以被回到过去的人物取消，从而改变历史发展轨迹，这或许会给"否叙述""另叙述"的定义提出一些挑战。比如，作者提到的例子电影《源代码》，对于主人公，一次次历险是实在化了的情节，可以称作"这一次不算，下一次才算"，他也不断地汲取此前经历的教训，最后获得完满的结局。但对于其他人物，他们此前在实在化的情节中已经死去，是主人公重新回到时间起点，才让他们重新经历另一个版本的叙述。对于他们，此前的经历不仅不是实在化了，甚至根本不存在。这类时间旅行类的叙述几乎成了一个固定模式，电影《终结者》系列、《回到未来》系列、《勇敢者的游戏》系列、《蝴蝶效应》系列等，都存在类似的情况。

3. 不可靠叙述

不可靠叙述也是叙述学家们争论不休的热门话题。《广义叙述学》提出了"全局不可靠"与"局部不可靠"的区分。与其他理论相比，增加了"全局不可靠"的部分，并按照程度不同分为三类（叙述人格低于解释社群可接受水准之下、各部分相互冲突且无纠正点、可靠部分出现于最后而纠正无力），与局部不可靠的三类（评论不可靠、各部分冲突但纠正点、不可靠最后得到强力纠正）相对照，逻辑清晰、整齐。但笔者对全局不可靠的有些例子有一些不同理解，也对它的实际操作性有点怀疑。

不可靠叙述是以可靠叙述为参照的。也就是说，必须找到"纠正点"，或者说读者推导出的"隐含作者"的价值观，或"底本"真相，才可以确切地讨论不可靠叙述。绝对意义上的全局不可靠则是读者认定的纠正点处于文本之外的情况，如作者谈到的罗伯特·勃郎宁（Robert Browning）的《我已逝的公爵夫人》（*My Last Duchess*）。这种情况下，如果读者认同这位叙述者的价值观，会认为这是可靠叙述。第二种罗生门格局的叙述，文本中也不存在现成的纠正点，读者有可能会从相互冲突的几种叙述中推导出事实真相和隐含作者的价值观，从而断定叙述者的不可靠程度。在一些极端的例子中，读者难以推导出确定的隐含作者价值，也不容易考察叙述者的不可靠性。如罗伯-格里耶的中后期小说等。

书中以弗兰兹·卡夫卡（Franz Kafka）的《变形记》（*Die Verwandlung*）作为全局不可靠叙述的第二种的例子："叙述者对发生在主人公身上的各种事件没有提出任何解释性评论，叙述者似乎对发生的奇奇怪怪的事，完全没有能力解释。整个文本无任何纠正点，使文本无法可靠。"[①]叙述者因为视野受限，不能理解发生在身上的事件，只说明了叙述者的感知范围或认识能力有限。如果读者能够推导出叙述者明显与隐含作者不同的价值观点，那么这一类不可靠叙述可以归于第一类叙述人格"非常人"中。[②]如果隐含作者和叙述者同样是困惑的，那么这就是可靠叙述。具体到卡夫卡的小说，它们采用第三人称叙述，叙述者并没有现身，因而与隐含作者的距离并不明显，虽然"文本无任何纠正点"，故事世界显得很荒谬，不可理解，但小说中并不存在另外与它冲突的叙述，隐含作者与叙述者一起面对官僚机构的种种荒谬等，并不意味着不可靠。

两类不可靠的第三种区别就在于纠正点是否足够强大，是否能扭转此前的叙述，使读者能够推导出隐含作者真正的价值观。全局不可靠的第三种纠正无力，也与隐含作者的设定或推定有关。此处涉及作为作者的第二作者的"执行作者"与读者推导出的"归纳作者"之间的裂隙问题。书中以萧也牧的小说《我们夫妇之间》为例，作者先是认为，整部小说价值观是颂扬贫农，纠正了前文"我"没有觉悟时的不可靠叙述，所以文本是可靠的。后来，该篇小说随着舆情突变，成为"文坛头号批判对象"，"这原因，显然是局部不可靠延长的时间太长，太令人信服，最后纠正无力"[③]。那么，按照上述体系，这篇小说到底是可靠叙述中的

① 赵毅衡：《广义叙述学》，成都：四川大学出版社，2013年，第237页。

② 在《当说者被说的时候：比较叙述学导论》中，作者认为："现代小说制造'智力上'不可靠叙述常用的办法是限制叙述者的视界"，并举卡夫卡的《变形记》等作品作为例子，显示出这两种情况之间的界限也并不明确（参见赵毅衡《当说者被说的时候：比较叙述学导论》，成都：四川文艺出版社，2013年，第53页）。

③ 赵毅衡：《广义叙述学》，成都：四川大学出版社，2013年，第238页。

局部不可靠叙述，还是纠正无力的全局不可靠叙述呢？另外，全局不可靠叙述既然被称为"纠正无力"，那么在读者心中就已经确立了"正确"的隐含作者的价值观。在阅读中，如果前面叙述篇幅很长，读者有可能更倾向于前面叙述并将其当作隐含作者的价值观，该叙述从而成为可靠叙述。在笔者看来，《我们夫妇之间》命运突变的原因在于，当时人们还没有隐含作者的概念，而将读者推导出的"归纳作者"视为作者本人。随着社会形势的变化，读者对《我们夫妇之间》的（隐含）作者的推定发生了变化，从颂扬贫农的价值观，变成了以"颂扬贫农为假，宣扬小资产阶级思想为真"，从而对其上纲上线。随着时代的发展，如今读者或许会将小说视为当时知识分子真实心态的表现，对前面叙述有更多的同情，并视为（隐含）作者的价值观，最后的"觉悟"反而可能会被视为在当时社会形势下不得不做出的画蛇添足的姿态，成为不可靠叙述。

书中以王鲁彦的《菊英的出嫁》为例说明纠正无力的变体"纠正过晚"，认为这篇小说叙述者对婚礼的描绘充满感情，最后才指出是"冥婚"，隐含作者则对这种装模作样的冥婚充满悲悯，叙述者和隐含作者的价值观相违背。但在笔者看来，这篇聚焦在母亲身上第三人称叙述，与隐含作者的价值观之间并没有特别的距离。小说主题是母女之情，开头只是含糊地写，女儿离开十年了，没在母亲身边长大，现在女儿已经十七八岁了，母亲为她选了丈夫，并令她风风光光地出嫁。随后追述女儿小时乖巧可爱，结尾写到她染病不治，读者才知道母亲是为女儿办的冥婚。在聚焦人物母亲心中，女儿一直活着，因而前面叙述都回避女儿已死这一事实。对婚礼的叙述充满情感也是顺理成章的，读者也像母亲一样认为那是真正的婚礼，只有如此，最后的反转才会令人震惊。作者所说的"纠正过晚"有点类似于结尾的"发现与突转"，前面的叙述故意似是而非，将读者引向另外的理解，结尾真相大白才会产生意外的效果。但这可否被视为"全局不可靠"？在笔者看来，读者在经历最后反转之后，会重新审视此前的叙述，发现其中的铺垫和反讽，从而修正此前对叙述者价值观的认识，那么叙述就又变成可靠的了。笔者曾讨论过的"叙述改辙"也与此有关。①

局部不可靠的第三种之下，举了电影《一级恐惧》的例子②。律师的目的是伸张正义，在价值观上并非不可靠，他只是也像法官一样被骗、被利用，电影从他的视角来讲述故事，没有提供出事实真相，但他的价值观似乎并未与隐含作者相冲突，这只是事实上的不可靠。但作者又称："可靠性无关'事实'，而有关文本被解读出来的意义—价值观。"③这似乎存在着一些矛盾。相比之下，费伦的发生在事实/事件轴上的"错误报道"和"不充分报道"；发生在价值/判断轴上的"错误判断"和"不充分判断"；发生在知识/感知轴上的"错误解读"和"不充分解读"的动态组合的理论似乎更精细和完备。④

作者在第四部分第一章提出了与"全文本"相关的"普遍隐含作者"的概念，那么，这个"普遍隐含作者"与"叙述者"的关系是否会影响到对叙述可靠性的认定？该作者并没有提及，我们可以进一步试着讨论一下。读者推导出"隐含作者"的文本基础，本身就包含着一定的伴随文本（如标题、题词、注释等）。如果读者有意地再去阅读更多的伴随文本（如传记、评论等），就会推导出"普遍隐含作者"。随后有两种可能：①与此前推导出的"隐含作者"不冲突，那么二者是一致的。②与此前的"隐含作者"有冲突，又会出现两种情况：第一，对此前的"隐含作者"进行修正，那么最后的"隐含作者"就是"普遍隐含作者"，有可能改变对此前叙述可靠或不可靠的看法。第二，认为这个"普遍隐含作者"，只是接近"真实作者"，仍然坚持此前的"隐含作者"，那么，就继续维持原来的叙述可靠性的认识。

4. 底本与述本

该书第二部分第三章曾以"论底本：叙述如何分层"为题发表于《文

---

① 参见王长才：《阿兰·罗伯-格里耶小说叙事话语研究》，成都：巴蜀书社，2009年，第86-97页。

② 赵毅衡：《广义叙述学》，成都：四川大学出版社，2013年，第241页。

③ 赵毅衡：《广义叙述学》，成都：四川大学出版社，2013年，第239页。

④ Phelan James, *Living to Tell about It*: *A Rhetoric and Ethics of Charachter Narration*, Ithaca: Cornell University Press, 2004, pp. 49-53.

艺研究》2013 年第 1 期。笔者曾有一篇小文章向赵先生请教。[1]仔细比较本书与此前的论文，主体没有特别的改动，只增加了三节内容，其中最大的变化是"三层次论"，对"底本"进行了进一步的细化：

> 底本 1——材料集合（聚合系的集合，没有情节）
> ↓（材料选择）
> 底本 2——再现方式集合（已情节化，即故事已形成）
> ↓（再现方式选择）
> 述本——述本（上述两种选择的结果，文本化）[2]

笔者原来对新"底本"概念的最大困惑就在于，读者如何推导、确认作为素材库的底本。这里，作者通过将底本从材料选择和再现方式选择两个方面分成两个部分，试图将原有底本概念接纳进来。底本 2 被视为"大部分叙述学者讨论中的底本"，故事的"来龙去脉"[3]。但是，仔细推敲一下，似乎这个底本 2 也与传统意义上的底本不能完全等同。最主要的分歧或许在于，它虽然经过了材料选择，故事已经形成，但它仍是一个包括各种再现形式的素材库。原底本并不包含形式因素。底本 2 的"已情节化，即故事已形成"和原底本也不同，原底本通常是指隐形的事件序列，尽管人们通常以近似于"故事"的方式把握它，但它仍不是故事。笔者此前的主要困惑，如读者的底本与作者的底本可否同一，不同读者的底本如何整合，读者如何比较底本和述本，如何解释合著或续写作品的底本问题、如何解释非虚构叙述问题等，在补充了"三层次论"之后，似乎还是没能完全消除。新"底本"理论给了我们一种新的解释，但似乎不能完全取代原来的底本、述本概念。

---

① 参见王长才：《新"底本"的启示与困惑：向赵毅衡教授请教》，《文艺研究》2013 年第 11 期，第 31-37 页。

② 赵毅衡：《广义叙述学》，成都：四川大学出版社，2013 年，第 141 页。

③ 赵毅衡：《广义叙述学》，成都：四川大学出版社，2013 年，第 141 页。

第二编

符号叙述范畴：体裁、媒介
与形态边界拓展

导　言

　　近些年，批评界也提出了"伦理转向"，事实上，"叙述转向"内含了"伦理转向"，因为叙述所要传达和解读出来的意义，首先是道德价值意义。在叙述转向背景下建立一门广义叙述学，赵毅衡首先完成的一个任务是，对叙述体裁全局进行分类。分类意味着寻找一般规律，是连通不同叙述体裁，进而开展一般叙述研究的出发点。

　　叙述分类需要寻找叙述的两个一般规律：第一，叙述体裁和"经验真实"的本体地位关联，这指向了叙述的本体分类，即纪实/虚构体裁区分；第二，叙述本身的形式特征，这指向了叙述的媒介区分，以记录类/演示类为主要类型。基于本体和媒介这两种形式，赵毅衡初步建立了一个基本涵盖了叙述类型全域的体裁分类体系。

　　基于赵毅衡的叙述体裁全局分类，胡易容以图像这一种特殊的记录型叙述体裁为分析对象，阐释最简叙述定义和图像叙述本身的特征，提出叙述文本边界具有动态性，实为叙述者、文本和接收者三方博弈过程。宗争就游戏这一特定叙述类型的文本特征进行分析，根据游戏文本构成部分是否具有叙述能力，区分出了游戏文本和游戏内文本。陆正兰以歌词叙述为研究对象，论述中国当代歌词中的叙述转向和新的伦理内涵。

　　赵毅衡将叙述类型拓展到以梦为代表的心灵/心像媒介再现的文本，并首次系统地论述了梦本身就是一种叙述。梦者的无意识作为叙述者，组织了有人物参与的事件的符号文本，梦者的另一部分意识作为受述者接收和解释该文本，文本性和叙述性符合了叙述的两条底线定义。赵毅衡认为梦叙述是类演示的虚构叙述，其类演示特征在于"现时性"，而之所以是"类"演示，是因为梦叙述不同于其他典型的演示类叙述，其具备被干预的潜力。梦叙述为虚构型体裁，依据主要在于，一方面它具有虚构叙述的"两度区隔"，另一方面，梦叙述符合虚构体裁的"表意-解释"模式，如，叙述者无须对梦境负责、叙述者人格和真实人格分裂等。

　　以梦是一种叙述这一前提，基于赵毅衡提出的"双层区隔框架"这一纪实/虚构区分原则，方小莉进一步论述了梦叙述的三个特征：高度经验性、区隔框架中的三度区隔和演示性，并据此反向发展了广义叙述学的区隔框架概念。

一、图像与泛媒介叙述

胡易容①

摘要：泛媒介的叙述形态导致了叙述的广义化发展，其中图像转向与叙述转向交锋成了叙述学自我突破的关键交界面。后经典叙述学的突破涉及文体样式、媒介形态、时间向度诸方面。通过最简叙述及诸要素的分析，探讨图像转向如何在基本层面拓展了叙述概念的边界，并推动叙述学理论扩容。以一般符号为基础的广义叙述学不单是媒介泛化和体裁扩容，更是叙述作为意义生成样式内在逻辑转进，叙述由文本主导转进为叙述者、接收者及文本三方博弈的结果。

关键词：符号叙述学；图像叙述；泛媒介

（一）引言：叙述转向与图像转向的交锋

20 世纪 60 年代之后的叙述学的发展是随着叙述文本形态的发展而推进的，从语言、文学到电影以至任意具有叙述潜力的泛媒介文本。格雷马斯与尤瑟夫·库尔泰（Joseph Courtés）在 20 世纪 70 年代构想了叙述的一般语法的学问；叙述学家巴尔分辨了文学叙述学与非文学叙述学；让-弗朗索瓦·利奥塔（Jean Francois Lyotard）更认为，除了科学的知识就应当是叙述的知识。经典叙述学之后所出现的诸多理论发展，可统归为"后经典叙述学"，它们的共同特征是将叙述学从一种"文学研究"

① 胡易容，四川大学文学与新闻学院教授，四川大学符号学-传媒学研究所所长，研究领域为传播符号学、文化和艺术理论。本文原标题为"论图像叙述：泛媒介化与叙述理论扩容"，刊载于《四川大学学报（哲学社会科学版）》2013 年第 5 期。本文在原论文基础上略作了修改。

推进为一种"文化研究"。这种泛化的叙述研究突出地体现为叙述媒介的泛化发展趋势，以及由泛媒介所导致的叙述理论自身呈现出的不同于经典叙述学的新局面。20世纪90年代以来，叙述学的发展带出了双重结果：一个是叙述学自身的后经典化，其"'走出文学叙事'……是显示后经典叙事学如何从周边的其他研究领域汲取养分"①；另一个影响更为深远的结果是社会科学其他非虚构性学科以至认知科学的叙述学转向。这两个结果又在交互之中推动着彼此的纵深发展。

赵毅衡将广义叙述学称为"符号叙述学"。从学科逻辑范畴来看，符号叙述学所基于的"一般性"叙述符号素材包容了任何可以用于叙述的文本样式和媒介形态。因此，符号叙述学可以看作是经典叙述学的一种泛媒介化发展结果，从口头叙述、文字文本到电影叙述再到广义图像叙述（视觉图像、心理、梦……）。这种泛媒介化的外延扩容带出的不仅仅是在原有理论框架下对新体裁、新媒介以及新符号样态等的收纳和适用问题，还涉及叙述学理论框架在新的学术语境下所发生的重心转移。其中"图像转向"被认为是新的"世界把握方式"，同时也是"叙述学"理论扩容必须面对的最尖锐课题。在这个新的背景下，需要重新审视基于语言或文学传统建构起来的叙述理论是否依然有效、在何种程度上有效，以及以"图像"为典型的非语言符号叙述样式对叙述边界将造成何种冲击。

以语言为蓝本的叙述功能界定，对于图像并不公平。通过寻求图像与语言样式的接近性所建构的"图像叙述"实际上牺牲了图像的"图像性"。"图像性"恰是图像其作为当代视觉文化核心的最重要的特性。图像转向倡导者 W. J. T. 米歇尔（W. J. T. Mitchell）指出，必须"认识到，观看（看、凝视、扫视、观察实践、监督及视觉快感）可能是与各种阅读形式（破译、解码、阐释等）同样深刻的一个问题，视觉经验或'视觉读写'可能不能完全用文本的模式来解释"②。依据文学叙述样式

---

① 戴卫·赫尔曼：《新叙事学》，马海良译，北京：北京大学出版社，2002年，第18页。

② W. J. T. 米歇尔：《图像理论》，陈永国、胡文征译，北京：北京大学出版社，2006年，第7页。

建立的叙述理论对图像的狭窄化应用与广义叙述学的理论视野显然不相称。因为，"叙述"行为与"图像"方式都是人类文化表意的最基础模式。巴尔特在20世纪60年代就指出，叙述存在于任何时代、任何地方、任何社会之中，它随人类社会之始而始，从不曾有过没有叙述的民族；任何阶层、任何人的组合之中都有叙述。叙述是国际性的，它贯穿人类历史并跨越文化界限；它如生活本身，就在那里存在着。[1]当代理论则认识到图像作为认知方式的基础地位。阿莱斯·艾尔雅维茨（Ales Erjavec）宣称"我从不阅读，只是看看图画而已"[2]；马丁·海德格尔（Martin Heidegger）更是将"世界成为图景"视为现代的区别性本质。[3]这就要求建立一门更尊重图像性的"图像符号叙述理论"，而非完全根据语言或文学模式建构图像叙述。广义的符号叙述学，在图像符号文本的适用性论证上必须回归到对叙述的基本定义，在广义的符号叙述学语境下重新审视叙述底线——最简叙述的必要条件。

（二）从一般符号文本到叙述文本

最简叙述是叙述学家不得不面临的底线问题。托多罗夫认为，叙事至少要有两个原则：一是接续性原则，即叙事是不连续单位之按时序，且有时是因果性的连接；二是转换原则，即所叙事物从一种状态向另一种状态的转换，且任何叙事中至少要有一种转换。[4]随着新叙述学兴起，叙述逐渐获得了更宽泛的定义。阿瑟·阿萨·伯格（Arthur Asa Berger）

[1] Roland Barthes, "Introduction to the Structural Analysis of Narratives", in *Image, Music, Text*, trans. Stephen Heath, London: Fontana Press, 1977, p. 79.

[2] 阿莱斯·艾尔雅维茨：《图像时代》，胡兰菊、张云鹏译，长春：吉林人民出版社，2003年，第1页。

[3] 海德格尔：《海德格尔选集》，孙周兴选编，上海：生活·读书·新知 上海三联书店，1996年，第885-923页。

[4] 托多罗夫：《巴赫金、对话理论及其他》，蒋子华、张萍译，天津：百花文艺出版社，2001年，第41页。

的观念超越了"人"的体验，他认为"叙事，即故事，而故事讲述的是人、动物、宇宙空间的异类生命、昆虫等身上曾经发生的或正在发生的事情"[①]。赫尔曼在《新叙事学》中提出："叙事是对连续事件的再现。"[②]麦茨从电影语言角度界定了叙事的五个条件［详见"（四）图像的情节化与人格化"］。这些定义曾经对叙述基本概念的推进起到重要作用，但其界定的共同特征是预设了文学、电影或某类特殊文本形态，因而对于一种广义的符号叙述学而言，总存在这样或者那样的限制。

主张广义叙述学概念的学者赵毅衡认为，应当"扩容"叙述的定义以涵盖"所有的叙述"。基于这一目标，他从符号叙述的角度提出了一个定义，设定了最简叙述的两个条件，包含两个主体进行的两个叙述化过程：①主体把有人物参与的事件组织进一个符号链；②此符号链可以被（另一）主体理解为具有时间和意义向度。他认为，上述两个叙述化过程的有无可以把所有的符号文本分成"陈述"与"叙述"两种。两者的区别是：叙述的对象是"情节"，即有人物参与的变化。如果文本没有写到变化，或是写到变化而不卷入人物，即是陈述而不是叙述。同时，这两个条件包含了八个要素，分别为：叙述主体、人物、事件、符号链（即所谓"情节化"）、接收主体、理解、时间向度、意义向度。[③]这一定义中的两个条件不仅颠覆了叙述学时间上的"过去向度"，也摒弃了"虚实""媒介""文体"等诸多限制，它首先将叙述行为看作是一般"符号文本"的叙述化结果，进而对符号文本进行限定（叙述化）使之成为"叙述文本"。其中，符号文本与叙述文本就是一个种属关系。因此，将叙述文本与一般文本区别开来的要素，就是叙述的本质性要素——叙述化。"文本"一词原意为"编织品"，曾专指文字构成的"语篇"。随着符号学从语言学发展为一般文化理论，文本概念逐渐被理解为一种文

① 阿瑟·阿萨·伯格：《通俗文化、媒介和日常生活中的叙事》，2 版，姚媛译，南京：南京大学出版社，2006 年，第 5 页。

② 戴卫·赫尔曼：《新叙事学》，马海良译，北京：北京大学出版社，2002 年，第 24 页。

③ 赵毅衡：《广义叙述学：一个建议》，载唐伟胜主编《叙事》中国版（第二辑），广州：暨南大学出版社，2010 年，第 160 页。

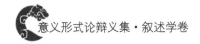

化基本单元，它可以是任何文化产品中可作为一个符号组合理解的对象物。因此，在现代符号学中，文本就简化为"任何可以被解释的，文化上有意义的符号组合"①。罗伯特·德·伯格兰德（Robert de Beaugrande）提出，文本性应当具有结构上的整合性、发出的意图性、接受的可接受性、解释的情境性、文化的文本间性及文本的信息性。②另一些学者则认为，组合未必具有某种整合性的内在结构。文本化的结构整合性（符号组合的结构性）只是符号链在接收者身上所发生的释义结果，而非文本自身所呈现。这种具有内在结构组合的释义就是"文本化"的过程，是孤立符号获得确定意义的方法，也是"叙述化"的基础。比如，在翁贝托·埃科（Umberto Eco）那里，文本作为一种相对于作品的开放结构，解放了其作为作者创作领域附属品的角色。③

文本化是一个相对立体的复合物。当我们将一个汉字理解为一个完整的符号文本，其要素是偏旁部首、笔画。此时单独的笔画作为孤立的符号是缺乏完整意义的，而单独的笔画作为完整的文本则是相对于起笔、行笔、收笔的符号链。故而"文本"不是某个确定的符号对象的形态，也并不存在绝对意义的最小单元。所谓最小单元是一个相对于既定范畴的文本化对象，只能在既定话语条件下相对界定。因此，当我们将一个电影理解为一个具有内在结构的"符号文本"，一个镜头、一句台词或一个场景就成为缺乏语境的孤立符号。这就是为什么许多理论家倾向于将单帧的画面和静态的图像视为"缺乏意义"的构成要素。如电影理论家让·米特里（Jean Mitry）认为："电影不是约定俗成的语言（约定俗成和抽象化的符号产物）。影像不仅不像词汇那样是'自在'的符号，而且，它也不是任何事物的符号。如上所述，单独的影像可以展示事物，但并不表示任何其他意义。只有通过与其有关的事实整体，影像才能具有特定的意义和'表意能力'。它由此获得独特的意义，而反过来又会

---

① 胡易容、赵毅衡：《符号学—传媒学词典》，南京：南京大学出版社，2012 年，第 206 页。

② Robert de Beaugrande, *Text, Discourse and Process*, Nor-wood, N.J.: Ablex, 1980, pp. 110-136.

③ 安伯托·艾柯：《开放的作品》，刘儒庭译，北京：新星出版社，2010 年，第 1 页。（Umberto Eco 笔者采用规范译名"翁贝托·埃科"，所引文献保留原貌。）

赋予整体（它是其中的一部分）以新的意义。"[1]米特里的观点表明了在电影连续文本中单帧画面意义的不足，但并不否定静态图像作为符号文本的合法性。只能说，符号文本必然具有可解分为符号的能力。反之，符号文本是由多个符号构成的意义链。进而，叙述文本就是一种特殊的文本化方式。赵毅衡认为，叙述化的过程，是人类经验中的"叙述性"建构，是在经验细节中寻找秩序、意义、目的，把它们"情节化"地构筑成一个具有内在意义的整体。[2]

结合赵毅衡提出的叙述文本的八要素，可以从符号结构和符号要素的叙述化过程来区别叙述文本与一般符号文本。从要素构成来看，两者区别非常明显：符号文本未必有符号发送者，而叙述文本则必然有叙述者；符号文本并不必然要求人物、事件参与，其符号链是任意符号的组合，而叙述文本则要求必须是"人格化卷入"的事件，及其构成的"情节化"符号链。实际上，除了要素的有无变化外，其他要素内部的规定性也发生了变化。比如，符号接收者可以对符号文本做任意解释（甚至是"无解"）而符号文本依然成立，但受述主体的理解不能脱离以"情节化"为符号链的框架，否则"叙述"属性就不存在了。符号文本的时间只是一种意义的合一，而一旦成为叙述文本，其时间性就成为一种可识别的向度。下面将考察的是，把最简叙述诸要素用于图像文本的叙述，以检视最简叙述自身的逻辑自洽性，并进而讨论图像为主导的泛媒介形态下，叙述与叙述性的基本属性。

（三）图像符号的发送者向叙述主体转化

对于一般符号文本而言，符号发送者可有可无，一切非人工符号文

---

① 让·米特里：《影像美学的心理学：论影像作为符号》，崔君衍译，《世界电影》1988年第3期，第16页。
② 赵毅衡：《叙述转向之后：广义叙述学的可能性与必要性》，《江西社会科学》2008年第9期，第30-41页。

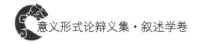

本都可以视为符号发送者的缺场。火山口的浓烟被解释出"危险"的含义，就成了可读可解的符号文本，但火山并不是符号的发送者，因为火山不具备意图能力，亦即符号发出的主体是可以缺失的。一旦进入叙述性文本，叙述主体就成为一个必要的预设条件，这是"叙述"这一话语系统自设的源头。叙述者，最初是故事讲述的"声音"，但发展至泛媒介多体裁形态的叙述中，叙述者已经没有物理意义的声音了，并且无法找到一个叙述者形态的共通规律。比较而言，"符号发送者"强调发送者的媒介性操控行为，通常是人造符号文本的作者：一幅画的画家，一部小说的作者，一部电影的导演、剧作者、摄影师。叙述主体仅仅指故事讲述者。叙述者只有在事实性叙述中才与符号发送者合一，如自传体小说、纪录片、日记、新闻。在虚构性叙述文本中符号发送者缺场的情况下，叙述者却无法缺场。例如，物理意义上的"火山"不是符号发送者，却可以被叙述化为一个"人格"的意图实施者——叙述者。在叙述文本中，火山可以是一个叙述火山景观的旅游文本叙述者，此处，火山的叙述行为是在"旅游景观"这种文本体裁中展开。也就是说，符号发送者要转变为叙述者，取决于人造符号文本的体裁预设。从而，体裁预设框架就上升为比文本自身更重要的信息。

图像叙述主体具有非常不同的特征。静态图像或单帧影像常常无法像文字叙述那样提示叙述者的身份。它们常常只提供了某些视角的变化，观者也只能以自身想象建构一个与叙述者处身同一的视角。叙述者常常变得不可捉摸，以至于我们不得不借助非画面的信息获得叙述者的踪迹。保罗·塞尚（Paul Cézanne）笔下的《圣维克多山》的符号发送者是画家塞尚，但他并不是叙述者。画作下方的签名不是叙述者的签名，而是塞尚在作画时将自己的精神世界投射于画作中的那个抽象精神主体。这个主体是无名的。这个主体的存在导致了《圣维克多山》作为一个艺术文本区别于科考队员关于圣维克多山的图像记录、卫星图片对于圣维克多山记录以及人们亲临现场所感知到的圣维克多山。这三个文本作为一般符号时并无本质不同。当这些文本被作为叙述文本处理时，图像文本的叙述者只有在体裁和语境等伴随文本的辅助下才能被识别。这是图像文本叙述者的重要识别方式，也只有在接收者对叙述文本的重构中，才能建立起叙述人格，从而完整地确证叙述者的存在。一个文本只有被指认为新闻照片、广告宣传后，我们才能恍然大悟。

相对于文字语言，图像叙述主体常常更加隐蔽，叙述者的存在不再单由文本结构自身所暴露。在小说中，叙述主体常常是文本提供线索，而在图像文本和泛媒介的一般叙述中，叙述者则不得不同时纳入"接收者"和"体裁规约"的综合因素来获得叙述线索。反过来，叙述文本对叙述性的构成就不再具有垄断地位，叙述文本自身也必须在这个综合框架内成立。换言之，叙述文本并非在静态而封闭的人造文本中自我呈现，它也是一种规约于社会文化的文本化方式。

（四）图像的情节化与人格化

马克·D. 富勒顿（Mark D. Fullerton）曾将古希腊艺术分为"象征性"与"叙述性"两种图像，前者展现个体事件或神话、故事中的场景；后者必须是对某个事件的过程展现。龙迪勇认为，这意味着"图像叙事首先必须使空间时间化——而这，正是图像叙事的本质"[1]。需要澄清的是，叙述文本的时间性不必是形而下的物理时间，而是一种"过程"的存在。这个"过程"携带了"情节"就成了叙述。因此，"情节化"似乎是更确切的表述，时间化是情节展开的自携因素。情节化这一标准实际上是一种"变化"。语言叙述如此，图像叙述亦然。情节变化之中特别重要的又是"人"的参与。设若没有"人"的参与，最简的情节变化可能就退化为一种"情态"描述。因而，"人"是符号链情节化的关键所在，也是叙述文本判定之关键所在。

对于是否必须有人物存在，叙述学界一直存在争议。在经典叙述学中，人物的参与几乎是自明的。麦茨提出叙述成立的五个条件："叙述

---

[1] 龙迪勇：《图像叙事：空间的时间化》，《江西社会科学》2007 年第 9 期，第 39-53 页。

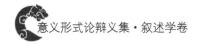

有一个开头，有一个结尾；叙述是个双重的时间段落；任何叙述都是一种话语；叙述的感知是被叙事的事件'非现实化'；一个叙述是一系列事件的整体。"①事件包含了人的作用。在巴尔那里，所述之事本身即被定义为"由行为者所引起或经历的从一种状况到另一种情况的转变"②。不过，普林斯认为最短小的故事仅仅是对两种状态和一个事件的叙述，第一种状态在时间上限于事件，事件在时间上先于另一种状态并导致其发生；第二种状态构成了与第一种状态相反的方面（或者改变，包括"零"改变）。最小单位的叙述首先仅构建一个单一事件的叙述世界；其次包含一个单一的时间联结的叙述。在普林斯看来，每一个故事都是一个叙述，但不是每一个叙述都必须是一个故事。③赵毅衡给出的最简叙述的界定，对"人物"要素作了最宽泛的限定，其底线是有"人式"品格或卷入"人式"情节。

作为人类经验组织的叙述学，"人"是非叙述文本范畴边界的关键要素。在以文字语言为载体的符号文本中，人格的呈现常常可以是修辞性的。"待到山花烂漫时，她在丛中笑"这种原本用于人的动词用于物，完成了一个可以确认的"人格化"过程。然而，这些手段在"图像"这种形式上遇到了问题。画面中的"人物"很直观，但人格如何在画面中出现？如萨尔瓦多·达利（Salvador Dali）那些超现实的画面显得空洞但又充满了人的存在痕迹。此外，人格的存在与否还受到图像多义性的困扰，著名的"鸭兔图"④说明任何一种解释都存在充分的"文本"依据。据此，图像中的抽象"人格"可能并不在文本中显性存在，而是一种可以解释出人格存在的"潜力"。比如，幼儿可能对一幅涂鸦作品做高度情节化的解读。此时是该涂鸦文本在叙述，还是幼儿脱离文本叙述？如

① Christian Metz, *Film Language: A Semiotics of the Cinema*, Chicago: The University of Chicago Press, 1974, pp. 17-24.

② 米克·巴尔：《叙述学：叙事理论导论》，谭君强译，北京：中国社会科学出版社，1995 年，第 12 页。

③ 杰拉德·普林斯：《叙述学词典》（修订版），乔国强、李孝弟译，上海：上海译文出版社，2011 年，第 216 页。

④ W. J. T. 米歇尔：《图像理论》，陈永国、胡文征译，北京：北京大学出版社，2006 年，第 40 页。

果是涂鸦作品在叙述，则叙述文本的底线何在？若只是幼儿在叙述，其依据的文本又为何物？实际上，幼儿获得叙述文本解读的能力是来自后天教养提供的"叙述经验"，他们在面对一个成人看来毫无意义的文本所表现的叙述化解读仍是社会文化习得中的叙述经验。涂鸦文本只是作为一个"引线"引发了叙述的发生。在这个叙述中，人格的有无就不完全取决于文本，而是社会文化这个无限大的"叙述底本"经由幼儿的理解在涂鸦文本上的投射，此时参与其中的不仅有文本也有读者和作者。

图像叙述文本的模糊性恰恰表明，在卷入人格活动的判断过程中，并非仅仅通过文本就可以作决然的结论。换言之，叙述不仅仅发生于文本之中，而是发生在符号表意的全过程。

（五）图像符号叙述的时间与向度

一般符号文本的时间向度是自由的，而叙述文本的时间向度一直是叙述文本的重要限制。经典叙述学沿袭自亚里士多德以来的观念，将叙述视为过去式的复述。广义的叙述学突破了这种过去的向度，却不得不承认时间作为故事的必备要素。许多理论家甚至将"时间性"视为叙述的本质；同时，学界将时间维度的缺失视为否定图像叙述功能的重要理由——图像通常被视为空间性的，而故事却是时间性的展开。[1]实际上，通常所说的图像空间性的一个误会是承载图像的媒介空间性，例如雕塑、建筑。悖论是，我们既然不承认文本是其物理介质，又何以用介质的物理形态来判断文本时空的偏向？恐怕，物理媒介依然是需要考虑的问题，其中涉及叙述行为、文本介质、接受三个环节。

从叙述行为来看，口头叙述的时间性过程显而易见，且这个时间性在叙述者（作者）与受述者（听众）那里是同一的。本文的讨论主要比较的是图像与书面文字这两种叙述。口头叙述一旦转为书面文字的叙述，

① 龙迪勇：《图像叙事：空间的时间化》，《江西社会科学》2007年第9期，第39-53页。

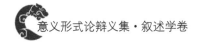

叙述者的时间性就转而成为文本幕后的创作劳动过程时间。创作劳动的时间性富有弹性。如照片的曝光,既可以用高速曝光来凝固运动中的子弹,也可以采用长时间曝光。现存的世界上第一张照片鸽子窝(又称"窗外即景")就是历经八小时的曝光而成。长时间曝光已经成为一种摄影艺术的固有表现手段,摄影师常常历时数天、数月甚至整年的曝光让外界的光线在胶片或其他介质留下光的图像痕迹。可见,从技术角度来看,"关键性的瞬间"是对一种媒体形态的有限归纳,图像的叙述行为的时间性常常被忽略了。

对图像空间性的另一种理解与文本的媒介载体形态有关。叙述文本虽不是指文本的物质媒介(例如小说不是指一本书、电影不是指一盘胶片),但文本的存储、传播过程却无法脱离于中介。因此,文本的时间性就成为传媒学家之于媒介物理特性的探讨。在传媒学家哈罗德·伊尼斯(Harold Innis)那里,倚重口头传统的媒介是空间偏倚的,而倚重书面传统的媒介恰恰是时间偏倚的。时间偏倚的媒介通常比较耐久而可以经历时间的磨蚀;空间偏倚的媒介通常比较轻便而易于跨越空间障碍。[①]如此说来,图像与文字如何偏倚根本不取决于文本自身,而取决于其所负载的媒介。这与我们常常所说的时间性或空间性参照坐标并不相同。可见,物理形态的媒介学分析无法说明图像的空间性以及语言是时间性的。就外在物质形态而言,文字也必须是一个空间化的存在,只是读者的阅读使得空间化的媒介发生了时间性的转化。

从逻辑上看,叙述文本的外在时间性最终落脚于叙述文本的接受过程和阅读方式。通常,文字倾向于一种线性阅读,而图像常常造成一个心理上的完型——格式塔。实际上,格式塔并不是图像空间化的界碑。在影像的观看中,图像的时间性与文字的时间性一样,正是一种基于视觉生理与社会规约的有向度阅读。所不同的是,文字文本的方向似乎较为统一为从左至右,而图像文本却在视觉语言中发生不同的向度。形成这种向度是视觉语言通过形状、质地、光影、空间、色彩造成具象或抽

---

① 哈罗德·伊尼斯:《传播的偏向》,何道宽译,北京:中国人民大学出版社,2003年。

象的方向感。对于阅读者来说，格式塔本身也是一个向度的内在驱动力。当图像文本的这种性质被应用于叙述时，时间向度就在阅读中实现了。图像阅读可以视为多重格式塔的渐次推进，由大的框架逐渐进入细部。这种阅读秩序的异质性的确是语言文本与图像文本的不同所在，但这种不同却并不造成时间向度之有无。由此，图像也具有时间化的能力。这种能力，与一部小说、诗歌等文字文本一样，是通过读者的接受过程，将文本的物理空间存在转化为叙述时间。

从叙述行为、符号文本以及接收过程来看，图像的时间性均以自身的独特方式存在。这种时间性常常被其物理形态媒介所占用的空间遮蔽了。

（六）接收主体与"适度"诠释

在最简叙述诸要素中，接收主体是叙述文本必备要素，同时也是一般符号文本可能缺失的环节。例如一幅未示人的画作、一封未送出的信件、一本未出版的书。就符号发出意图来看，符号过程是不完整的。此时符号的释义由符号发送者完成，符号接收主体可被视为与发送者合一。符号发送者自设了一套符号释义的意图。在叙述文本中，接收主体分化为读者与受述者。受述主体缺失的只能是读者环节而不可能是受述者。受述者与叙述者构成叙述的终点与起点，都是不可或缺的要素。

在经典叙述学中，叙述含义依据文本来加以裁定。随着结构主义转进后结构主义，无论是作者或是文本都无法垄断释义权。当接受美学思潮以一种矫枉过正的方式宣布诠释的自由，重心就转向了"读者中心"立场。西方文论的研究从所谓"作者中心"向"文本中心"再向"读者中心"发生了转移，研究者不必用某个文本的细节作为缺乏语境的确凿的证据。正如赵毅衡所说，"'文本性'是接收者对符号表意的一种构筑态度……但是最后他的解释需要一个整体：文本的构成并不取决于文本本身，而在于接收方式"。"文本自身的结构是否'完整'只有参照

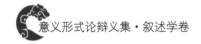

意义"[1]。仅仅具有参照作用的文本不必成为叙述与非叙述的决然边界。然而，这种参照却是不可或缺的重要环节。因为，诠释的无度将使得问题由准确考据转化为一种相对主义并极易滑入虚无主义。最终结果是，我们将无法确认任何一个文本或叙述行为的存在。

（七）小结：图像叙述与叙述边界

以图像符号文本对最简叙述的检测表明，图像叙述无法完全按照狭义的语言"文本"的方式加以建构。后现代转向以来，形式论成为一种新语境下的重构，图像不得不是开放性的表意机制。这使得当我们在界定某个图像的叙述性时，无法单单借助"文本"完成判断，也无法任由释义者进行天马行空的想象，这种想象太易于滑入相对主义并使得形式论的大厦失去基础。必须在过度诠释与适度诠释之间维持一种可检验的标准，同时避免回到经典叙述学的狭隘的文本中心立场。因此，叙述文本的边界不得不是一个"三方博弈的结果"。这个博弈不同于相对主义之处在于，它承认叙述体裁和语境信息，它纳入伴随文本并尊重社会规约，并将社会文化作为提供叙述范本的最大"底本"。

为了研究讨论的便利，可以对经典叙述学所重视的文本问题做一个设定，将狭义的"叙述文本"界定为预设言说语境下的表意，这样我们就可以针对"文本"来进行限定，将叙述描述为"卷入人物、事件并在时间向度中展开情节的符号文本"。这一界定是以当前叙述学发展为背景的有限归纳，其指向"文本"而非"叙述"本身；而广义的叙述则是一种抽象的开放结构，它不仅有文本的自我呈现，还有被以"叙述"的方式加以解释的潜力。广义叙述并不否定叙述要素，而是说这些要素并不以静态的形式存在于文本或某一解释之中，它的成立是一种"或然性"，依赖具体言说中对预设语境的同意和约定。具体语境的成立是一个社会

---

① 赵毅衡：《符号学原理与推演》，南京：南京大学出版社，2016年，第43页。

文化的话语操作结果，其中的个体差异恰恰体现了形式论在"主体"重建中对"人"的尊重。

在接受最简叙述的各个指标时需要补充的是，这些指标并非"叙述文本"的固化封闭判定，而是叙述系统诸要素的抽象框架——其中涵摄了一个未来向度的广义叙述学基本假定。图像叙述不必是具体的画面，它可以是幻像、心像、梦、没有歌词的音乐。这些缺乏直接文本证据的行为以叙述的方式获得释义感知，而成为广义叙述。广义叙述学中的图像叙述，不仅仅是叙述的泛媒介化，更是图像自身的广义化与叙述理论的内在逻辑转化共同作用的结果。

二、游戏能否讲故事？

宗　争[①]

摘要： 游戏的叙述问题是当今游戏研究尤其是电子游戏研究中的重点问题，然而有关此问题的争论颇多，且仍无定论。笔者尝试在游戏研究中引入符号学与叙述学的基本理论思路，通过廓清、剖析游戏文本，重新审视游戏及相关现象。首先，笔者区分了狭义上的"讲故事"（storytelling）与广义上的"叙述"（narrative），以叙述学理论为基，将通俗意义上的游戏能否讲故事的问题转化为更具有理论延展性的游戏能否叙述、游戏文本是不是叙述文本等问题，更加有的放矢。其后，根据文本阅读者的差别，笔者将游戏划分为"游戏文本"与"游戏内文本"两类，并通过论证，证明"游戏文本"具有叙述能力，而"游戏内文本"则在一定条件下才具有叙述能力。从而为游戏叙述问题的争论提供了另一条更为切实的思考线索。

关键词： "讲故事"；游戏叙述；游戏文本；衍义

　　游戏能否"讲故事"以及以何种方式讲故事——在电子游戏（video game）出现之后，这些曾经无人问津的问题被推到了风口浪尖上。

　　如今，几乎所有的游戏研究者都要或多或少论及此问题。原因一目了然，电子游戏提供了新的游戏呈现方式。乐观的游戏研究者认为，游戏，至少是电子游戏能够提供一种可以与文学、戏剧、电影相媲美的艺术呈现方式，游戏具有"讲故事"的能力，只是方式非常新颖。珍

---

① 宗争，成都体育学院新闻与传播学院副教授，主要研究领域为游戏符号学、体育文化传播、符号哲学。本文原标题为"游戏能否'讲故事'——游戏符号叙述学基本问题探索"，刊载于《当代文坛》2012 年第 6 期。本文在原论文基础上略作了修改。

妮特·默里（Janet Murray）称："游戏都是故事，甚至那些抽象游戏，如国际象棋、'俄罗斯方块'之类的游戏也是。（Games are always stories, even abstract games such as checkers or *Tetris*.）"①

而反对者则认为，电子游戏根本不是在讲故事，那些看似能够讲故事的游戏其实根本算不上游戏，充其量只是在关键环节让你操作一下再继续进行的电影罢了。较早就涉足游戏设计与研究领域的学者克里斯·克劳福德（Chris Crawford）曾愤愤不平地说："他们（指某些游戏设计者）尝试在一些无关紧要的部分添加一些交互性叙述元素，以此在故事中引入一些细微的变化。结论当然显而易见，这肯定不是交互性叙事。它仍是个线性故事，只是多了些点缀。"②"游戏学"（Ludology）的创立者贡萨洛·弗雷斯卡（Gonzalo Frasca）则认为游戏是拟真（simulation），而非叙述。③

显然，此问题仍然悬而未决。迄今，"游戏学"仍然没有开辟出属于自己的理论疆域，而游戏研究多是借重其他理论对游戏现象进行阐释与论证，因而，各家在现象描述、问题论证上呈现出大相径庭的面貌也就不难理解了。我们能否通过引入一套新的、完善的、贴切的理论话语，尝试解答这一问题呢？

（一）作为符号文本的游戏是不是叙述文本？

在游戏研究领域，游戏能否叙述的问题并不是作为一个叙述学问题被领会并回答的，游戏研究者通常会使用"叙述"的最通俗的意义："讲故事"，将这一问题转化为一个更通俗的说法：游戏是否可以讲故事或

① Janet Murray, "From Game-Story to Cyberdrama", in Noah Wardrip-rip-Fruin and Pat Harrigan(Eds.), *First Person: New Media as Story, Performance, and Game*, Cambridge: The MIT Press, 2003, p. 2.

② Chris Crawford, "Interactive Storytelling", in Mark J. P. Wolf and Bernard Perron(Eds.), *Video/Game/Theory*, London: Routledge, 2003, p. 259.

③ Gonzalo Frasca, "Simulation versus Narrative: Introduction to Ludology", in Mark J. P. Wolf and Bernard Perron(Eds.), *Video/Game/Theory*, London: Routledge, 2003, p. 230.

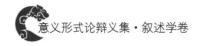

是否全部游戏都具有讲故事的能力。然而，我们不能回避的问题是，对"讲故事"一词，研究者们只是在其通俗的意义上进行使用，并没能给出明确的定义。托本·格鲁达（Torben Grodal）曾经试图给"故事"（story）一个定义："故事是被一个或一群生命存在体所关注一系列事件；这些事件建基在对经验的模仿之上，并能够产生感觉、情绪、认知与行为上的持续的相互作用。"[①]这个定义粗略而模糊，很难应用到具体的分析中。

如果我们问，何为"故事"，"故事"是不是只能是"过去之事"？一个"故事"是不是对所有人而言都是"故事"，只对某一部分人而言是"故事"的故事是不是"故事"？"讲故事"是不是具有理论上的普适性？笔者并没能在游戏研究领域找到这些问题的答案。

故而，引入一套新的、能对这些基本问题进行回答的理论话语是必要的。"叙述学"（Narratology）已经是一门成熟的学科，从叙述学的角度对游戏叙述问题进行讨论，无疑有助于很多问题的廓清。在此，我们使用"叙述"这一更明晰的词语，而不是使用"讲故事"一词来观照游戏文本。

笔者已经论证过[②]，游戏是个符号文本，作为一个由人类自主构建的活动形式，游戏中包含着诸多符号化的因素：如游戏者身份的规定、游戏规则的设计、游戏结果的判定等。那么作为符号文本的游戏是否可以叙述呢？因为符号文本是叙述文本判定的基础，所以，换言之，游戏文本是不是也是个叙述文本？

赵毅衡先生在其《符号学原理与推演》一书中，为叙述文本给出的最简定义如下。

1. 有人物参与的变化，形成情节，被组织进一个符号文本。
2. 此符号文本可以被接受者理解为具有时间和意义向度。[③]

① Torben Grodal, "Stories for Eye, Ear, and Muscles", in Mark J. P. Wolf and Bernard Perron(Eds.), *Video/Game/ Theory*, London: Routledge, 2003, p. 130.

② 宗争：《游戏概念的符号学探索："游戏符号学"的基础》，《中外文化与文论》2011年第1期，第202-212页。

③ 赵毅衡：《符号学原理与推演》，南京：南京大学出版社，2011年，第327页。

此定义一个有趣且关键之处在于，明确提出了由"接收者"来确定符号文本是否具有叙述能力的观点，而恰恰是这一"明确提出"，使得对叙述文本的判断由虚无的"大众"转向了具体的符码"接收者"，简言之，只要有一群甚至一个"接收者"（包括符号文本的作者本人）能够解读这一符号文本的时间和意义向度，此文本即为"叙述文本"，而无须"所有人"的认可——也正是在这个意义上，广义叙述学才与狭义叙述学得以区别。重新申明这一点的目的在于，游戏文本在很大程度上并不属于狭义叙述学意义上的叙述文本，正如"符号"的判定最终来自"接收者"，叙述文本的判定也应该符合这样一条基本的法则。游戏能否叙述？除熟悉游戏规则的"接收者"之外，恐怕很难有人能够"读出"游戏自身的叙述，这就让游戏叙述的判定变得尤为困难。在广义叙述学的理论框架之内，只要"接收者"认可并可以阐释，这就不妨碍"游戏可以叙述"的事实。这首先说明，游戏能否叙述的判定不能根据通俗意义上的是不是在"讲故事"，而是要深入接收者的理解与阐释方式进行辨析。

所有的符号文本，不是陈述，就是叙述。[1]陈述与叙述的判定在于：人物在变化中。作为人类活动，游戏必须有人的参与，而游戏总有胜负的结果，参与者付出一定的努力，或胜或负，就是"人物在变化中"。从表面上看，游戏文本极其符合叙述文本的定义，问题似乎应该就此终结。

然而，我们似乎忽略了一个基本的问题，在游戏符号文本中，游戏的主体虽然是人，但"游戏者"只是人的"符号化"，游戏要求游戏者依从游戏规则的设定，没有"人性"。如果不关涉其他伴随文本，仅对游戏文本而言，游戏者的身份是由游戏本身设定的，与游戏者原有的"人"的身份无关，形象地说，男子 60 米栏径赛中刘翔与戴龙·罗伯斯（Dayron Robles）对抗，其实也就是，在一种具体的游戏活动中，游戏者 A 与游戏者 B 的竞争，与个人气质、民族气节等其他因素无关。如此一来，在

---

[1] 赵毅衡：《符号学原理与推演》，南京：南京大学出版社，2011 年，第 328 页。

理论上，游戏文本中的游戏者，虽然是"人"，但在游戏设定中，却并非"有灵之物"，游戏也并不要求"他们对经历变化，具有一定的**伦理感受和目的**"（加粗为笔者注）[①]。这一点在电子游戏中显现得更加明确，在游戏中被制造出来的，拦住游戏者去路的"怪"，虽然拥有"人"的外貌，极度拟真，但它们却没有情感、没有灵魂，它们的"死亡"也只是游戏"程序"的设定，如果程序许可，它们随时可以"复活"。没有一款游戏将"情感"作为参与游戏的必要条件（也许是因为"情感"很难度量），游戏也不要求游戏者一定要有情感的体验或反馈。相反，更多的游戏要求参与者必须遵守"游戏者"的身份制约，而游戏者也尽量隐藏自己的情感，如那些喜怒不形于色的赌徒。

（二）游戏文本与游戏内文本

在这种质疑之下，是不是说游戏就不能叙述呢？并非如此。我们不妨引入一对新的概念，以更清晰地解答这一问题，即："游戏文本"与"游戏内文本"。

在游戏研究领域，普遍存在着将游戏样态、游戏活动以及游戏效果混淆的情况。也正是这一混淆，使得原本简单的问题变得头绪纷乱。显然，在重整游戏研究的过程中至关重要的第一步，就是要对各种文本样态的混用状况做一个清算。作为符号文本的游戏包含着众多因素，广义上讲，游戏规则、游戏活动、游戏效果都是游戏文本的一部分，然而，在我们论及"游戏"之时，它是指称那个呈现出丰富姿态的游戏活动，还是主导着游戏进程的游戏形式，还是兼而有之，似乎并没有得到有效的划分。

笔者根据文本的"阅读者"的差别，将游戏文本划分为两类。一是"游戏内文本"，也就是游戏者所"阅读"的文本。每个独立的游戏都有

---

① 赵毅衡：《符号学原理与推演》，南京：南京大学出版社，2011年，第328页。

一个游戏内文本，这个文本是游戏设计者（此处的游戏设计者是集体智慧的抽象表达，并不专指某个"作者"）的设计产物，规定了游戏的时间、参与方式、奖惩方式、胜负条件等因素，它是静态的形式文本，除非游戏设计者引入新的规则来改变它形成新的游戏文本。有些学者认为，游戏规则是决定游戏进程、形成游戏文本的唯一因素。笔者认为，这一观点忽略了游戏中其他决定游戏进程的因素，规则是影响游戏进程的关键因素，但同时也有许多因素并不包括在规则体系之内，比如作为扑克游戏的前提的扑克牌，并不能用游戏规则来涵盖。在许多电子游戏文本（尤其是角色扮演类游戏）中，游戏内文本不仅包括游戏规则，也包括游戏场景、游戏剧情或脚本、游戏内的人物环境设计等因素。许多规则完全相同（相同的键位设置和游戏目标）的电子游戏却因为游戏设计的不同而带给游戏者截然不同的体验。我们可以说，"游戏内文本"以"符号化"为基础，以"计算"为法则，不因时间变化而变更，不以游戏者的意志为转移。对于游戏者而言，阅读"游戏内文本"是介入游戏的第一步。"游戏内文本"既是一个"可读"的文本，又是一个"可写"的文本，它提供了不可变更的游戏框架，但同时也提供了游戏者自由"书写"的空间：一盘棋，在规则的允许之下，怎么下都可以。二是游戏文本，也就是游戏活动的最终样态，是游戏的观众阅读的文本。游戏者参与到游戏中来，遵循游戏法则进行游戏，最终得到与自己的智力或体力投入相应的结果。游戏文本囊括了游戏者从参与游戏至游戏结束的总过程，因而，游戏文本因人而异，一个游戏只有一个"游戏内文本"，但却可以由此产生诸多"游戏文本"。游戏的观众能否"读懂"游戏文本，取决于他对游戏内文本的了解程度，"内行看门道，外行看热闹"，对游戏内文本不了解，当然也可以观看，但此时观看的只是游戏文本的"衍义"，而非游戏文本本身了。

为了便于与其他游戏研究对接，我们不妨引入第三个文本概念，即游戏"标准文本"——我们发现，游戏研究经常无法应对无数游戏文本扑面而来的状况，故而总是择取众多游戏文本中出现比率较大的文本作为研究对象，例如，尽管有选择的自由，游戏者一般不会主动选择失败，

在游戏进程中一般会遵循趋利避害的原则等。进言之，所谓"标准文本"就是智力相近、能力差距不大的游戏者在正常情况下参与游戏进而形成的游戏文本。"标准文本"是"游戏文本"的一部分，它并不确指一个单一的文本，只是一个泛化的概念。标准文本与其他游戏文本的对比，能够让我们察觉到游戏的"正常"状况与"反常"状况的区别。

游戏内文本是游戏的基础形式，游戏文本是主体介入游戏内文本而产生出的不同进程和不同结果的展示。在游戏中，不存在一个绝对的创作主体来掌控整个文本，游戏是游戏设计者、游戏形式与游戏者交互作用的活动。

（三）"游戏文本"叙述

我们再回到刚才游戏叙述的问题。

如果说大部分"游戏内文本"提供了一个冷冰冰的游戏环境和游戏框架，那么"游戏文本"则洋溢着火一般的热情。尽管游戏对游戏者没有情感介入的要求，但同时也并不阻止游戏主体在游戏过程中渗入情感因素，游戏的"人"（而非符号化的"游戏者"）在游戏中表现出"紧张""刺激""舒畅"等情绪，对游戏进程的变化（胜与负）表现出激动或颓丧，都是游戏文本构成中的一部分。"游戏文本"允许游戏主体以个人的方式参与游戏，那么，符号化的游戏者也就转化为了活生生的游戏的"人"，拥有"有灵之物"参与的变化，显然，此处的"游戏文本"具有叙述能力，行动—获胜，就不再是个呆板的陈述。

我们应该还记得，皮尔斯"符号—对象—解释项"的"三分法"。

"一个**符号**，或称一个表现体，对于某人来说在某个方面或某个品格上代替某事物。该符号在此人心中唤起一个等同的或更发展的符号，由该符号创造的此符号，我们称为**解释项**。符号指向某物：它的**对象**。"[1]

---

[1] Charles Sanders Peirce, Collected Papers 1931-1958, Vol. 2, Cambridge, Mass: Harvard University Press, p. 228.

（加粗为笔者注）

如果我们将"游戏内文本"作为基础的"符号"，那么游戏的"人"依从游戏规则对游戏者的要求参与游戏进程，也就是游戏主体根据对"游戏内文本"的"解释项"对"符号"进行"衍义"，并形成"大同小异"甚至"小同大异"的新"符号"文本——"游戏文本"。在衍义的过程中，作为游戏者的人无法完全抛弃"人"的因素，游戏的"人"因素与"游戏者"身份不协调并发生碰撞，游戏者的主体性迫使其进入对游戏内文本的"书写"或"衍义"之中，游戏文本的叙述性增强，情节逐渐显出。

正因为游戏文本能够进行叙述，所以，其他媒体才能够对此叙述文本进行"改写"，报纸、杂志、广播、电视都可以运用自己的方式对体育竞赛进行报道。

游戏文本能够进行叙述，反之，一旦游戏者对游戏内文本感到厌倦，不再进行正面的"衍义"，游戏文本的叙述性就会减弱。网页游戏"开心农场"[①]因引入了"种菜""偷菜"的模式而风靡一时，而一旦游戏中的这一行为模式被游戏者解释为"制造像素""移动像素"，由形象话语转变为冷冰冰的计算机语言，对于某些倦怠的游戏者而言，这一游戏文本就失去了叙述的能力。同理，众多粗制滥造的电子游戏也因固守低级、重复的"打怪""升级"等模式，而不能深入挖掘游戏的叙述潜能，最终被游戏者放弃。

（四）"游戏内文本"叙述

当然，我们的问题已经得到了回答，无论"游戏文本"的叙述能力是否显现，其能够叙述的结论都毋庸置疑。那么我们是否可以继续追问，游戏内文本也同样具有叙述的能力呢？

[①] 一款以种植为主的休闲社交网页游戏（webgame），后被多家运营商收购。开发商：五分钟公司；发行时间：2008 年。——笔者注

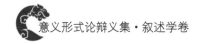

游戏内文本是构建游戏文本的基础，游戏文本是游戏内文本的衍义，如果没有游戏内文本提供的游戏框架，游戏文本的叙述无从谈起。游戏内文本的最简形式即游戏规则，如"下盲棋"，游戏者完全脱离了棋盘棋子的限制，采用"心算"的方式对弈，对于游戏者而言，游戏内文本显现为一个由游戏规则构建的虚构的棋子运行体系。此时，游戏内文本不能叙述，因为它只提供了叙述发生的可能性：游戏者 A 将棋子 x 移动至某个位置，是游戏文本中呈现出的随机事件，而不是游戏内文本预先设定好的，游戏内文本只提供了棋子移动的规则。简言之，此时的游戏内文本中没有"脚本"，因而不能进行叙述。

那么，假如游戏内文本中构建了"脚本"，是不是它就可以进行叙述了呢？

在电子游戏中，所谓"人机交互"，也就是游戏者的指令操作经由已然设计好的程序编码，转化为视频画面上的行动或选择。这一"编码"，简言之，就是依照"如果……那么……"（若 p 则 q）的命题格式，填充相应的内容，从而构成游戏程序乃至更为复杂的游戏脚本。

游戏中的"命题"就是对在一定条件下可能或必然发生的变化的规定。我们几乎在所有的游戏形式中都不难发现这种"命题"——在大多数径赛中，"**如果**游戏者 A 相较其他游戏者最先到达规定赛程的终点，**那么**他就是游戏的胜利者"。在足球比赛中，"**如果**足球在未犯规的情况下被头或足触碰进入游戏团队 A 的球门，**那么**与之对抗的游戏团队 B 得一分"。在桌面游戏中，"**如果**游戏者 A 操控的棋子 x 行至棋盘的 N 点，**那么**游戏者 A 可以获得重新投掷一次骰子的机会"（加粗为笔者注）。在大多数游戏中，命题形成了游戏的规则体系，游戏的胜负判定、规则设计等都依赖着这种命题形式。

游戏中的命题是不是叙述呢？恐怕不是。我们不能说数学命题——"如果两直线相交，则它们交成的对顶角相等"——是叙述。同理，游戏命题是在游戏将主体符号化和行动抽象化之后做出的，不对具体的情状做描述，它只提供了对游戏者的变化可能性的"陈述"，而游戏者是否具有"伦理感受和目的"不是命题的题中之义。

　　既然命题很难叙述，是否游戏内文本就无法叙述了呢？并非如此，游戏内文本的叙述能力取决于游戏脚本是否出现和以什么样的姿态呈现。许多游戏没有脚本，没有在游戏中设计情节，展开叙述，比如大部分体育竞技项目，那么如笔者上面所论述的，此时，游戏内文本无叙述，而因游戏者与游戏的"人"身份之间的碰撞，游戏主体通过"阅读"和"改写"游戏内文本，获得伦理感受，从而促使游戏文本进行叙述。拥有脚本，就意味着游戏内文本在游戏规则或游戏命题之上为游戏附加更多的情节因素，从而获得自己的叙述能力。

　　游戏脚本的基础是命题，但在建立了游戏运行的规则体系之后，游戏脚本可以随意设计游戏背景、情节、人物形象等。

　　电子游戏的出现很好地诠释了游戏内文本叙述的能力，计算机因其特有的逻辑计算能力，可以完成更复杂的程序编写，因而成为当下游戏脚本书写的首选方式。当然，并非所有的电子游戏内文本中都具有"脚本"——在早期的电子游戏《吃豆人》[①]（Pac-Man）中，游戏者只需控制游戏中的角色"吃豆人"吃掉"迷宫"中所有的豆子，同时尽可能躲避形似乌贼的小鬼怪，在一局中"死亡"的次数小于三次，即可获得一局比赛的胜利。同样的例子还有游戏《俄罗斯方块》《贪吃蛇》等——我们却很难在这些游戏中发现有什么情节与叙述。

　　其次，电子游戏并不是最先在游戏内文本中构建"脚本"的例子，在电子游戏出现以前，许多桌面游戏（board game）已经尝试过将故事情节写入游戏之中，如1935年美国帕克兄弟制作的桌面游戏《地产大亨》（Monopoly，又名《大富翁》或《强手棋》），就是一个将地产买卖、资本运作等情节融入游戏的绝好例子。著名的桌面角色扮演游戏《龙与地下城》[②]（Dungeons & Dragons）则允许游戏者进入游戏设定好的"世界"（如"艾伯伦世界"和"被遗忘的国度"），经历预先设定的情节，

---

① 一款早期的休闲类电子游戏。开发公司：雅达利；发行时间：1982年；操作平台：Atari2006。——笔者注
② 一款角色扮演类的桌面游戏。由TSR公司最先开发，后被威世智公司收购；发行时间：1974～2004年。——笔者注

或自行创造游戏发生的场域和故事。

然而，电子游戏以其强大的视觉形象构建能力拥有先天的优势。在桌面游戏《龙与地下城》中，情节是依靠某一个特定的游戏者地下城主（Dungeon Master，DM）依靠口述的方式叙述出来的，其他游戏者再根据 DM 的叙述，凭借自己的想象力构建场景和具体情节。电脑能够取代DM 的位置，依靠视觉形象的建立，构建更为直观的人物、空间形象（虽然叙述不一定更为宏大）。这一点，如同小说与电影的关系。

我们在此前的论述中已经显示出，讨论游戏叙述问题，最值得关注的不是"人物在变化中"这个基本的条件（因为游戏本身肯定牵扯到人与变化），而是在文本中的"变化"是否涉及"有灵之物"的"伦理感受和目的"。游戏脚本中的人物，均是游戏设计出来的形象，这些人物形象是否"有灵"取决于设计者是否赋予了它们以"人性"或"人格"。电子游戏脚本中的人物被称为 NPC（Non-Player-Controlled Character，非玩家角色），这些角色大部分具有特殊的功能，推动剧情发展或为游戏者提供可供选择的帮助等，如一般网络游戏中都具有的"商人"角色，基本等同于一个"商店"，并没有鲜明的人格特点。再如 2011 年末在网络上风靡一时的所谓"膝盖中箭体"，就出自当时著名的单机电子游戏《上古卷轴 5：天际》（The Elder Scrolls V: Skyrim）[①]中的多位 NPC（"守卫"）之口（"I used to be an adventurer like you, then I took an arrow in the knee."即"我以前和你一样也是个冒险家，直到我的膝盖中了一箭。"），这自然也是游戏对 NPC 的一个粗陋而有趣的设定，也是游戏脚本很难给予每个角色以丰满个性的佐证。

游戏脚本只有设计出真正的具有独立人格的"角色"与具有变化的"情节"才能够使得游戏内文本具有真正的叙述性。

有必要进行进一步的辨析，在文学叙述中，我们很少对某个只出现一次的人物产生"他是不是个'人物'"的疑问，这无疑与文学叙述的读者期待有关，换言之，就是和叙述文本的"接收者"对文本的阐释趋

---

① 一款角色扮演类电子游戏。发行公司：Bethesda；发行时间：2011 年。——笔者注

向有关。作为读者（接收者），我们首先是将文学叙述当作"叙述"来看，人物角色本身的"功能性"不是文学阐释的重点。游戏内文本的"接收者"是游戏者，他们最先关注的是游戏中的"人物"是否具有某些影响游戏的功能，而这些"人物"通常也被作为功能体来设计和对待。因此，虽然文学中的人物与游戏中的人物也许都只是"功能体"，但文学文本与游戏文本的"接收者"在对文本的理解上产生了差异，这也是我们在"他们对经历变化，具有一定的**伦理感受和目的**"（加粗为笔者注）这一话题上反复论证的原因。由此，我们必须谨慎区分电子游戏设计中使用的各种技术手段所取得的效果。清晰的形象，逼真的游戏特效、音响等并不使得游戏内文本具有更强的叙述性；相反，拥有精心设计的情节、丰满的人物性格，即使是粗糙的画面、音质，游戏也能带来强烈的叙述效果。

电子游戏显然做过类似的尝试，并且获得了良好的效果，当然，脚本的复杂也提高了游戏制作的成本，作为产业链条中的一环，游戏开发商不得不考虑实际的问题，这在一定程度上影响了游戏文本叙述的丰富性。如风靡全球的第一人称射击电子游戏《使命召唤》（*Call of Duty*）[①]系列，游戏设计出了多位贯穿始终的重要电脑角色，以协助游戏者可操控的角色完成任务、进行战斗甚至作出一些重要的选择。这些角色性格各异，人物形象非常丰满，他们会对玩家做出指导、鼓励，并对游戏者的选择进行评价，对玩家的进步表示出欣慰，在某种意义上，尽管他们是电脑人，但已与文学叙述中的"战友"无异。显然，游戏内文本在一定条件之下是可以进行叙述的。

（五）结　论

我们已经通过详细的论证证明，游戏文本可以叙述，并且在条件允

---

① 第一人称射击类的系列电子游戏。发行公司：Activison；发行时间：2003～2011 年。——笔者注

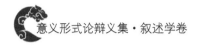

许的情况下，可以进行非常复杂的叙述，甚至其复杂程度不亚于文学叙述与电影叙述。"游戏文本"与"游戏内文本"的划分意在通过更精细的文本分割，让我们更清晰地领会"叙述"在游戏之中的运作方式与其所担负的作用——游戏者与游戏观众，面对的是两种具有联系却不同的文本，因而游戏叙述问题对于作为文本接收者的他们而言，也具有不同的意义。

然而，我们也不要忘记，游戏，作为一种娱乐活动，其意图并不在于通过叙述来打动人心，相对地，游戏希望通过模拟制造竞争来取悦游戏者。叙述只是游戏的一种手段，那些叙述方式极其简单的游戏，如竞技体育，并没有让我们感到厌倦，仍历经岁月而不衰。当然，善用游戏"叙述"，对于当今的电子游戏来讲，可能是个重要的发展契机。

三、歌词的叙述转向

陆正兰[①]

摘要： 叙述性和抒情性一直是歌词的两种重要成分，中国传统歌词以抒情性为主导，此说已成定论，叙述性常被遮蔽而不显。然而在中国当代歌词中，此主导成分渐渐发生了重大变化，尤其近20年来，歌词中的叙述性及各种叙述特征越来越突出，这种明显叙述转向，预示着中国歌词正向全新的阶段演变。叙述更接近歌的意动性交流目的，也契合当代人思维结构的变化：从群体主体性向共同主体性伦理担当的转变。同时，它也为商业文化压力下被分散的词作家主体身份取得了"自我塑形"，从而在个人创作和文化表意上完成了一种自我构建，继而超越歌词本身的意义。

关键词： 叙述性；意图时间性；叙述三素；叙述伦理；自我塑形

（一）歌词的两种构成成分：抒情与叙述

中国传统歌词以抒情为主，此说已成定论。叙事歌词不仅出现晚，且数量少，在中国诗史的讨论中，不占重要地位。尤其当专用的叙述形式：讲史、平话、曲艺、戏曲、小说出现之后，用诗讲故事就成了特例。如果我们只考察歌词，那么常被称为"歌行"的叙事歌词更是少数，在曲子词和宋词元曲之中，叙事歌词几乎无迹可寻。

[①] 陆正兰，四川大学文学与新闻学院教授，研究方向：当代歌词、诗歌与艺术学。本文原标题为"当代歌词的叙述转向与新伦理建构"，刊载于《社会科学战线》2012 年第 10 期。本文在原论文基础上略作了修改。

延续这个传统，中国现代歌词也以抒情为主，真正叙事的歌词很少。朱光潜在《长篇诗在中国何以不发达》一文中指出，"中国诗和西方诗的发展的路径有许多不同点，专就种类说，西方诗同时向史诗的戏剧的和抒情的三方面发展，而中国诗则偏向抒情的一方面发展"①。这个总结一直被看成是无可辩驳的归纳。然而，偏向抒情不等于说中国歌词中没有广义的叙述性。叙述性在中国古代歌词中时有出现，只是数量少，且与抒情混杂，被遮蔽而不显。《毛诗序》中的名言"诗言志，歌永言"，过于简要。闻一多先生曾对此作过详尽考证，他在 1939 年撰写的《诗与歌》中说："无文字时专凭记忆，文字产生以后，则用文字记载以代记忆。故记忆之记又孳乳为记载之记。记忆谓之志，记载亦谓之志。古时几乎一切文字记载皆曰志。"②故"诗言志"也就是：诗用语言来记载事件。《诗经·国风》中就有不少明显具有叙事性质的诗，如《生民》《公刘》《谷风》《氓》等。但《诗经》中的叙事和真正的叙事诗还是有很大不同，冯沅君 1937 年 5 月 16 日发表于《大公报·文艺》上的《读〈宝马〉》一文讲道："《诗经》里颇有几首近于史诗的篇章……这些诗未尝不穆穆皇皇。但读起来，我们却觉得它们不够味。"③冯沅君的不满事出有因：在中国传统的抒情和叙事诗中，叙述与抒情一直是混杂的，两者成分比例不同，混杂方式也不同。就如清代叶燮指出："盈天地间万有不齐之数，总不出理、事、情三者……六经者，理、事、情之权舆也。合而言之，则凡经之一句一义皆各备此三者而互相发明，分而言之，则《易》似专言乎理，《书》《春秋》《礼》似专言乎事，《诗》似专言乎情，此经之原本也。"④叶燮所说的"理""事""情"三者可以兼有，只不过在不同的文体，各有侧重。因此，在所谓抒情歌中，无论传统诗

① 朱光潜：《长篇诗在中国何以不发达》，载朱光潜《朱光潜全集》第 8 卷，合肥：安徽教育出版社，1993 年，第 352 页。

② 闻一多：《神话与诗》，上海：上海世纪出版集团，2006 年，第 152 页。

③ 冯沅君：《读〈宝马〉》，《大公报·文艺》，1937 年 5 月 16 日。参见陆正兰：《歌词艺术十二讲》，北京：北京大学出版社，2015 年。

④ 叶燮：《与友人论文书》，《已畦集》卷十三，http://read.nlc.cn/OutOpenBook/OpenObjectBook?aid=892&bid=135430.0.

词，还是现当代歌词，很难找到没有叙述成分的文本，正如在叙事歌中，很难找到没有抒情成分的歌词，而大部分歌词，实际上都位于这两个极端之间。

本文要论述的一个事实是，近年来，随着当代歌词创作的多元化发展，中国歌曲中，原先被抒情主导所遮蔽的叙述成分越来越显露，叙述性的各种特征都逐渐凸显。这并不是中国歌词构成成分的变化，而是很大一部分当代歌词中的主导成分的改变。[①]这种变化意义深长，它构成了中国歌词的"叙述转向"，使中国歌词向一个全新的阶段演变。如果学界依然认为至今为止的中国歌词还是以抒情为主，那么，现在或许应该是重新认识这一观点的时候了。

在区分歌词的叙述性和抒情性时，我们通常把非叙述的句段，都称为"抒情"。王夫之说，"即事生情，即语绘状"[②]。实际上，一首歌的句段可分为三种：叙述（narrative）、描述（description）、评述（commentary）。除了明显的叙述外，描述可包括景色、物状、人物、心情等，也只有描写心情可以算作抒情，而评述也会混杂着叙述和抒情。因此，不能说非叙述的句段就是抒情。这样的二分法，很容易引导人们向抒情偏移。所以在本文论述之前，我们首先要弄清一个基本问题：什么是叙述？

叙述，是人类组织个人生存经验和社会文化经验的普遍方式。叙述有很多种定义，但最基本的可以这样理解："叙述主体把有人物参与的情况变化，即事件，组织进一个意义文本，期待接受主体认知此文本中的伦理与时间方向。"[③]叙述强调"有人物参与的变化"（叙述中的所谓"人物"，即具有人格的一个"角色"，不一定是人），"人物"与"变化"是叙述的两个必须的要求，缺少两个要素的文本，只能是"陈述"而不是"叙述"。

---

① 罗曼·雅克布森：《主导》，任生名译，载赵毅衡编选《符号学文学论文集》，天津：百花文艺出版社，2004年，第7-14页。

② 王夫之：《古诗评选》卷四，《船山全书》第十四册，长沙：岳麓书社，2011年，第651页。

③ 赵毅衡：《意不尽言：文学的形式-文化论》，南京：南京大学出版社，2009年，第8-23页。

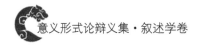
（二）叙述与歌词的意图时间性

叙述，首先必须有话语时间意图方向。本维尼斯特曾将话语的意图方向对应三种"语态"：过去向度着重记录，类似陈述句；现在向度着重演示，结果悬置，类似疑问句；未来向度着重说服，类似祈使句。三者的区别，在于叙述意图与期待回应之间的联系方式。

歌词与诗最接近，按罗曼·雅各布森（Roman Jakobson）的文本六功能说法，诗性，即"符号的自指性"。这与托多罗夫称之为"符号不指向他物"之说相应。但歌词又不同于诗，歌的主导功能落在引发发送者的情感与接收者的反应，歌词必须在发送者的情绪与接收者的意动之间构成动力性的交流。所以它的意图时间性是朝向未来的。

这一点，歌词与小说、电影等一些记录过去事件的体裁很不相同：歌词能将过去、现在与未来这三种内在的时间意图性交织在一起。过去事件是回溯，现在事件是"歌唱的此刻"正在发生的事，未来事件是"我"希望发生的，尤其希望"你"来采取行动。歌在三个时间方向的叙述不仅能自由转换而且特别自然。

通常，叙述过去的事件，是比较"正规的"叙述，这也是小说最典型的叙述，当叙述的事件发生在现在或将来时，抒情和叙述的混杂性会更为复杂。"抒情"的本质是静止的，而叙述则必须在时间中展开，某种变化，不管是过去已经发生的故事，还是现在和将来要发生的愿望。可以这么基本归纳：被叙述事件的时间很重要，落在过去叙述性比较明确，落在未来次之，落在现在歌曲或段落，由于时间不明，很容易被当作情景描述。

（三）叙述三素的凸显

叙述性出现在歌曲中时，就会出现所谓的"叙述三素"，即人素、时素与地素。歌曲借这些元素与表现对象建立关系，尤其与我们的"经验现实"或"文本间现实"建立关系。尽管在同一首歌里这三种要素并不一定都会出现。

时素，即歌曲叙述事件的时间点；人素，即歌曲中出现的人物。一旦歌曲中的人物锚定，我们便由此了解歌曲的内容背景。人素一样可以分成"特定"与"一般"两种，由于歌曲的特殊性质，在传统歌曲中，特定式的人素并不多见，有时见到，也多为英雄或伟人身份，而且往往在标题中就点明了人素，如《嘎达梅林》。因为这个人物的特殊身份，歌曲会明显地向颂歌的抒情性靠拢。

在当代歌曲中，歌词的叙述性不仅表现为人素的特定性增强，人物身份下移，更强调"有人物参与的变化"，即"人物在变化中"。最典型的例子是歌曲《娘子》。叙述"我"与一个远古的"娘子"的感情故事，这很容易写得陈腔滥调，但词作者巧妙地开辟了一种特别的叙述修辞途径，可以称之为"穿越式叙述"。在"我对你说"的歌词基本表意框架中，叙述者"我"只能在此刻，不可能回到过去，也不可能到达未来，但人物"我"可以通过被叙述，跳过这个时间障碍，进入不同的时空维度。叙述者我与人物我的差别被称为"二我差"[1]。通常歌词叙述过短，这个"二我差"不容易清楚地体现出来，但在穿越式叙述中，可以被戏剧化。叙述创造的情景越特殊，叙述的张力就越强。

在当代歌曲中，我们还能听到人素安排更为具体而真实的歌曲，比如，《我是谭某某》几乎是该歌曲作词作曲兼演唱者的一个简单自传。还有《周大侠》等，人物时常在歌名或者歌词中出现。人素越具体，歌越是个性化。歌词说出自己的故事，其叙述就显得更为顺理成章。

相对时素、人素来说，歌词中地素只在一种歌曲中至关重要，这就是当今为服务于旅游文化而发展出的"形象歌曲"。因为"形象歌曲"是被作为一种地域文化标识性符号来使用的，因此，地素锚定是形象歌曲不可缺少的因素。但通常来说，由于形象歌曲的目的在于宣传，它借助

---

① 赵毅衡：《当说者被说的时候：比较叙述学导论》，北京：中国人民大学出版社，1998 年，第147 页。

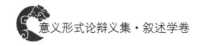

歌曲是一种歌众不断重复传唱艺术的天然优势，通过反复使用，达到象征符号效果，从而使歌曲得以大范围地流通。所以形象歌曲更多是抒情式的，它占用了地素而不叙述故事。但在当代歌词中，地素也会成为一个故事必不可少的因素，它参与故事的叙述，比如朴树作词作曲并演唱的《白桦林》。

可以看到，时素、地素、人素这"三素"，是催生歌词叙述品格的基本要素。虽然"三素"并不必然导致讲故事，但它们都有一般与特殊之分：特殊者因为靠近"真实历史"，叙述性就比较强，越是"特殊"的时素、地素、人素，对于叙述性的贡献越大，越是表现时素、地素、人素的种种变异，歌词的叙述性就越明显，歌词的故事性也越强烈。反之，一旦"三素"的特殊性降低，歌词也就容易进入一般化，情节就渐渐一般化，甚至可能与情景描述很难区分，容易落入抒情模式。比起传统中国歌曲，当代歌曲中三素带来的叙事成分明显增加，这也导致叙事和抒情两种构成成分的比例发生了重大改变，叙事成分逐渐占主导，从而也带来了当代歌词风格的重要变化，即"叙述转向"。

（四）叙述与歌词的交流本质

现在我们进入关键性的问题：为什么当代中国歌词会出现叙述转向？

首先，歌的目的在于意动。歌的基本结构是呼应，是"我对你说"，盼望着你回应。这是歌曲基本的交流模式。叙述更能满足歌词的"呼应结构"要求。歌曲作为最典型的意动性文本，目的也在于吸引听众。情歌之所以几千年没有写尽，而且今后几千年也写不尽，不是因为感情是永恒的，而是因为这些感情的表现方式千变万化：不仅是词语的文字花样翻新，叙述的事件更永远不同。

其次，叙述在歌词的交流中可以起到特殊的作用。当歌进入社会流通，开始其文化流程，歌的呼应交流就成为流通的渠道。歌曲的最主要文化功能是不同主体之间进行交往，尤其当语言不足以表达感情或情绪时，更需要以呼以应，作为交流的中介。尽管不是每首歌都能成功地做到这一点，至少每首歌都在朝这个目标努力，这是歌之为歌的本质要求。要让歌曲的接收者唱起来，除了音乐动人，或是要让对方觉得歌词中说得很类似他或她所体验到的感情，或是歌中的事件有点类似他或她的个人经历或梦想做的事。我们往往只见到前者（感情相通），而没有注意到后者（事件类似），没有看到感情是寄身于故事之中的。

再次，叙述从本质上说，是反单向度的。叙述往往用经验细节说明某种感情或愿望的实现过程，从而把感情客观化，把很可能简单化的感情变成一种复杂经验。叙述表现的是一种经验的型构：具体事件与经验相联系，让感情成为经验者的体验。因此叙述使得意义有一个生成过程，而不是直接强加给听众。这种感情在被情节表达出来时，或是被听众体会出来时，就具有一定的观察距离。抒情歌词大多是主观的、单向度的、排除异质成分的，而叙述歌词是向世界敞开的，不仅可以传达当代人"只可意会，不可言传"的细腻感情，还可以表达更复杂的思想和理念，比如阎肃作词、姚明作曲的《说唱脸谱》，将戏剧、流行及念唱三种不同的音乐风格，三种不同的表意方式，综合成一种复杂的歌词文本：形式也是文本，文本也是形式，新旧文化的冲突和融合，在不同表意风格中展开对话，就如格式塔心理学所论：整体不等于部分之和。正是叙述产生的交流品格，生动而深刻地演绎了作品的真正意图。

最后，从记忆特点看，歌曲作为一种交流工具，需要给交流者留下深刻印象，最好能记住，能复述，能自己来唱。在这个方面，叙述有远远超出抒情的优势：叙述能帮助记忆。心理学家恩德尔·图尔文（Endel Tulving）认为人的记忆有两种，一种"情节型记忆"（episodic memory）是组合型的，记住的是个人的、个别的、与具体时间地点有关的事件；另一种"语义型记忆"（semantic memory）是聚合型的，储存的是组织过的、抽象的、脱离具体时间地点的范畴。[1]通常，一个人的记忆是两种方式同时进行，但情节型的记忆更容易发生。这也是现代广告文本为了获得

---

[1] Endel Tulving, *Elements of Episodic Memory,* Oxford: Oxford Clarendon Press, 1983, p. 156.

好的记忆效果，力求组成一个有情节过程的故事，也就是有一个"组合结构"（syntagmatic structure）。[①]歌曲显然也是如此。史诗、弹词、评书，文本虽然很长，之所以能被记住，还是得益于叙事成分。

（五）歌词叙述与新伦理建构

许多学者认为近年批评界的重要趋势是"伦理转向"（ethical turn）。它和歌词的叙述有什么关系？歌词的叙述转向似乎是个形式问题，伦理转向强调内容或意识形态。实际上，它们是一个问题的两个方面。因为叙述化，才彰显了伦理问题。叙述化不仅是情节构筑，更是借叙述给经验一个伦理目的。有不少学者指出，只有用叙述，才能在人类经验中贯穿必要的伦理冲动：叙述的目的是意义，但首先是道德意义。

叙述的伦理，与抒情相比，更为复杂：从歌曲的"呼应结构"来说，抒情歌是直接的"我对你说"，其中的主体对应立即得到体现；而叙事歌趋向是回避直抒胸臆，借用事件来曲折地表现，在表意程序上比较复杂，因此不再是"我对你说"，而是"我告诉你我的故事"，甚至是"我告诉你他的故事"，这样就卷入了更复杂的人际关系，跳过了直接的主体对应。叙述也被某些论者称为一种修辞[②]，目的在于不必直接说出，因为接收者能利用自己组织事件的能力，读懂情节，读懂情节包含的意义。叙述构筑了人物经历的时空变化[即所谓情节化（emplotment）]，人物参与使这个世界成为"人的世界"，因此叙述使人的行为与其道义后果戏剧化了。

20世纪的中国，前80年的历史，启蒙、革命、国家等现代性话语与抒情有着深层的关系。正如王德威的总结："'抒情'不仅标示一种文

---

① V. ValLarsen, "The Timely and the Timeless: Syntagmatic and Paradigmatic Sign Relations in Advertisement Montage", *Advances in Consumer Research*, *Association for Consumer Research (U.S.)*, Vol. 32, 2005, pp. 162-163.

② 韦恩·布斯：《修辞的复兴》，穆雷、李佳畅、郑晔，等译，南京：译林出版社，2009年，第86页。

类风格而已，更指向一组政教论述，知识方法，感官符号、生存情境的编码形式。"①从这个角度看，当代歌曲的叙述转向，标示了中国人思维方式，即"生存情境的编码形式"的重大转向：人们不再轻易接受现成的结论，开始从情节化的叙述中作独立的思考。这种变化与中国当代文化生活的现代化有关，也与中国人生活经验的复杂化有关。在人和人之间，人和社会、自然之间，建构的不再是集体性，而是"主体间性"基础上的"共同主体性"。这也体现在于尔根·哈贝马斯（Jürgen Habermas）的交往理论中，该交往理论的核心是人与人之间通过语言行为相互理解，语言行动不只是服务于说明（或假定）各种情况与事件，言语者以此同客观世界中某种东西发生关联。语言行动同时服务于建立（或更新）个人关系②。要寻找这种理想的语言行为，叙述是最合适的，它可以让叙述者处于文本的中心，叙述给了自我一个支撑点，为自己构筑了一个从自身通向他者和世界的经验形式和交流空间。

在当代文化版图中，这种叙述的意义，在词作家身上似乎更为明显。歌曲作为一种特殊的艺术产品，不可否认，处在商业娱乐和文化的夹缝中，一个词作家很难摆脱它们对自我主体摧残的压力，但这并不意味着当代词作家就得放弃创作自我主体身份，沦为商业的工具。然而，这种自我主体身份又如何取得？

霍尔认为，"我们先不要把身份看作已经完成的、然后由新的文化实践加以再现的事实，而应该把身份视作一种'生产'，它永不完结，永远处于过程之中，而且总是在内部而非在外部构成的再现"③。主体身份建构是一个变动的过程，显然，词作者的自我不可能完成，他需要不断与世界与他人建立意义联系。斯蒂芬·格林布拉特（Stephen Greenblatt）在研究英国文艺复兴时期的六位作家时，指出这些作家的自我塑形是

---

① 王德威：《抒情传统与中国现代性：在北大的八堂课》，北京：生活·读书·新知三联书店，2010年，第5页。

② Jürgen Habermas, *Moral Consciousness and Communicative Action*, Cambridge: The MIT Press, 1990, p. 52.

③ 斯图亚特·霍尔：《文化身份与族裔散居》，载罗钢、刘象愚编《文化研究读本》，北京：中国社会科学出版社，2000年，208页。

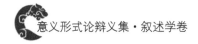

通过他们在各种文本中采取的身份,不断回到特殊的个体生活场景中去,"回到男男女女每天都得面对的物质需求和社会压力上去"①。这种身份需求,就是讲故事。格林布拉特将此称作"即兴运作"(improvisation),即把自我变成各种故事的叙事者融入周围文化限制中的一种方式,"能够让大多数人适应一种既定的文化,同时也让自己参与其中"②。当代歌词的叙述转向,也是词作家寻找自我主体的方式的结果,词作家走着格林布拉特的"即兴运作"路线,即用不同的歌词文本的叙事身份,完成着"自我塑形"。叙述在他们的个人创作和文化表意上完成了一种自我构建,继而超越歌词本身的意义。

叙述不仅成为歌曲新的发展方向,实际上也是当代文化中各种体裁(例如广告、新闻甚至心理治疗)共同的转向,不是歌词正在越出传统的边界,而是叙述转向正在改变着未来的文学史。然而,为了抵达这个最终的意义,唯一可以依靠的只能是有多样解释可能的叙述。这也是当代中国歌曲"叙述转向"的历史使然。

① Stephen Greenblatt, *Renaissance Self-Fashioning: From More to Shakespear*e, Chicago: University of Chicago Press, 1980, pp. 5-6.

② Stephen Greenblatt, *Renaissance Self-Fashioning: From More to Shakespeare,* Chicago: University of Chicago Press, 1980, p. 6.

四、梦的符号叙述

方小莉[①]

摘要：梦作为一种叙述体裁之所以长期得不到重视，很大可能是梦作为叙述的合法性问题没有解决。虽然现有的大多数研究还停留在论证梦的叙述性问题上，但梦叙述的理论研究已经起步，而梦作为一种叙述也越来越得到学者们的肯定。本文在肯定梦叙述合法性的基础上，以一种符号叙述学的视角，将梦作为一种独立的叙述类型来探讨梦叙述的体裁特征。梦作为一种叙述文本，它与一般的叙述共享同样的特点，同时梦作为一种特殊媒介的心像叙述，又具有自己独有的特征。梦叙述因为其结构性特点，具有高度的经验性；同时由于透明梦的存在，对梦叙述的研究扩容了区隔理论，透明梦在虚构二度区隔中又划出新的三度区隔世界；同时梦也具有演示性特征，不仅是此时此刻展开，意义当场实现，梦也有即兴发挥，而透明梦中的梦者甚至可以参与梦叙述。

关键词：梦叙述；虚构性；拟经验性；演示性

梦的研究目前主要以心理学为主导，但是其他人文和社会学科也不缺乏对梦的研究。从历史、文化、哲学、人类学、文学、艺术等学科目前对梦的研究来看，梦的研究主要还是偏向于"释梦"，也就是采用不同的解梦方式来探索梦的意义，从而讨论梦的作用及功能。文学和电影研究中的梦研究略有不同，不仅考察梦的功能，也在一定意义上研究梦的特点，但这些研究一方面比较偏向于梦对于创作或创作者的影响，另

① 方小莉，四川大学外国语学院教授、四川大学符号学-传媒学研究所研究员。主要研究英语语言文学、叙述学。本文原标题为"论梦叙述的三种特性"，刊载于《江海学刊》2019年第2期。本文在原论文基础上略作了修改。

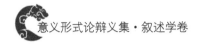

一方面偏向于梦在这些作品中的使用，也就是说梦并非独立的实体，或说被当作一种类型体裁来研究。文学和电影中的梦研究，其研究对象是梦的影响和使用而并非梦本身的特征。

梦作为一种叙述体裁之所以长期得不到重视，很大可能是梦叙述的合法性问题没有定论，也即是说梦到底是不是叙述。传统的叙述学研究和叙述学定义将大量叙述体裁排除出叙述，梦也不例外。普林斯认为梦不具备叙述的特征，完全否认梦是叙述。①然而随着叙述学的疆域拓宽，叙述的定义也发生了变化，从而越来越多的体裁被纳入了叙述学的研究范围，而叙述学家们对梦的认识也慢慢发生转变。虽然现有梦叙述的研究成果还较少，但学界已开启了对梦作为叙述的研究。

学界目前对梦叙述的研究主要关注梦作为叙述的合法性问题。梦作为一种叙述越来越多地得到学者们的肯定。帕特里夏·A. 吉尔罗（Patricia A. Kilroe）认为"所有梦都是文本，但不是所有文本都是叙述。"在吉尔罗看来，梦文本常常但并不总是具有叙述结构，而梦文本的叙述性也有度的变化，从碎片式的快照，到史诗故事。②可见对于吉尔罗来说，她认为不是所有梦都具有叙述结构，碎片式的梦不能算叙述，只有那些具备完整故事的梦才算叙述。雅克·蒙特内格罗（Jacques Montangero）与吉尔罗虽然在概念的使用上有些差异，但观点却类似，他认为梦具备叙述特征，但梦叙述的构成又不具备经典故事的特点。③事实上，蒙特内格罗认为梦是叙述，但不具备经典故事那样的结构完整性。卡洛·赛波里（Carlo Cipolli）和蒂亚戈·波里（Diego Poli）也提出梦叙述在形式上与典型的故事包含相似的元素，比如包括人物、场景和分层的事件结构。④爱华德·F. 佩斯-肖特（Edward F. Pace-Schott）则认为做梦是一种人类

① Gerald Prince, "Forty-One Questions on the Nature of Narrative", *Style*, Vol. 34, No. 2, 2000, p. 317.

② Patricia A. Kilroe, "The Dream as Text, The Dream as Narrative", *Dreaming*, Vol.10, No. 3, 2000, pp. 125-137.

③ Jacques Montangero, "Dreams are Narrative Simulations of Autobiographical Episodes, Not Stories or Scripts: A Review", *Dreaming*, Vol. 22, No. 3, 2012, pp. 157-172.

④ Carlo Cipolli and Diego Poli, "Story Structure in Verbal Reports of Mental Sleep Experience after Awakening in REM Sleep", *Sleep*, Vol. 15, No. 2, 1992, pp. 133-142.

讲述故事的本能。故事式的结构是梦经验（dream experience）的特征，而不是梦醒后回忆梦而强加的[①]。伯特·O. 史戴茨（Bert O. States）通过比较梦与故事讲述，提出做梦是所有虚构性故事讲述的原始形态（Ur-form），梦和虚构性的故事讲述都能够将存在压缩成为感觉意义的叙述。[②]

虽然大多数研究还停留在论证梦的叙述性，但梦叙述的理论研究已经起步。目前将梦作为一个独立叙述体裁来研究的成果还非常有限，学者们还主要在集中论证梦作为叙述文本的合法存在。在《广义叙述学》中，赵毅衡集中讨论梦本身的文本性与叙述性，不仅为梦之为叙述提供了有力证据，同时也从叙述学的角度探讨了梦的形成、作用及意义等重大问题，从而为梦叙述的研究打开方便之门，也为梦作为一种独立的叙述体裁的研究打下了基础。本文正是在肯定梦叙述合法性的基础上，以一种符号叙述学的视角，将梦作为一种独立的叙述类型来探讨梦叙述的体裁特征。

（一）梦叙述的虚构性与区隔

关于梦叙述的特性，本文首先要探讨的是梦叙述的虚构与纪实。梦究竟是纪实性叙述还是虚构性叙述？关于这一点，史戴茨认为"梦既是类历史的，也是类虚构的。一方面，梦完全是虚构的，因为梦不是对真实发生事件的复制；另一方面，梦者在梦中经历事件，这种经历具有经历现实的全部特点"。[③]史戴茨认为梦不是对真实事件的复制意味着梦并不指称经验事实，但同时梦者在梦中的经历却与现实世界的经历无异，这就使得史戴茨无法定义梦叙述，只能模棱两可地将其定义为一种虚构

---

① Edward F. Pace-Schott, "Dreaming as a Story-telling Instinct", *Frontiers in Psychology*, Vol. 4, 2013, p. 159.

② Bert O. States, *Dreaming and Storytelling*, Ithaca: Cornell University Press, 1993, p. 3.

③ Bert O. States, *Dreaming and Storytelling*, Ithaca: Cornell University Press, 1993, p. 11.

与纪实之间的中间体裁。

事实上，正在做的梦并非经验，因为"经验面对的是世界，梦者面对的是被心像再现的世界"，同时梦叙述很难是纪实型的，接收者无权将文本与实在世界对证。[①]任何一个虚构型叙述文本都通过叙述建构起一个完整的文本内虚构世界，这个虚构世界虽然独立于经验世界，却也与之有着千丝万缕的联系，它可以无限地靠近经验世界，却永远无法与之重合。西格蒙德·弗洛伊德（Sigmund Freud）认为，"睡眠中我们将自我同整个外部世界隔离开来"[②]。可见梦是一个被心像媒介化的世界，并不能被当作经验来处理。史戴茨之所以认为梦中的经历与现实世界无异则是因为梦者对梦的感知方式与梦叙述的高度拟经验性。要进一步探讨梦叙述究竟是虚构还是纪实，笔者在这里要引入赵毅衡的"双层"区隔理论。

"双层区隔"是一种作者和读者双方共同遵循的"表意-解释"模式，首先在一度区隔中将经验世界媒介化为符号文本构成的世界，从而代替了被经验的世界。原理是经验世界被符号化，也就是用符号媒介再现经验世界。符号对经验世界的再现不等于现实，但指称现实，即与现实有关，即为纪实型。其次二度区隔，是二度媒介化，是在"符号再现的基础上设置第二层区隔，也就是说，它是'再现中的进一步再现'"。[③]由于是二度媒介化，与经验世界隔开了双层距离，因此接收者不问虚构文本是否指称"经验世界"。二度虚构区隔不再指称经验世界，但是二度区隔是建立在一度区隔之上，也就意味着二度区隔是被包裹在一度区隔之内的区隔世界。赵毅衡用"双层区隔"理论来区分虚构型与纪实型两类文本。对于梦叙述来说，做梦的人入睡隔断清醒思想，从而从一度区隔进入叙述的二度区隔。[④]也就是从一度清醒思想的意识世界进入二度梦

① 赵毅衡：《广义叙述学》，成都：四川大学出版社，2013 年，第 48-50 页。

② 西格蒙德·弗洛伊德：《精神分析导论讲演》，周泉、严泽胜、赵强海译，北京：国际文化出版公司，2000 年，第 121 页。

③ 赵毅衡：《广义叙述学》，成都：四川大学出版社，2013 年，第 76 页。

④ 赵毅衡：《广义叙述学》，成都：四川大学出版社，2013 年，第 78 页。

境的无意识世界。一方面，梦并不是经验，它是被心像媒介化的文本世界；另一方面，梦也并非纪实的，因为梦并不指称经验世界，接收者也不要求梦与实在世界相互对证。

根据赵毅衡的观点，纪实性叙述只有一度区隔，而文本如果在一度区隔之上建立二度区隔则是虚构性叙述，也即虚构性叙述都包含了双层区隔。然而梦叙述却出现了特殊的区隔特点，即透明梦。所谓的透明梦是指"我们意识到我们正在做梦，而梦依然继续发生"。[1] 斯蒂芬·拉伯奇（Stephen LaBerge）提出，在透明梦中，梦者既是醒着，又是睡着。"透明梦的梦者对物理世界来说是睡着的，因为他并不能有意识地感知它；然而对于梦的内在世界来说梦者又是醒着的，因为他们与梦世界处于有意识的交流中"[2]。也就是说透明梦的梦者虽然知道自己在做梦，但他是在梦中知道自己在做梦，而不是经验世界中"我"的清醒意识感知。准确来说就是我梦见我知道我在做梦。梦者入睡区隔出了梦的虚构世界，正如戏剧幕布升起区隔出一个虚构的故事世界。此时舞台上出现的不再是演员而是故事中的人物。梦叙述中也正是如此，梦的世界是一个被心像媒介化的世界，这个世界中经历梦和接收梦的"我"已经不是具有清醒思想的我，而是梦叙述文本中的人物和显身的受述者。从心理学来说，梦是无意识的产物，那么可以说"入睡"隔断了意识世界和无意识世界。梦作为一种虚构叙述，不指称意识世界，而是遵循无意识世界的规则。

我们通常认定梦者缺乏自反性，从叙述学的角度来看，可以理解为梦的接收者由于处于梦叙述的虚构世界内，无法看到"入睡"这一区隔框架，因此不知道自己是处于入睡隔断清醒状态的虚构世界中。赵毅衡提出"在同一个文本区隔中，符号再现并不仅仅呈现为符号再现，而是显现为相互关联的事实，呈现为互相证实的元素"[3]。也就是说，在同一个区隔框架内，各个人物、场景及人与人之间的关系等彼此构成相互关

---

[1] Stephen LaBerge, Lucid Dreaming, http://b-ok.org/book/860169/012d21, p.6.

[2] Stephen LaBerge, Lucid Dreaming, https://www.youtube.com/watch?v=rFjiAUYZj68.

[3] 赵毅衡：《文本内真实性：一个符号表意原则》，《江海学刊》2015 年第 6 期，第 22-28 页。

联的事实，彼此相互证实，构成一个横向真实的世界。人物处在这个横向真实的世界中看不到区隔框架，彼此互为真实存在。对于同一个区隔世界内的人物来说，虚构并不呈现为虚构，而是呈现为这个区隔世界内经验的真实存在。只有区隔框架外的人才能看到区隔框架，而区隔内的人物却看不到。所以梦叙述的显身受述者作为区隔框架内的人物，他无法看到区隔框架，因此无论梦世界的内容如何荒诞不经，他也无法识别其虚构性，而以为自己所看到的一切真实可信，他并不知道自己只是一个媒介化的虚构人物。区隔框架内的人物只有跳出虚构世界，才能发现区隔框架，从而知道自己只是个创造物。

法国现象学家约翰·海林（Jean Hering）在写给胡塞尔的一封信中讲述了一个透明梦：在梦中，他发现自己在做梦，于是他试图向梦中的其他人证明他们不存在，却遭到他们的嘲笑。在梦中，他与梦中人物讨论问题时，这些人反驳道"我们确信，我们像您一样存在；为什么就该您一个人是正确的？"他回答"但我确知我在做梦，而你们甚至都不知道自己是被梦到的"。①显然在这个梦中，海林发现了梦的区隔框架，所以知道了梦的虚构性，从而不再完全认同于梦的虚构世界中的自己。处于同一区隔框架的其他人物因看不到区隔框架，因此彼此认为对方是真实的。关于透明梦，胡塞尔的观点是"梦世界的我不做梦，他在感知"，那也即是说梦世界的我，由于处于区隔框架内，所以梦世界对于他来说就是经验世界，因此他是在感知。"做梦之时我察觉到自己在做梦，已经以某种方式苏醒；而这一苏醒在另外一个梦中被梦见。"②

根据上面的说明，可以看到透明梦的接收者知道自己正在做梦是因为看到梦叙述的区隔框架。胡塞尔所说的苏醒就是梦者发现梦的区隔框架，而他所说的"这一苏醒在另外一个梦中被梦见"意味着透明的梦是

---

① Edmund Husserl, Briefwechsel, Vol. Ⅲ, Kluwer, 1933, p. 118. 转引自高松：《梦意识现象学初探：关于想象、梦与超越论现象学》，《现代哲学》2007 年第 6 期，第 89-90 页。

② Edmund Husserl, Briefwechsel, Vol. Ⅲ, Kluwer, 1933, p. 118. 转引自高松：《梦意识现象学初探：关于想象、梦与超越论现象学》，《现代哲学》2007 年第 6 期，第 89-90 页。

我梦见我知道我在做梦。也即是说梦者虽然能意识到自己在做梦，但梦者并非清醒的经验世界的"我"，而是依然处于睡眠状态的我。现有的实验结果显示，透明的梦发生在快速眼动状态下。梦者梦见自己知道自己在做梦，也即是说发现了虚构世界的区隔框架。一旦梦者发现区隔框架，他便不再是同一区隔框架中的人物，也不再完全认同于梦叙述中经历故事的主角，而是处在梦的虚构世界的外面一层。但此时的梦者还是在梦中，属于入睡所区隔出的世界，只是他看到了区隔框架，从而不再属于那个"无逻辑"的梦世界。这个梦者虽然不能清醒地感知经验世界，但却用更接近于清醒意识的逻辑来接收梦中的一切。这个梦者属于虚构世界，但又不属于那个"无逻辑"的梦世界，因此笔者认为透明梦的梦者处于"无逻辑"的梦世界与意识世界的中间区域，也即是说在透明的梦中，因为梦者的犯框，使区隔框架显现，从而划出了梦叙述中的另一个区隔世界，也即是透明梦的梦者所在的中间区域。那么当清醒意识被隔断，梦本身可以产生双层区隔。透明梦的虚构世界产生的第一度区隔是透明梦的梦者所处的世界，在这个虚构的一度区隔中又产生二度区隔，也即是虚构二度区隔。虚构的一度区隔虽然隔出的是虚构世界，但是与清醒的思维世界的逻辑保持一致，因此梦者接收到虚构二度区隔世界——荒诞的梦世界的信息时，便会觉得奇怪。

从对透明梦的研究，笔者大胆假设任何虚构性叙述如赵毅衡所说包含双层区隔，但笔者同时也认为，虚构文本的二度区隔中又可以进一步划出新的区隔世界。那么含有双层区隔的文本必然是虚构性叙述，而虚构叙述本身可以包含双层以上的区隔世界。梦就如文学中建构的奇异世界一般，是一种多层次的空间构成。[①]因此除了以上所讨论的梦叙述以外，该类现象还可以在文学文本或是电影文本中发现。在这里笔者以电影《笔下求生》（*Strange than Fiction*）来做一个说明。该电影的结构与本文所讨论的透明梦的区隔十分相似。电影开始是哈罗德·克雷克（Harold Crick）作为二度区隔的虚构世界的人物，突然发现自己是被作家凯

---

① 朱林：《论童话叙述的时空想象及其边界》，《符号与传媒》2018 年第 1 期，第 183-196 页。

伦·埃菲尔（Kay Eiffel）创造出来的人物，也即是发现了区隔框架痕迹，从而他从自己的虚构世界跳出，来到了与凯伦同一个区隔世界。因为区隔框架显现，凯伦的世界成为二度区隔世界，而哈罗德原来的世界由于是被凯伦创造出来的，因此成为三度区隔世界，也即是在二度区隔世界中又区隔出了一个世界。那么这部电影与透明的梦一般就具有了三重区隔。从这部电影我们也可以反过来再论证透明梦的三重区隔。处于二度区隔的梦者我，发现了区隔框架痕迹，即像哈罗德一样发现自己只是梦世界创造出来的一个人物，从而跳出区隔框架，来到另一个区隔世界，由于依然还在梦中，所以事实上是在虚构区隔中划出另一个区隔。这样的影视作品还包括美国电影《楚门的世界》（*The Truman Show*）及韩剧《W–两个世界》等。

当哈罗德发现自己只是个人物，跳出虚构世界的框架时，他四处寻找虚构世界的创造者——凯伦，目的是改变自己的结局。也就是说当哈罗德跳出区隔框架后，由于凯伦所处的世界相对于原来的世界来说为经验世界，而故事正在书写，他便可以干预虚构文本的进程。透明梦的梦者也如此，当他跳出三度区隔的梦世界，他便恢复了自反性。此时的梦者不仅可以如观影一般接收正在"放映"的梦，同时作为观众他还可以参与梦的叙述。这一点涉及梦叙述的类演示性特征，将在下一部分进行讨论。

（二）梦叙述的类演示性

赵毅衡将梦叙述定义为一种类演示类叙述。在他看来，虽然梦叙述有别于其他演示类叙述，但也具备了演示类叙述的基本特点。演示类叙述一般具有以下三个特点。

1. 叙述文本当场展开，当场接收。

2. 其文本不保存，演示已经当场完成，在下一刻文本可以消失，

无须让不在场的接收者反复读取。

3. 最大时间特点是再现方式上的现在进行时——此刻发生，意义在场实现。①

梦叙述虽然采用特定的心像媒介，这与演示类叙述有异，但梦叙述文本当场展开，由梦者当场接收。影视作品可以用现代技术保存，可以用于反复读取，而梦叙述文本却无法保存，也就无法与他人分享，当然梦叙述理论上是自己说给自己的故事，也无须与他人分享。梦叙述在此时此刻发生，意义当场实现。梦者若要与他者分享梦叙述，只能在醒后由现实生活中的梦者转述，但转述后的梦被二次媒介化，早已不是原来的梦叙述文本，因此梦叙述只能如看戏般此刻发生，此刻接收，下一刻文本就消失了。

以上都是梦叙述所具备的演示类特点，但同时，赵毅衡也指出了梦叙述不具备某些演示性特点。首先演示类叙述不可预测与即兴②，赵毅衡认为演示类叙述因为有即兴发挥，所以下一步不可预测。梦叙述"没有即兴发挥，因为其演示不受梦者控制"③。首先笔者认为虽然梦叙述之演示不受梦者控制，却与演示类叙述一样下一步不可预测。梦叙述不像记录类叙述那样已经定稿，而是在梦中当场发生，当场接收，下一秒要发生什么并不能知晓。同时梦叙述也有可能随时被打断，噩梦惊醒梦者，或是由于外界环境的影响，惊扰了梦者，从而梦叙述中断，这些都使梦叙述不可预测。

其次笔者认为梦叙述也会产生即兴发挥的情况。一方面，人在做梦时，受到外界环境的影响，会临时在梦中加入新内容，或者说梦因为外界环境的影响而即兴产生，例如，水喝多了想上厕所梦见找厕所；外界环境突来的噪声致使梦里非常吵闹；或是经验世界下雨，梦里也在下雨等。这些现象并不是说明梦世界与经验世界对证，而是要证明梦叙述与

① 赵毅衡：《广义叙述学》，成都：四川大学出版社，2013 年，第 39 页。
② 赵毅衡：《广义叙述学》，成都：四川大学出版社，2013 年，第 42 页。
③ 赵毅衡：《广义叙述学》，成都：四川大学出版社，2013 年，第 42 页。

演示叙述一样可能被打断，可能即兴发挥，从而下一步也不可预测。19世纪一位研究梦的先行者阿尔弗雷德·莫瑞（Alfred Maury）记录了一个与法国革命相关的梦，梦中他被带到法庭，看到法国大革命的英雄们被审判，而自己也被判死刑，当刀落下的关键时刻，他突然惊醒。他发现床头板掉在了自己脖子上，从而意识到梦中情节的来源。[1]可见，莫瑞做了有关法国大革命的梦，而床头板掉在自己脖子上即兴产生了自己也被砍头的情节。现有关于梦的实验中，这类梦并不少见。

梦除了能够即兴发挥，下一步不可预测外，梦叙述也并非完全不受梦者控制，受述者在特殊情况下也参与梦的互动，影响梦叙述的情节发展，最典型的例子来自透明梦。透明梦的梦者如我们前面所说，发现了区隔框架，跳出三度区隔的梦世界从而恢复自反性。《笔下求生》的主人公发现区隔框架，跳出虚构世界去说服作者改变结局，其实也就是参与了故事的叙述，而当透明梦的受述者发现区隔框架后，他不再完全认同于梦中的主角，恢复自反性的受述者开始参与叙述并控制梦的情节走向。那么在此类梦叙述中，受述者极大地参与了叙述。

所谓的受述者参与，即是说让受述者加入到文本中来。透明梦中，恢复了自反性的受述者能够意识到三度区隔世界的存在。在拉伯奇有关透明梦的众多实验中，其中一位受试的透明梦经历如下：当她怀疑自己在做梦时，她首先通过飞到空中，看自己是否能飘浮在空中来测试自己的状态。当她发现自己能够飘浮在空中，她便确信自己处于透明梦中。随后她在梦中向外部世界发出协商好的信号，便开始在梦中完成自己的任务。[2]从这个例子我们可以看到，当梦者恢复自反性后，她测试自身状态的飞行行为本身已经开始参与叙述，改变了梦叙述的进程。当她确定自己确实是处于透明梦中后，整个梦叙述接下来如何展示便取决于梦者的控制。由于参与实验的梦者都是带着任务进入梦境的，因此她便以达成计划的目标来编排梦叙述的情节，干预叙述进程。

《盗梦空间》（Inception）整部电影的构想便是以透明梦为大框架。

---

[1] Stephen LaBerge, Lucid Dreaming, http://b-ok.org/book/860169/012d21, p.47.

[2] Stephen LaBerge, Lucid Dreaming, https://www.youtube.com/watch?v=rFjiAUYZj68.

盗梦团队的筑梦师们借助便携式造梦机不仅能让大家快速入梦，同时也让筑梦团队与盗梦对象能够在此时此刻共享同一个梦。梦中被盗梦的财阀公子在每一层梦里显然都没看到梦的框架，因此都仅是作为人物在感知，以为他周围的筑梦师是梦世界真实存在的人物。筑梦师却能看到梦的区隔框架，因此他们作为具有自反性的接收者参与财阀公子的梦叙述，试图将一个不可能的理念植入该位财阀公子的无意识中。每当财阀公子发现区隔框架，就宣告这层梦的失败，但是财阀公子由于尚未清醒，只是梦见自己知道自己做梦，所以筑梦师们可以在新的梦的区隔中继续造梦，直到成功为止。

（三）梦叙述的拟经验性

无论是何种想象，无论是艺术的，文学的或是梦，其间各种细节如何变形或转换，其构筑的世界必然与实际世界有某种程度的锚定。[①]梦叙述与其他虚构叙述不同，可以说再逼真的叙述也无法与梦的逼真性相比较。梦给人一种强烈的真实感，不管是对于正在经历梦境的梦者来说，还是对于醒后现实世界的"梦者"而言，梦都像是真实发生过一样。虽然电影和文学也能让读者产生移情，暂时忘却现实而被代入虚构世界，但没有任何一种艺术能像梦叙述一样让梦者或读者能够完全产生认同。有学者甚至提出"我理所当然认为梦是经验因为我经历了"[②]，可见梦给予梦者强烈的真实性与体验感。本部分将结合心理学、认知科学的相关发现，从叙述学的角度来讨论梦叙述的拟经验性。

以欧内斯特·哈特曼（Earnest Hartmann）为代表的一派通过相关的科学实验，认为梦是由情感主导，梦中意象之间的联系是由情感联系起来。梦，特别是梦中的核心意象表达了梦者的情感或是情感因素，情感

---

① 彭佳：《从符号现象学出发论想象》，《符号与传媒》2017 年第 2 期，第 42-53 页。

② Bert O. States, *The Rhetoric of Dreams*, Ithaca: Cornell University Press, 1988, p. 4.

越强烈，梦中的核心意象也就越清晰。[1]梦者在醒过来后，虽然意识到梦境是假的，但由于梦者在梦中受到情感支配，其喜怒哀乐就像真实发生过一样，因此容易产生移情，有一种强烈真实的感觉。拉伯奇在讨论透明梦时，也从侧面论证了情感在梦中发挥的重要作用。他认为如果卷入情感，那么透明梦的梦者的意识将会被梦吸收，梦者会被情感控制，从而重新认同梦中的角色。[2]简单来说，大多数人做的梦都卷入情感，梦中的梦者受到情感的控制，因此认同于梦中自己扮演的角色，所以失去自反性；而在透明的梦中，梦者因为具有意识所以能够不受情感控制，意识到梦境是自己创造的，从而并不认同于那个梦中的自己。然而一旦卷入情感，梦者就会失去自反性，而将梦境当作真实发生的经历。这就如同读者在观看电影或阅读小说时一样，卷入的情感越多，就越能产生移情作用，越有代入感，有时甚至是忘记了现实世界，而完全沉浸在虚构世界，失去自反性，否则也不会发生台下观众拔枪试图杀死台上反面人物的悲剧，当然梦中情感的卷入远远超过其他叙述形式。

现有研究除了讨论梦的情感导向外，拉伯奇的一系列实验也表明梦与经验之间的很多共同性。虽然拉伯奇并不认为梦是经验，不过他关于透明梦的实验则从多方面证明了梦与经验的相通之处。拉伯奇的实验提出"梦中发生的行为所需要的时间与经验世界该行为实际发生的时间对等"。[3]作为类演示型叙述，梦叙述中发生的行为是以一种戏剧性的展示方式呈现在梦者面前。梦里行动发生的时间等同于经验时间，也即是说叙述该行为所需要的时长等同于行为发生所需要的时间。这与戏剧或电影相似，演员在舞台上走十步，或是电影中演员倒一杯咖啡所需要的时间与经验世界一致。由此可推测，梦境中人物完成某种行动与经验世界中相似，从而证明了梦的拟经验性。除此之外，拉伯奇还做了大量的实验以证明在梦中发生的性行为、梦中的唱歌或数数行为所观测到的人体大脑或身体的感知变化与经验世界中真正发生该类行为类似。那么也就

---

[1] Earnest Hartmann, *The Nature and Functions of Dreaming*, Oxford: Oxford University Press, 2011, p. 5.

[2] Stephen LaBerge, *Lucid Dreaming*, https://www.youtube.com/watch?v=rFjiAUYZj68.

[3] Stephen LaBerge, *Lucid Dreaming*, https://www.youtube.com/watch?v=rFjiAUYZj68.

是说，当我们做梦时，梦中经历的多种行为使梦者的大脑或身体像经历现实一样都发生了相应变化，从而梦者对梦文本有强烈的体验感，即使是清醒过来处于现实世界的梦者，不仅保留梦中的情感记忆，也保留了对梦世界中行为的大脑记忆和身体记忆。

我们前面也提到，接收者在阅读、观影时也会因受到文本的影响，产生移情作用从而沉浸于虚构世界中，无法自拔，然而在梦叙述中这种移情作用显然更为强烈，才能给接收者强烈的真实感。关于这一点，本文将尝试从梦叙述结构上的特殊性来探讨这个问题。

如果要将梦叙述与其他叙述相比的话，梦叙述从创作目的与接受来看，比较接近日记。理论上日记的接收者是自己，那么也即是说日记的作者和读者统一于一个主体。梦叙述由于其特殊的媒介——心像，总是此刻的再现构成事件，因此如戏剧一般是此时此刻当场感知，无法与他人分享，从而接收者也只能是自己。若是梦者醒来向别人讲述梦，梦的媒介与感知方式则发生了变化，从而已经不是原来的梦文本。正如赵毅衡所说，"心像叙述必然是某个主体自身独自接收，任何人无法代别人接收，也无法窥探别人的心像叙述"[1]，这便与日记有着很大的不同，日记可分享也可被窥探。不过与日记相似，梦作为叙述文本其发送者与接收者统一于一个主体，这便是梦最突出的结构性特点。

如果我们把现实世界的"我"（sleeper）视作是发出梦的主体，那么也即是梦的作者（dream-author）。这个作者入睡后，大脑分裂出一部分，产生梦的叙述者（dreaming-narrator），这个叙述者负责进行梦的讲述工作。与此同时，大脑又分裂出另一个部分——梦的接收者，即梦的受述者（dreaming-narratee），来接收这个故事。这个叙述既"没有记录的文字或图像媒介，也没有演示的肉身-实物媒介，它们的媒介是心灵感知的视觉图像，即心像"[2]。也就是说，受述者以心灵感知的方式接收了叙述者用想象创造的视觉图像。根据赵毅衡对叙述的底线定义，一个叙述还应该包含被卷入情节的人物。在梦叙述中，大多数情况下，主要人

---

[1] 赵毅衡：《广义叙述学》，成都：四川大学出版社，2013年，第48页。

[2] 赵毅衡：《广义叙述学》，成都：四川大学出版社，2013年，第47-48页。

物似乎是梦者自己，然而"事实上我们只是梦见我们是那个人。这个梦中的人物只是我们的再现"①。也即是说这个梦中的行动主体显然不是梦者，而是一个被心像再现的虚构人物（dreamed-character）。他既不是梦的叙述者，也不是受述者，当然也不是入睡的作者。但值得注意的是，他虽然是想象创造出来的，却是入睡的作者的投射。从心理学上来讲，这个人物是现实世界中梦者本我的投射。笔者认为梦叙述中的主要人物并不是梦者，而只是一个创造性的再现，还可以体现在，梦叙述中的主角并不总是我们自己。有时候我们只是梦的接收者，而并非梦的经历者。不过此时梦叙述的主角虽不是我们自己，但笔者依然倾向于认为他是梦者本我的投射。弗洛伊德也强调："梦是纯粹自我中心主义的。若梦中的自我没有在梦内容中出现，而只有一些无关的人，我可以很有把握地说，这个自我被隐匿了起来，通过认同作用藏在了他人的背后，我还是可以把自我插入梦的前后关系之中。"②也就是说，梦叙述中创造了另一个人物来代替自己，从而也就从侧面证明了梦中主角人物并非"我"本人，他只是一个心像媒介化的再现，而梦的接收者只是认同于此人物。

要弄清楚这种认同作用是如何发生的，我们就必须要弄清楚梦的结构性特点。梦叙述作为类演示型叙述，其叙述者总是以框架的形式呈现，也就是说梦叙述是叙述者绝对隐身的叙述。梦叙述的受述者却在梦中永远显身，他作为梦中的显身人物受述者，在大多数时候总是被动地接收着故事，并毫无疑问地接受梦中的一切。由于梦的叙述者、梦的受述者统一于一个主体，而梦中的人物是同一个主体的投射，可以说三者统一于一个主体，因此梦的受述者在接收梦时就非常容易认同于此人物，产生移情作用。由于移情作用，梦的接收者完全沉浸在梦世界中，将人物的经历当成自己的经历，产生了强烈的认同作用和体验性。当梦者从梦中醒来，具有清醒意识的主体"我"，由于是叙述者、人物、受述者的统一体，从而仍然觉得梦中的一切是如此真实。梦的作者分裂出一个叙述者，向自己分裂出来的受述者，讲述了一个以自我投射为主角所经历

---

① Stephen LaBerge, Lucid Dreaming, https://www.youtube.com/watch?v=rFjiAUYZj68.

② 弗洛伊德：《梦的解析》，周艳红、胡惠君译，上海：上海三联书店，2008年，第170页。

的故事，因此一切都像真实发生过一样。

从以上的讨论我们可以看到，梦作为一种叙述文本，它与一般的叙述共享同样的特点，同时梦作为一种特殊媒介的心像叙述，又具有自己独有的特征。梦叙述因为其结构性特点，具有高度的经验性；同时由于透明梦的存在，梦叙述的研究扩容了区隔理论，让我们注意到虚构性叙述在虚构二度区隔中又可划出新的区隔世界；最后，梦也具有演示性特征，不仅是此时此刻展开，意义当场实现，同时梦也有即兴发挥，而透明梦中的梦者甚至可以参与梦叙述。

第三编

符号叙述结构："新底本"、
"三度区隔"与"再叙述"辨析

导　言

　　叙述学中有诸多二元概念需要辨析，包括底本/述本、纪实/虚构等。

　　赵毅衡以聚合-组合双轴概念来分析叙述底本和述本的分层问题：述本可以被理解为叙述文本的组合关系，底本可以被理解为叙述文本的聚合关系，底本与述本没有先后的差别。底本/述本的叙述分层遵循三个原则：底本/述本分层是普遍的，是所有文本不可避免的；分层并不只见于虚构叙述；底本与述本互相以对方存在为前提，不存在底本"先存"或"主导"的问题。

　　王长才认为，以双轴操作的视角来分析底本/述本有利于从写作者的角度理解这一组概念，但同时也需要从读者角度来理解叙述分层。

　　赵毅衡提出"双层区隔框架"原则来判别纪实和虚构体裁。"区隔框架"是指作者和读者都遵循的表意-解释模式，在叙事文本中涉及以媒介化的方式进行两度区隔的过程：一度区隔将再现与经验世界分开，其所再现的是纪实文本，二度区隔将一度再现再度区隔，其与经验世界更加"不透明"，区隔内的文本是虚构文本。虚构叙述之所以可能，是因为它在虚构框架之内是纪实性的。由此，一度区隔是二度区隔的前提和基础。

　　谭光辉进一步阐释了"双层区隔框架"概念，提出文化程式不仅是判断虚构叙述的主要依据，而且是判断叙述对象指称性的依据。方小莉以"双层区隔"概念为理论工具，分析奇幻文学与一般题材的虚构小说的区别性特征，提出在虚构二度区隔世界中可以隔出第三度区隔，拓展了"双层区隔框架"概念。

　　赵毅衡认为叙述文本包含由特定主体进行的两个叙述化过程：一次叙述化和二次叙述化。前者发生在文本形成过程中，后者发生在叙述文本接收过程中。二次叙述将一次叙述形成的文本中的人物和情节诸要素整合成时间-因果、逻辑-道义合一的叙述，如此建构起来的叙述过程才算完整。二次叙述的主体是拥有一定文化条件和认知能力的解释社群。根据文本本身和解释社群的不同，赵毅衡将二次叙述从简到繁区分为：对应式、还原式、妥协式和创造式。二次叙述的概念在当下注重多媒介和开放式阅读的叙述学研究中是一个很有价值的研究话题。

王委艳认为二次叙述具有很强的建构性，论述了二次叙述主体在接收和解释叙述文本时会建构出一个抽象文本，这种抽象文本是叙述交流中叙述文本的最终状态，也可能具化为一个新的叙述文本。

一、新"底本"与原"底本"

王长才[①]

摘要：本文首先以原有叙述分层理论为参照，讨论了赵毅衡先生《论底本：叙述如何分层》的理论贡献，认为它从符号叙述学出发，将原有线性的底本，转化为非线性的聚合轴上的痕迹，跳出了原来"故事""话语"概念的思维框架，改变了底本的状态与性质，它有利于从写作者角度理解底本和述本，在解释"元小说"等问题上很有效。其次，本文讨论了对新底本的一些困惑，认为对于如何从读者角度来理解底本、述本，该理论还有进一步阐发的必要，比如读者的底本与作者的底本可否同一，不同读者的底本如何整合，读者如何比较底本和述本，如何解释合著或续写作品的底本问题、如何解释非虚构叙述问题等。最后，本文在对原底本概念进行梳理的基础上试着回应《论底本》要解决的三大问题，认为这三大问题并未对原有分层理论构成致命挑战。

关键词：底本；述本；分层理论

赵毅衡先生发表的一系列符号学、叙述学方面的论文，新见迭出，时时给人惊喜。《论底本：叙述如何分层》（《文艺研究》2013 年第 1 期，以下简称《论底本》）也是这样一篇非常重要的文章，它对叙述学中最为核心且历来聚讼纷纭的"分层理论"及其受到的质疑进行了梳理，并从符号叙述学出发，对底本、述本的概念进行了重新界定和解释，跳出了原来"故事""话语"概念的思维框架，并展示了概念的新界定，

[①] 王长才，西南交通大学人文学院教授，主要从事叙述学研究。本文原标题为"新'底本'的启示与困惑：向赵毅衡教授请教"，刊载于《文艺研究》2013 年第 11 期。本文在原论文基础上略作了修改。

对几个问题的回应，令人耳目一新。本文试图以原有的分层理论作对照，对该文进行讨论，在充分肯定其学术贡献的同时，谈一谈底本新界定给本人带来的困惑，并就新"底本"试图解决的三大问题提出一点看法，以向赵先生及广大专家学者请教，不当之处敬请不吝指正。

（一）

《论底本》首先列举了原有的分层理论的"故事""话语"等术语使用中的混乱，以示统一使用"底本"和"述本"的必要性与合理性，然后列出了原来的"分层理论"面临的三大问题：①芭芭拉·赫恩斯坦·史密斯（Barbara Herrstein Smith）的问题："几个述本能否共用一个底本？"②卡勒的问题："情节究竟是在述本还是底本里形成？"③布莱恩·理查德森（Brian Richardson）、申丹等学者争论的问题："述本过乱则无底本？"随后赵毅衡先生提出了"底本"的新界定，以回答这三个问题。

以下这一段文字集中表述了新"底本"概念。

> 从符号叙述学的观点看，述本可以被理解为叙述文本的组合关系，底本可以被理解为叙述文本的聚合关系。底本是述本作为符号组合形成过程中，在聚合轴上操作的痕迹：一切未选入、未用入述本的材料，包括内容材料（组成情节的事件）及形式材料（组成述本的各种构造因素），都存留在底本之中。如此理解，底本到述本的转化，最主要是选择，以及再现，也就是被媒介化赋予形式。①

这个新底本最核心的突破，是将原有线性状态的底本，转化为非线性的聚合轴上的痕迹，这改变了底本的状态与性质，也改变了述本与底本的关系。

为了更清楚地展示这一新界定的理论突破，我们试与原有底本、述本概念进行如下对比（表1）。

---

① 赵毅衡：《论底本：叙述如何分层》，《文艺研究》2013年第1期，第10页。

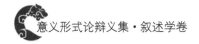
表1：新"底本、述本"与原"底本、述本"的对比情况

新"底本、述本"	原"底本、述本"
"述本"是对"底本"的"选择与媒介化"	述本是对底本做位移与变形
"底本是述本作为符号组合形成过程中，在聚合轴上操作的痕迹"，偏重作者创作过程	底本是作者有可能先于创作的设想，读者可从述本推导出底本
底本为材料库（非故事）	按照自然时间顺序排列的事件序列（通常理解为故事）
非线性状态	线性状态
底本包括内容材料和形式材料	底本通常只包括内容层面的事件
底本包含述本，述本是底本的一部分	述本是对底本的处理，述本包含底本的基本要素
底本与述本互相以对方存在为前提，没有先后差别	底本通常会在时间上或至少逻辑上先于述本
底本可以与述本同时复杂化	底本通常是最自然明晰的，述本相对更为复杂

　　从以上对比中，可以很明确地得出这样的结论：新的底本、述本概念已经彻底更新，甚至颠覆了原来的底本、述本概念。两种底本的性质和形态之间的差异大得几乎可以说这是两组不同的概念。由此概念出发，《论底本》对论文前半部分列举的原有的底本、述本概念所面临的三种质疑给出了明确的回应。

　　（1）底本和述本同时产生，也就是说，不同的作品具有不同的底本。这些底本具有某种重合的部分。这解决了史密斯的问题。

　　（2）底本不仅仅包括内容材料，也包括形式材料，这就解决了卡勒提出的"述本层面的情节作用于底本层面"这类情形中存在的矛盾。

　　（3）"述本和底本同时复杂化"，底本可以是复杂的，这解决了述本过乱无法确定底本的问题。

　　在笔者看来，这种新底本的核心在于，将底本与述本的关系确认为发生在"符号组合形成过程"中，底本与述本因而是相互依存，同时发生的，也没有孰先孰后。从聚合轴和组合轴角度解释底本、述本，则跳出了原来叙述分层理论的解释框架，述本不是按照已有的某个底本进行加工，而成了双轴"来回试推的操作"。这一从符号叙述学角度对底本、述本概念的新界定非常有启发性，它有利于从写作者角度理解底本和述本的关系问题。比如，它对"元小说"的解释的确令人眼前一亮：情节出现在形成作品的选择中，聚合轴选择过程变成了组合轴上说的故事，写小说过程被写成小说，聚合操作比喻性地放到了组合中。但是，这个概念对如何从读者的角度来理解底本、述本似乎语焉不详，也给笔者带来了一些困惑。

（二）

新底本给笔者带来的第一个困惑就是，读者如何确立作为材料库的底本，以及怎样整合作者的底本和读者的底本。

《论底本》中提到，"至今，对双层模式的挑战或误解，大多是由于叙述学把底本真地理解为一个'原先存在'的故事哪怕叙述学者从理论上认识到底本不是另一个叙述文本，在追寻底本时，依然会不自觉地把它想象成一个故事"[①]。这的确是原底本、述本概念的重要特征，即将底本当作一个"时间零度变形的"故事与述本进行对照，即使大家都清楚，起先并没有这样一个完整清晰的故事。将底本作为故事，并以此作为标准，可以更为方便地讨论述本的变形与位移，从而更清晰地把握述本的特点。按照新"底本"的理解，底本和述本同时发生，"文本完成后，组合段显现，而聚合段隐藏"[②]，那么读者如何从述本中推导出作为材料库的底本呢？或许，读者可以从"文本风格的辨认"中，感受到投影的浓与重，推导出这个聚合系是宽还是窄[③]，但读者对投影的浓淡与聚合的宽窄的感受似乎不可能与作者作为聚合轴的材料库相一致。比如，作者写作中突然有了灵感，没有在聚合轴进行过多的比较选择，作者的底本是窄的，而读者可能感受到了浓重的投影，将聚合轴视为宽的。相反的

---

① 赵毅衡：《论底本：叙述如何分层》，《文艺研究》2013 年第 1 期，第 12 页。
② 赵毅衡：《论底本：叙述如何分层》，《文艺研究》2013 年第 1 期，第 13 页。
③ 赵毅衡：《符号学原理与推演》，南京：南京大学出版社，2011 年，第 163-164 页。

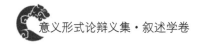

情况也并非罕见。或者，读者设想自己也像作者一样，处于一种符号创造过程之中，从显现的述本推导其他可能的述本，并确立一个材料库？这样，读者的底本似乎又成了多个可能述本的集合。这对于一般的读者来说，似乎是个过高的要求。关键是，即便如此，它如何能够与作者的材料库相同一？

此外，不同读者的底本如何整合也令笔者感到困惑。对原底本的把握，是一种相对自然的过程，对于通常的叙述作品，读者无须特殊训练就可以轻松把握原底本，大多数读者和作者对底本的认定可以做到基本一致，更容易达成共识。读者从述本推导而出的、作为聚合轴的材料备选库则千差万别。理论上，聚合轴上的选择可能性似乎是无限的。只有进行符号创造的作者才可能明确这一底本的范围。如果每个读者根据自己的推断，去确立这一底本的范围，那么，同一个述本的底本，可以因不同的读者呈现出不同的状态，又该如何整合不同的读者眼中的底本？

最后，即使我们解决了上面两个疑问，读者如何比较底本和述本，讨论这种"选择媒介化"也是一个问题。原有的底本是谈论述本的一个基本坐标，我们可由此考察述本在何种程度上对底本进行了调整和变形。从新的底本、述本概念进行解释，则是述本从作为材料库的底本中被选择出来，进行比较的对象是显形的述本和各种潜在述本的集合。如果说，原来的概念中，最好的述本是将底本叙述得最有趣、最有效的，那么新底本概念中，如何确立显形的述本优于潜在述本之处呢？

底本一旦成了一个材料库，就具有了复杂性和扩展性。《论底本》谈道："一旦出现'叙述改辙'，同一叙述文本就包括了几个不同的述本，也就有几个底本。库佛小说《保姆》十四个情节并列，就应当有十四个底本，理查德森认为从中不可能得出合一的底本；他是对的，但是小说不必只有一个合一的底本。"[1]在此，作者似乎倾向于将相冲突的叙述进行分割，将一部作品分成若干个单元，每一个单元作为一个述本，对应于一个底本。但是，作为材料库的底本，似乎原本就存在着矛盾的

---

① 赵毅衡：《论底本：叙述如何分层》，《文艺研究》2013 年第 1 期，第 11 页。

各种可能。如果是这样，一个复杂化的底本就可以对应十四个述本，只不过，它将聚合轴上的选择过程分别进行了十四次。这个复杂化的底本也可以只对应一个进行了一次选择的自然的述本。如此说来，复杂化的述本和自然的述本又似乎可以拥有相同的复杂化的底本。我们应如何分别谈论这两种述本与底本的关系？

解释合著或续写作品的底本问题时，新底本概念的情况更为复杂。比如《红楼梦》，按照原有理论，底本就是曹雪芹前八十回确立并预示的故事发展脉络，后四十回由高鹗按照这个述本中对底本的说明进行续写，并做了一些加工，最终确立为建立在一个底本之上的统一述本。按照新底本界定，这部《红楼梦》的底本，就是曹雪芹和高鹗两人分别创作时从聚合轴上选择的组合材料库。这两个组合材料库能否合并为一个底本呢？对于合著的作品，原来的底本概念可以这样解释，即存在一个零度变形的事件序列，不同作者按照这个大致的底本进行各部分的写作，最后组合成一个完整的述本。按照新底本概念，显然不同作者不可能拥有一模一样的组合材料库，那么是什么保证他们各自的组合材料库组合为一个，从而使他们最后完成的是同一部作品呢？

此外，在解释非虚构叙述时，新底本似乎也存在一些问题：按照新定义，底本不能直接指称真实事件本身。在此似乎存在着两个“底本”：一个是实际发生的事件序列，底本 1；另一个是“有关此事件的全部材料”，底本 2。底本 1 是原有底本的概念。事件的发生是在先的，述本在后。底本 2 是新的底本概念，述本是在这一材料库基础上的对这一底本进行聚合轴上的选择的叙述。以新的底本、述本概念来解释非虚构叙述，好像还需要再补上一个事件层次，或者就像《论底本》提到的杜丽特·科恩（Duriet Cohen）的指称层（reference level），似乎让问题更烦琐了。

从以上几个困惑来看，新底本概念能够从符号学的角度有效地解释作者的创作，从读者角度来解释底本似乎还存在一些欠缺，还有进一步完善的空间。

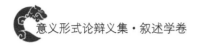

（三）

不可否认，新底本概念给我们提供了一种审视叙述过程的方式，的确有很大启发。如果新的底本、述本概念的提出是为了解决三个问题，那么，在原有的分层理论基础上，是否可以回答这些问题呢？又或者，这三个问题是否对于原有的分层理论构成致命的挑战？下面笔者试着做一些讨论。

《论底本》归纳了新底本、述本的如下三大原则。

第一，底本、述本分层是普遍的，是所有文本不可避免的。

第二，分层说并不只见于虚构叙述。

第三，底本与述本互相以对方存在为前提，不存在底本"先存"或"主导"的问题。[①]

这三大原则中，前两个原则可以与原底本、述本概念共存，第三个原则与原有底本、述本概念不同。在笔者看来，对原有底本、述本的概念还可以做如下说明。

（1）从理论上说，底本是一个时间零度变形的事件序列。对于非虚构文本，底本就是现实发生的事件序列。对虚构文本，因为在现实中不存在此事件序列，也不可能讲出时间绝对零度变形的事件序列，因此，这个底本只能是逻辑上设定的隐性文本。

（2）严格意义上说，底本不是故事（因为故事都是被讲出来的，都是述本）。但通常人们会以近似于故事的方式把握它、谈论它。

（3）底本在逻辑上先于述本，也可能在时间上先于述本。即通常作者创作时可能先有一个较为明确的接近于时间零度变形的先在隐性文本，但也可能写作时还没有明晰的底本，底本几乎是和述本同时发展，但底本仍在逻辑上具有优先性。

（4）底本和述本是谈论某部具体作品分层时使用的概念，严格意义

---

① 赵毅衡：《论底本：叙述如何分层》，《文艺研究》2013 第 1 期，第 5-15 页。

上说，不同的作品不可能绝对共享同一底本。即使写的是同一事件序列，这些底本也或多或少存在差异。但通常人们会将近似的底本归于同一个。

（5）从作者角度来看，底本是创作时可能存在的时间零度变形的事件序列的设想。从读者角度看，底本是从述本推导出的时间零度变形的事件序列。严格意义上说，二者不可能完全等同。但二者通常是一致的，会被视为同一个底本。

（6）严格意义上的底本是隐形的事件序列，它不具有形式因素；述本则是对底本的加工处理，是显在的，具有形式因素。尽管在事实上形式与内容难以截然分开，但在逻辑上仍然可以区分，以便于把握。

在以上这几条说明的基础上，我们来看一下是否能够回应如下三个问题。

底本和述本是谈论具体某作品时的分层，严格意义上说，不同作品不可能共享同一个底本。关于存在很多各不相同的灰姑娘故事的问题，或许用维特根斯坦的"家族相似"理论来解释似乎更有效：虽然各家族成员不能共同拥有同样的本质属性，但是他们通过盘根错节的相似之处共同组成一个家族。①也就是说，它们的底本并不是同一个，但是它们通过盘根错节的相似之处共同构成了"灰姑娘故事"的家族。

但是，在现实生活中，我们又经常看到，人们将处理相同题材的不同的作品视为建立在同一底本之上的不同述本，并且对之进行比较评价。尽管它们不共享同一底本，读者会从写同一题材的不同虚构作品推导出各自的底本，如果这几个底本不冲突，则可能将几个底本相综合而产出另一个底本，并以之取代原来的各个底本。比如，在法庭上，几个证人对同一事件从不同角度的讲述被认为是唯一底本的不同述本，从推导出来的几个底本中，可以综合出唯一的底本，也即事实真相。如果几个底本有冲突，读者会以这个最终整合出的唯一底本作为参照，判定各个述本对之进行了何种程度的缩减、遗漏、增补、夸大，甚至扭曲。《论底本》中说，"在讨论虚构叙述时，必须同意史密斯的意见：每个虚构述

---

① 路德维希·维特根斯坦：《哲学研究》，陈嘉映译，上海：上海人民出版社，2005年，第38页。

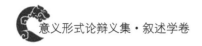

本各有其底本，两本小说无法因为都写一个事件而形成冲突"①。在笔者看来，似乎不见得。我们经常会看到人们将一些改编或者续写作品视为对原著的歪曲。比如刘心武续写红楼梦受到刻薄的批评②，可视为批评者认为他的述本严重违背了被认定的底本。也可以说，是从这一述本推导出的底本不符合被认定的底本。

"零度变形"的底本本就是一种逻辑假设，就如同柏拉图所说的那种圆满的圆，事实上不存在，但是在理论上，可以甚至有必要预设这样一个底本，以作为参照，来讨论具体述本在何种程度上对底本进行了变形、位移。在笔者看来，《论底本》提到的史密斯对热奈特的批驳其实并不是特别有力，非线性叙述的常态并不构成对底本的否认，民间叙述不是底本，它也是一种述本，只不过是更接近于底本状态的述本。因此，设想一个"零度变形"的底本在理论上和实际批评实践上都是有益的。

卡勒的"叙述分析中的故事与讲述"一章，强调在原有分层理论的基础之上，批评家们进行叙述分析的困境。在这一章的开头部分，卡勒事实上是在讲原分层理论的必要性，从俄国传统、法国传统再讲到美国传统，指出从底本、述本的分层进行叙述分析，"一直是富有成效的方式。事实上，它是不可或缺的，即使对于那些看起来拒绝特定'事件'观念的当代小说的分析"③。卡勒说，像阿兰·罗伯-格里耶的《窥视者》（Le Voyeur）④，如果不是人们认定存在一个真实的事件秩序，叙述话语的重复就根本不会令人困惑，而可以直接认为是主题（motif）的重复。这一章最核心的思想似乎是这段话："叙述学确立了事件对于记述或呈现事件的话语的优先性，建立了一个等级秩序，而通过呈现不是已有的

---

① 赵毅衡：《论底本：叙述如何分层》，《文艺研究》2013 年第 1 期，第 11 页。

② 小宝：《"杀人如麻"刘心武》，《东方早报·上海书评》，2011 年 5 月 15 日。

③ Jonathan Culler, *The Pursuit of Signs: Semiotics, Literature, Deconstruction*, Ithaca: University of Cornell Press, 1981, p. 172.

④ 怀疑卡勒此处将罗伯-格里耶的《嫉妒》误写为《窥视者》了，《窥视者》中的重复并不明显，且很容易就能理清底本。《嫉妒》存在着复杂的重复，时间顺序混乱，不能推导出清晰的底本。
　　——笔者注

事件，而是推理的压力或要求结果的事件，叙述经常颠覆这个等级。"①并举了《俄狄浦斯王》（*Oedipus the King*）、《丹尼尔·德隆达》（*Daniel Deronda*）以及弗洛伊德的精神分析等例子来说明。

需要注意的是，这些例子都是类似于侦探小说式的叙述，也就是说，结果（或意义）先出现，然后再向回追溯，去探寻到底是什么造成了这一结果（意义）。在这种情况中，与结果（意义）无关的事件就被忽略，而与之有关的事件则被强调。因此，与通常的底本观念不同，在这种特殊的叙述类型中，不是在先的事件自然产生结果，而是述本强调的结果（"意义"）影响了对事件的选择，也就是说，在这种叙述作品中，是意义优先而不是事件优先，也即述本优先于底本。但是，卡勒也提到，对于弗洛伊德，他从结果追溯出来的事件序列，必须被视为产生特定结果的事实，才可能成立。似乎也可以说，虽然在意义优先情况下，述本选择了特定事件，但从底本优先的角度，也应该且必须能解释得通。

比如卡勒用《俄狄浦斯王》来说明是为了完成述本的一致性才造成了事件，其中看起来最有力的论述是《论底本》中引述的段落："当他听说自己就是前国王的儿子时，马上得出结论：是他杀了拉伊奥斯。他的结论不基于新证据，而是述本自身的意义逻辑……事件不是主题（意义）的原因，而是其效果。"②这里卡勒有意无意地忽略了一点：俄狄浦斯会犯下杀父娶母罪行的神谕，不仅仅是述本中才存在，它同样存在于底本中。因为这句话是神谕，而不是普通话语，所以，它反复被提及③，才对俄狄浦斯构成压力，使俄狄浦斯在"听说自己就是前国王的儿子时，马上得出结论：是他杀了拉伊奥斯"。

"情节到底是由底本所产生，还是由述本产生？"这个问题，对于卡勒自己，似乎仍然是没有答案。他本人似乎只是强调在叙述分析中存在着事件优先或意义优先的两种分析模式，这两种模式不能整合为一，也

---

① Jonathan Culler, *The Pursuit of Signs: Semiotics, Literature, Deconstruction*, London: Taylor & Francis e-Library, 2005, p. 192.

② 赵毅衡：《论底本：叙述如何分层》，《文艺研究》2013 年第 1 期，第 5-15 页。

③ 罗念生：《罗念生全集·第二卷》，上海：上海人民出版社，2007 年，第 358，365，367 页。

不能只接受一个而完全否弃另一个，因此，要在两种模式之间循环往复："这两个逻辑不能和谐地综合为一；一个发生作用时都排斥另一个；一个依赖于故事与话语之间的等级关系，而另一个倒转这等级。这两种逻辑对这出戏的推动力都是必要的，它们使前后一致的、无冲突的叙述的可能性成了问题。"①

显然，卡勒并不是否认原来的分层理论，而是在某种程度上深化了对原来分层的认识。甚至只是在原有分层理论具有合理性和不可或缺性的基础上，卡勒讨论的叙述分析的困境才得以成立。新的底本、述本论，将形式方面的因素纳入到了底本中，取消了这两种叙述分析的立足点，的确将卡勒所论说的问题回避了，但是卡勒发现叙述分析困境所带来的启示也被消除了。

还有一个有趣的问题是，按照原底本概念，《俄狄浦斯王》的底本应该是包含着俄狄浦斯追寻真相的过程的，而卡勒除了一开始对底本的简单交代提到了此过程，在具体讨论时，却似乎将剧中人物俄狄浦斯的推导仅仅作为述本，由此讨论意义优先使俄狄浦斯马上认罪。如果将追索凶手的过程也纳入底本之中，意义优先就变成了叙述中人物的选择，作为事件优先仍然可以成立。

《论底本》指出，理查德森和申丹教授两人都同意底本是读者从述本构筑的"真正发生的事情"，或"符合现实的事情"。但在笔者看来，这两个表述表面上看是一致的，但实际上仍存在差异。申丹教授的"符合现实的事情"以现实逻辑作为衡量底本的标准，比如，她以卡夫卡《变形记》作为例子，"实际上在作品中我们根本无法建构一个独立于话语、符合现实的故事"，说明"话语与故事的重合"②，在笔者看来，混淆了底本和现实，可能是不妥的，底本可以是现实中不可能发生的故事，但

---

① Jonathan Culler, *The Pursuit of Signs: Semiotics, Literature, Deconstruction,* London: Taylor & Francis e-Library, 2005, p. 195.

② 参见申丹、王丽亚：《西方叙事学：经典与后经典》，北京：北京大学出版社，2010 年，第 23 页。同一页，申丹教授还认为，与阅读神话和民间故事不同，在阅读小说时，读者一般依据生活经验来建构故事。在笔者看来，不管是神话或民间故事，还是小说，读者只会从给定的述本中去推导零度时间变形的底本，而不会依据是否符合生活经验。——笔者注

它是时间上的自然状态。理查德森的"真正发生的事情"是指按照自然时序可能的唯一版本，未必是一定"符合现实"的事。

申丹教授认为后现代小说有可能找不出底本，是因为述本中某些成分"同时发生在底本中"，不好将底本、述本相剥离，于是述本等同于底本，从而不必再推导出一个自然的底本了。在笔者看来，虽然这种解释突出了述本优先原则，但仍没有对底本、述本遇到的质疑给予正面回应。

对于《论底本》中提到的《保姆》的底本、述本的复杂情况，我们可以有两种解释。第一种解释，是将之切分为一个个的叙述单元，而不是将之视为一个有机整体。这样每一个叙述单元都可以推导出一个清晰的底本。原来的底本、述本理论依然有效。事实上，几乎所有我们难以解释的文本，如果切分成恰当的部分的话，都可以按照经典叙述学的规则得到解释。局部的清晰和整体的混乱不清，是笔者对罗伯-格里耶中后期小说的叙述效果的一种描述。[①]如果叙述可以一段段地分析，那么很多难题就不存在了。

但是笔者更倾向于第二种解释：将此述本视为一个整体，那么，按照原底本的概念，是时序零度变形的自然文本，这个复杂的述本不能推导出一个底本。

无法推导出"底本"的述本是否对原有底本、述本理论构成颠覆呢？有颠覆，但这颠覆的意义恰恰建立在原来的底本、述本理论之上。叙述改辙改变了讲一个完整故事的叙述常规，是一种特殊、另类的写作。对于这种叙述特例，要求它们与常规叙述共有同一个解释模式似乎是不必要，也不可能的。这恰恰是这类写作的意义所在，它们扩张了叙述的可能性。美国哲学家阿瑟·C. 丹托（Arthur C. Danto）将达达视为"难以驾驭的前卫艺术"的模式，认为其作品如果从美的角度去看，那么就会错误地看待他们的作品。这并不是它的要点或理想。[②]同样，对于致力于

---

① 参见拙著王长才：《阿兰·罗伯-格里耶小说叙事话语研究》，成都：巴蜀书社，2009 年。

② 阿瑟·C. 丹托：《美的滥用：美学与艺术的概念》，王春辰译，南京：江苏人民出版社，2007 年，第 33 页。

颠覆传统现实主义叙述模式的复杂作品，我们似乎也不必按常规一定要推导出清晰的底本。

由以上分析来看，原有的分层理论似乎并没有失效，仍能对挑战做出回应。与原有分层理论截然不同的新底本给了我们一种审视此问题的新角度、新眼光，但它在从读者角度如何确定底本，以及如何比较底本和述本方面，似乎还有进一步阐发的必要。期待看到赵先生和广大专家学者的进一步讨论。

二、虚构叙述的"双层区隔"辨析

谭光辉①

摘要： 虚构叙述虽不具有现实指称性，但可以经历从经验到纪实再到虚构的转化，对虚构叙述的接收最终必然还原为感知经验。虚构叙述是"再现中的进一步再现"，并非再现两次必然为虚构，而是虚构必然被再现两次，必然与经验世界隔两层。文化程式不但是判断虚构叙述的主要依据，而且是叙述对象的指称性的判断依据。区隔框架与叙述者框架是重合的，区隔问题与叙述分层问题也是重合的，它们是对同一现象的不同观察角度。区隔可以有多度区隔。双层区隔是纯抽象思考，并非每个区隔都在文本中有具体显现。虚构叙述的"双层区隔"原理的发现是对广义叙述学的重大贡献。

关键词： "双层区隔"原理；二度区隔；纪实/虚构；文化程式；叙述框架；委托叙述

虚构的识别与判定是一个至今没有解决好的问题。其漫长的讨论过程和诸多针锋相对的观点，几乎相当于宣布虚构问题无解。赵毅衡的《广义叙述学》一书对这一难题进行了挑战性的解释，用"双区隔原则"为虚构叙述的判定建立起一个模型框架，具有真知灼见。但是，由于该问题本身的复杂性，该理论极容易被误解，也需要我们不断地进行完善。虽然如此，澄清双层区隔的基本理论问题，也是当下叙述学研究的必需。

正是由于"双层区隔"问题难以被准确理解，《文艺研究》2015年

---

① 谭光辉，四川师范大学文学院教授，从事中国现当代文学、符号学、叙述学研究。本文原标题为"再论虚构叙述的'双层区隔'原理：对王长才与赵毅衡商榷的再理解"，刊载于《南昌大学学报》（人文社会科学版）2017年第2期。本文在原论文基础上略作了修改。

第 7 期发表了一篇很有分量的商榷文章：王长才教授的《梳理与商榷：评赵毅衡〈广义叙述学〉》[1]（下文简称《商榷》），对赵毅衡的《广义叙述学》进行了全面的评述，并提出了四条商榷意见，其中一条就是针对"双层区隔原则"的。笔者看到此文时异常欣喜，因为这不仅说明《广义叙述学》所论的问题已经引起了学界的高度重视，而且说明学界已经形成一种正面商讨学术问题的良好风气。王长才称《商榷》是为了向赵先生表达敬意，本文论辩的主要目标，既是辨析清楚"双层区隔原则"的内涵并提出自己的理解，也是以这种同样的方式向二位学者表达敬意。

（一）虚构叙述如何与经验世界关联

《商榷》一文提出的第一组问题是：虚构叙述不具有对现实的指称，不会经历从经验到纪实世界再到虚构世界的转化，那么如何确认它先经历了一度区隔才到了二度区隔呢？第一层再现框架，又是如何再现并不存在的经验世界呢？[2]

首先，虚构叙述不具有对现实的指称，这是对的，因为虚构的"接收者不问虚构文本是否指称'经验事实'，他们不再期待虚构文本具有指称性"[3]。但是这并不意味着虚构叙述不会经历从经验到纪实再到虚构的转化。《广义叙述学》接下来所举的霍尔所举的例子就很能说明问题。"我看到某人摔了一个杯子，这是经验。我转过头去，心里想起这个情景，是心像再现；我画下来，写下来，是用再现构成纪实叙述文本；当我把这情景画进连环画，把这段情景写进诗歌小说，把这段录像剪辑成电影，就可以是虚构叙述的一部分，它可以不再纪实，不再与原先握在手中的那个杯子对应。"[4]虚构叙述中的对象，完全可以来自纪实，并进而来自

① 王长才：《梳理与商榷：评赵毅衡〈广义叙述学〉》，《文艺研究》2015 年第 7 期，第 151-160 页。
② 王长才：《梳理与商榷：评赵毅衡〈广义叙述学〉》，《文艺研究》2015 年第 7 期，第 151-160 页。
③ 赵毅衡：《广义叙述学》，成都：四川大学出版社，2013 年，第 76 页。
④ 赵毅衡：《广义叙述学》，成都：四川大学出版社，2013 年，第 76 页。

经验。之所以是虚构，只不过接收者"不期待"该对象具有一个"事实"的指称，并不是说它就不能是事实。恰恰相反，"虚构型叙述，讲述则是'无关事实'，说出来的却不一定不是事实"①。虚构判定，并不以是否为事实为依据，而是以接收者认为该叙述是否"有关事实"为依据。双层区隔原则的目的"就是要找出一个能够替代'塞尔原理'的，以接收者二次叙述为中心的可能的理论原则"②，读者才是核心。

把霍尔所举例子反过来看，读者对任何虚构叙述的理解，必然经历一个相反的过程，虚构叙述中的对象首先被还原为一度区隔中的纪实，再还原为心像，最终还原为经验。不同的是，读者并不期望这个被还原的经验能够与现实经验对接，因为该被还原的经验经历了"二次区隔还原"。虚构叙述是代理叙述，就是作者委托叙述者（或叙述框架）叙述，而该被委托人不具有现实指称性，无法追责。纪实叙述相反，叙述者（或叙述框架）具有现实指称性，可以被追责。

其次，之所以出现这个疑问，可能是由"纪实""事实""真实"这一组概念的混用引起的。赵毅衡说得非常明白，虚构的对立面是"纪实"，而不是"真实"，也不是"事实"。我们必须首先区分这几个概念，才可能理解虚构叙述中"双层区隔"的真正含义。请看赵毅衡的如下表述。

> 所有的纪实叙述，不管这个叙述是否讲述出"真实"，可以声称（也要求接收者认为）始终是在讲述"事实"。虚构叙述的文本并不指向外部"经验事实"，但它们不是如塞尔说的"假作真实宣称"，而是用双层框架区隔切出一个内层，在区隔的边界内建立一个只具有"内部真实"的叙述世界，这就是笔者说的"双层区隔"原则。③（着重号是笔者所加）

---

① 赵毅衡：《广义叙述学》，成都：四川大学出版社，2013年，第65页。
② 赵毅衡：《广义叙述学》，成都：四川大学出版社，2013年，第72页。
③ 赵毅衡：《广义叙述学》，成都：四川大学出版社，2013年，第73页。

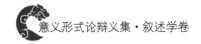

在定义"纪实"的时候，他分别用了"真实"和"事实"两个不同的词语，而这两个不同的词语与"纪实"的差别是很大的。"事实"类似于"经验事实"，而"真实"相当于"内部真实"。就是说，"事实"是叙述与"经验"的连接关系，"真实"是文本内部的逻辑关系。"纪实"与"真实"没有直接关系，只与"事实"有一定关系。这正如翟玉章理解罗素的"事实"概念时指出的，"就对真假的说明而言，有事实并不比没有事实多出什么东西"，而李主斌则指出"可以确定的是，翟教授要批评的是事实概念，而非符合概念"[1]。这里的"符合"即真实，显然与事实不一样。

所以纪实叙述并不以"真实性"为判断标准，但是它要以"有关事实"为判断依据。但是，纪实并非事实，它只是"声称"和"要求接收者认为"他在讲述事实。即是说，"纪实"只不过起一种引导作用，它要求接收者按照有关事实的方式去理解。纪实的内容并非一定是已有的经验，它只是有关经验。

《广义叙述学》开宗明义地列举了许多"纪实型体裁"的类别。过去向度中有历史、传记、新闻、日记、坦白、庭辩、情节壁画；过去现在向度中有纪录片、电视采访；现在向度中有现场直播、演说；类现在向度中有心传；未来向度中有广告、许诺、预测、誓言。[2]我们可以很容易地发现，这些纪实叙述，很多都不是"事实"，甚至可以说每一种都可以不是事实。例如许诺可以不兑现，誓言可以不履行，新闻可以作假，纪录片可以摆拍。但是即使是"非事实"，因为在纪实体裁中，所以它仍然是纪实。当然，纪实也可以不真实。例如假新闻，我们可能根据新闻的自相矛盾（不真实）而判断它是假新闻，但是放在新闻板块，并用新闻体裁叙述，就只能判断"作假""反事实"，而不能判断它是"虚构"，所以它仍然属于纪实。又如诸葛亮上演的"空城计"，诸葛亮用"纪实"的方式把"事实"告诉司马懿："城里没有人"，但却显得很不

---

[1] 李主斌、邵强进：《论罗素的事实概念：兼与翟玉章教授商榷》，《南昌大学学报（人文社会科学版）》2014年第2期，第19-24页。

[2] 赵毅衡：《广义叙述学》，成都：四川大学出版社，2013年，第1页。

"真实",司马懿打死都不信。正是这个原因,沃尔夫冈·伊瑟尔(Wolfgang Iser)认为"在后现代主义话语中,具体化总体上已从虚构中被勾销是合乎逻辑的"①。

换句话说,判断一个文本是不是纪实,既不是依据是不是"事实",也不是依据是否"真实",而是依据该文本的表达与接受是否约定"有关事实"。它只是一个文化程式的约定,而不是真实性判定,更不是事实性判定。《商榷》在质疑中大约混淆了这几个概念。例如:"虚构和真实之间存在着另一种区隔,这也容易理解。"他这里说的"真实",大约是指"事实"。但是他紧接着又说:"但是将虚构与真实之间的区隔认定为是建立在一度区隔之上的二度区隔,中间的逻辑关联笔者还没有理解得特别透彻。"②反复使用"真实"这个概念,将其与"虚构"结合在一起来谈,当然让人糊涂,因为"虚构"和"真实"之间根本就不存在区隔,虚构只与纪实存在区隔。

赵毅衡说,"一度区隔是再现框架"③,意思是说一度区隔是对经验世界的再现。经验事实并没有处于一度框架之中,但是经验事实的符号化,就处于一度区隔之中了。反过来看也很容易理解,正是因为一度区隔是经验事实的符号化,所以一度区隔就指向经验事实。因此,凡是处于一度区隔中的叙述,一定是纪实叙述。但是,如果一度区隔中的叙述并非"已经经验的事实",例如许诺、假新闻,我们又是按什么样的方式去理解呢?道理是显而易见的,因为我们认定这些叙述处于一度框架之中,也就自动认为它与经验事实直接相关,所以我们仍然将其理解为经验事实,只不过这是一种未经历的特殊的经验事实而已。所以"一度区隔中的再现文本,只是因体裁程式而'被期盼解释为'透明"④。其原因就是,一度区隔中的叙述,总是"指向"经验事实,这只是一种文化

---

① 沃尔夫冈·伊瑟尔:《虚构与想象:文学人类学疆界》,陈定家、汪正龙,等译,长春:吉林人民出版社,2003年,第206页。
② 王长才:《梳理与商榷:评赵毅衡〈广义叙述学〉》,《文艺研究》2015年第7期,第155页。
③ 赵毅衡:《广义叙述学》,成都:四川大学出版社,2013年,第74页。
④ 赵毅衡:《广义叙述学》,成都:四川大学出版社,2013年,第76页。

程式上的惯性。如果没有这个文化惯性，我们就无法用符号、叙述去表述任何实在的东西或事件。再简单点说，"一度框架"可以看作一种意向性，它迫使我们按照朝向经验事实的方向理解。一度区隔内的符号文本再现，是符号学、现象学研究的起点和基础。

一度区隔是符号文本与经验事实之间的区隔，所以一度区隔文本只能建立在经验事实的基础之上。没有经验事实，就不可能存在一度区隔内的符号文本。甚至可以说，没有对事物的感知，就不可能创造符号，甚至不可能有创造符号的冲动；没有对事件的感知，就不可能存在纪实叙述文本。以此类推，二度区隔只能建立在一度区隔的基础之上，没有一度区隔的符号文本，就不可能存在虚构，甚至不可能存在虚构的冲动。这大概就是动物为什么不能虚构的原因：动物没有符号文本。二度区隔从命名和定义上说，就只能是建立在一度区隔之内的，不然怎么叫二度区隔呢？一度区隔分开了经验与纪实，二度区隔分开了纪实与虚构。

倪梁康总结了胡塞尔对"感知"和"想象"这两个概念的区别，胡塞尔将二者之间的区别看作是不同的立义形式之间的区别，"它们两者构成了直观立义的本质"[1]。本质直观概念中的这两个本源性的东西，正好可以用来解释纪实与虚构的区别。在纯粹感知中，内容与质料必须是相同的，而在纯粹想象中，内容与质料必须是相似的，因为"想象把内容立义为对象的相似物，立义为对象的图像，而感知则把内容立义为对象的自身显现"[2]。移用到叙述学上可知，一度区隔中的叙述来源于感知，二度区隔中的叙述来源于想象。纪实叙述的追求是"相同"，虚构叙述的追求是"相似"。无感知则无纪实，无想象则无虚构，这并不难理解。要"相似"，必然要先有一个对被相似之物的感知，这个"对被相似之物的感知"，只能来自对对象自身显现的感知。所以，没有感知就不可能有想象，没有纪实就不可能有虚构，没有一度区隔就不可能有二

① 倪梁康：《现象学及其效应：胡塞尔与当代德国哲学》，北京：生活·读书·新知三联书店，1994年，第 61 页。
② 倪梁康：《现象学及其效应：胡塞尔与当代德国哲学》，北京：生活·读书·新知三联书店，1994年，第 62 页。

度区隔。

现在让我们回到《商榷》所提的问题，对文字叙述而言，虚构叙述不具有对现实的指称，不会经历从经验到纪实世界再到虚构世界的转化，那么如何确认它先经历了一度区隔才到了二度区隔呢？[①]这是因为任何虚构文本，必然首先是一个符号文本。没有符号文本就不可能有虚构，所以二度区隔必然先经历了一度区隔。安德烈·戈德罗（Andre Gaudreault）等人认为，"任何长片都是一部关于自身摄制情况的纪录片"[②]，同理，任何一个文字类叙述作品也必然是关于该叙述文本构思写作过程的纪实文本。构思写作过程可以写出来（例如序言、跋），也可以不写出来，因为"一度再现可以缩得很短"[③]，甚至完全不见。小说一开始就直奔虚构故事，正如演员上台即开始演出，"但上台下台本身，就是区隔"[④]，同理，"下笔""收笔""翻书""合书"，也是区隔。文字叙述的二度区隔，更多时候是阐释性的，也是纯抽象的。

第一层再现框架，又是如何再现并不存在的经验世界呢？这是因为只要处于第一层再现框架，就必然被文化程式的意向性导向经验世界。即使这个经验世界并不存在，它也必然指向经验世界。如胡塞尔的观点，"当下化行为（想象行为）的现象学本质在于，它们最终都要回归到感知之上"[⑤]解释叙述文本的过程也是如此，对任何虚构叙述的解释，最终也要还原为经验，虽然这个经验事实上可能并不存在。胡塞尔还认为，"单纯想象，等同于一种不设定的行为，即认为它不具有任何对现实存在与否的执态"[⑥]。就是说，基于想象的虚构文本，不具有任何对现实存在与否的执态，它的指向性，就不是经验事实。但是它可以被还原为某种

① 王长才：《梳理与商榷：评赵毅衡〈广义叙述学〉》，《文艺研究》2015年第7期，第151-160页。

② 安德烈·戈德罗、弗朗索瓦·若斯特：《什么是电影叙事学》，刘云舟译，北京：商务印书馆，2005年，第41页。

③ 赵毅衡：《广义叙述学》，成都：四川大学出版社，2013年，第77页。

④ 赵毅衡：《广义叙述学》，成都：四川大学出版社，2013年，第77页。

⑤ 倪梁康：《现象学及其效应：胡塞尔与当代德国哲学》，北京：生活·读书·新知三联书店，1994年，第63页。

⑥ 倪梁康：《现象学及其效应：胡塞尔与当代德国哲学》，北京：生活·读书·新知三联书店，1994年，第64页。

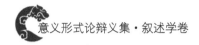
经验，不然，我们如何感知虚构故事中的事件呢？甚而至于，虚构文本可以通过信念的方式转化为经验事实，例如陶久胜发现："复仇剧斥责罗马教廷的腐败与虚伪，批评天主教的弥撒圣餐和偶像崇拜，演练新教的圣餐隐喻和见证修辞，让观众借助符号意象再现真理和通过移情产生强大的信仰理想。剧作家们以此种方式服务于王国政治，让国民与新教发生国家认同，帮助英王建立新教共同体。"[①]

伊瑟尔概括了汉斯·费英格（Hans Vaihinger）和胡塞尔的现象学的共同点："像费英格一样，胡塞尔认为意识的意向性——就其包含了一个意向行为而言——是一个虚构的因素不能被否定的空虚的幻影。但是既然甚至空虚的幻影都必须导向某物，意识总是通过意向性被指向对某个地方的某个事物的意识。"[②]费英格的"仿佛"哲学因而就建立在这样一个最低限度的纲领之上："只有被感觉到的东西，才是在对世界的感知中与我们相对的东西，不论它是外在的或是内在的，都是真实的"[③]。

（二）再度媒介化的真正含义是什么

《商榷》提出的第二组问题是："再度媒介化（二度区隔）和一度媒介化（一度区隔）是否有质的不同？为何再现了两次就会成为虚构？仅与经验世界隔了两层就必然变成虚构吗？"[④]

提出这些问题的原因是《广义叙述学》对虚构叙述的一种表述："再现中的进一步再现。"[⑤]应该说这是一个比较艺术化的表述，但是反而比

① 陶久胜：《圣餐隐喻与见证修辞：十六七世纪英国复仇剧中的宗教论争》，《南昌大学学报（人文社会科学版）》2015年第2期，第137-142页。

② 沃尔夫冈·伊瑟尔：《虚构与想象：文学人类学疆界》，陈定家、汪正龙，等译，长春：吉林人民出版社，2003年，第169页。

③ 沃尔夫冈·伊瑟尔：《虚构与想象：文学人类学疆界》，陈定家、汪正龙，等译，长春：吉林人民出版社，2003年，第171页。

④ 王长才：《梳理与商榷：评赵毅衡〈广义叙述学〉》，《文艺研究》2015年第7期，第151-160页。

⑤ 赵毅衡：《广义叙述学》，成都：四川大学出版社，2013年，第76页。

较准确。笔者结合自己对《广义叙述学》的理解先谈一点个人看法。所谓"再现中的进一步再现",必然要牵涉"再现者"。这里面包括两个"再现者",一个再现者处于实在世界之中,他再现一个纪实叙述。在他再现的这个纪实叙述中有另一个再现者,虚构叙述必然是由另一个再现者再现的叙述。对这另一个"再现者"(即叙述者)的考察,正是现代叙述学发展的起点。赵毅衡在《苦恼的叙述者:中国小说的叙述形式与中国文化》一书中,把这个叙述者看作"作者创造的人物之一"[①],作者委托这个人物进行叙述。布斯、热奈特、查特曼、安斯加·纽宁(Ansgar Nünning)等一大批叙述学家都持这种看法。应该说,叙述者只是一个比喻,它的本质应该是一个框架,而不是一个人格,笔者撰写了多篇文章论及该问题。[②]不论怎样,叙述者应该是首先被叙述出来的,叙述者处于一度区隔之内。那么,由叙述者叙述的是否就一定是虚构的呢? 答案是不一定。我们知道,任何叙述都是由叙述者完成的,纪实叙述同样是由叙述者完成的,所以我们同样可以说纪实叙述也可能是"再现中的进一步再现"。

所以,"再现中的进一步再现",并不能用来准确描述虚构叙述的特性,而是只能用来描述虚构叙述的必备品质。然而,纪实叙述的叙述者往往被理解为与作者合一,所以那个叙述者常常不被觉察到。虚构叙述的叙述者往往被理解为与作者不同,所以很容易被觉察到。既然我们觉察到了与作者不同的叙述者,就说明那个叙述者已经不是一个对经验事实的感知,而是一个想象的产物。既然这个叙述者是想象的产物,那么由这个叙述者叙述的文本,当然就不可能再指向经验事实,当然就是虚构的了。所以,"进一步"这个说法很关键。准确地说,应该是"再

---

① 赵毅衡:《苦恼的叙述者:中国小说的叙述形式与中国文化》,成都:四川文艺出版社,2013 年,第 1 页。

② 参见谭光辉:《作为框架的叙述者和受述者:论第一人称、第二人称叙述的本质》,《河南师范大学学报(哲学社会科学版)》2015 年第 1 期,第 128-134 页。谭光辉:《从言意关系看什么是不可靠叙述:论叙述框架的叙述功能与人格功能的关系》,《福建论坛(人文社会科学版)》2015 年第 10 期,第 104-111 页。谭光辉:《叙述声音的源头与叙述主体冲突》,《江海学刊》2015 年第 6 期,第 199-205 页。谭光辉:《纪实、事实、真实的管辖范围及其与伴随文本的关系》,《国际新闻界》2015 年第 11 期,第 75-89 页。

现中被察觉到的进一步再现"。

反过来说，如果我们并没有察觉到"进一步再现"，我们是无法将文本理解为虚构的，这是因为没有"进一步再现"，文本就只能处于一度区隔之中，就只能指向经验事实。这就是为什么有些人不能识别虚构叙述的原因，比如看《白毛女》的观众入戏过深与扮演黄世仁的演员发生暴力冲突，李碧华小说《霸王别姬》中的程蝶衣分不清戏里戏外。从这个意义上说，"再现中的进一步再现"不是判断虚构的充要条件，却是必要条件。

那么，"再度媒介化（二度区隔）和一度媒介化（一度区隔）是否有质的不同？"①答案显而易见，当然有质的不同。一度区隔的再现者处于实在世界之中，二度区隔的再现者处于叙述文本的一度区隔之中。一度媒介化是对实在世界中的"现实"的媒介化，媒介化的产物是"符号"；二度媒介化是对文本世界中的"符号"的再媒介化，媒介化的产物是"符号的符号"。这是因为，执行二度媒介化的主体处于符号世界之中，他除了"符号"之外，没有任何可用的对"现实"材料的感知。

"为何再现了两次就会成为虚构？仅与经验世界隔了两层就必然变成虚构吗？"②上文说过，并不是再现了两次就必然成为虚构，而是虚构必须被再现两次。与经验世界隔两层并不必然变成虚构，而是虚构必然与经验世界隔两层。这个说法不能颠倒，否则谬之大矣。《广义叙述学》中的正确说法是："虚构叙述必须在符号再现的基础上再设置第二层区隔。"③但是从来没有说只要在符号再现基础上设置了第二层区隔就一定是虚构。

事实上，许多非虚构叙述文本，也都必然要在符号再现的基础上再设置第二层区隔。例如科学叙述，我们可能认为，任何科学家都有一个现实人格，但是当他进入科学研究状态的时候，就必然分裂出一个科学家人格。当他在进行科学叙述的时候，他必然不是用他生活中的现实人

① 王长才：《梳理与商榷：评赵毅衡〈广义叙述学〉》，《文艺研究》2015 年第 7 期，第 155 页。
② 王长才：《梳理与商榷：评赵毅衡〈广义叙述学〉》，《文艺研究》2015 年第 7 期，第 151-160 页。
③ 赵毅衡：《广义叙述学》，成都：四川大学出版社，2013 年，第 76 页。

格在叙述，他的话语已经与现实话语产生了一层区隔。我们当然不能说科学家的叙述是虚构叙述。《商榷》举的例子与此类似，人们照相之前都要精心准备、正襟危坐，这与日常状态相比已可视为一种再现区隔，然后拍照，或者画肖像，这是再度媒介化，然而仍然属于纪实。这是为什么呢？

（三）虚构叙述者的层次

解决这个问题的关键，其实正藏在《商榷》提出的第三组问题的开始部分之中。《商榷》提问的起点是赵毅衡对虚构叙述的另一种表述："为传达虚构文本，作者的人格中将分裂出一个虚构叙述发送者人格，而且用某种形式提醒接收者，他期盼接收者分裂出一个人格接收虚构叙述。"[1]事实上，这正可以看作对上文问题的回答。就是说，虚构叙述的二度区隔，重点还不在于"二度区隔"，而在于"虚构"。任何一种叙述，都必然要求叙述方与接受方进入某种语境与程式。虚构叙述就是这样一种叙述程式，这种程式的核心是：叙述者只能被理解为不存在于现实之中，二度区隔中的内容只能被理解为没有经验事实的指向性。这就是虚构叙述的"委托叙述"的内涵：虚构叙述将叙述权委托给一个非现实人格或框架，纪实叙述将叙述权委托给一个现实人格或框架。所以纪实叙述能找到追责对象，虚构叙述无法找到追责对象。

执行科学叙述的科学家，在现实中他既是一个普通人，又是一个科学家，他有两种现实身份。拍照的人，无论他怎么精心准备，正襟危坐，他仍然希望看照片的人将照片看作是他本人。如果拍照的人拍照的目的就是要让别人把照片上的人看作一个并不存在的人（比如化装成孙悟空），他也希望人们把照片看作孙悟空而不是他本人，照片当然就成了虚构。所以，理解虚构叙述的关键，就是对叙述者和叙述对象的"非现

---

[1] 赵毅衡：《广义叙述学》，成都：四川大学出版社，2013年，第76页。

实存在性"的约定。科学家、拍照，虽有二度区隔却是纪实，正好说明了"虚构约定"才是问题的关键所在。

《商榷》提出的第三组问题的起因有这样几点：一是赵毅衡提出了"虚构叙述发出者人格"，但是又说区隔是"一种准人格化的'叙述者框架'，它与再现区隔是重合的，二者只是对同一种现象不同角度的观察"，而作者又定义了叙述者具有"人格-框架"二象性，他认为前两个表述是矛盾的，而最后一个表述又让该矛盾显得更加混乱了，因为"这个叙述者似乎应该处于被区隔了的文本世界中，而不应该是区隔本身"。应该说，这个观察非常细致、非常敏锐，而且点中了一个非常关键的问题。

必须分清层次，才能说清楚。首先，"虚构叙述发出者人格"是第一层次。这个人格是从作者的人格中分裂出来的，与叙述者没有直接关系，这个人格的作用是"为了传达虚构文本"[①]。《商榷》认为该人格类似于布斯意义上的"隐含作者"，这个说得通。该人格不同于叙述者，虚构叙述者发送者人格与叙述者框架并不在一个层次上，所以该说法并不矛盾，这也应该没有疑义。问题的关键在对第二个层次的理解。赵毅衡认为叙述需要的那个"准人格化的叙述者框架"，其实就是通常意义上的叙述者，而他认为该叙述者框架与再现区隔是重合的。

关键点在于，区隔分为一度区隔和二度区隔，《商榷》的提问中只说了"被区隔了的文本世界"，而没有指明是一度区隔还是二度区隔。《广义叙述学》说得很清楚，这里指的是"再现区隔"，也就是"一度区隔"。就是说，这个叙述者框架，与一度区隔是重合的。"对同一种现象不同角度的观察"的意思是，从区分纪实与虚构的角度来看，叙述者本身既是一度区隔内的内容，又构成了二度区隔的边框。从叙述者分析的角度来看，叙述者并不是一个人格，而是一个"准人格"，事实上是一个框架。这两个框架从不同的角度看并不是一回事，虽然它们的组成成分可能相同，即所谓"重合"。任何叙述者，在一度区隔中都是纪实性的。虽然是纪实性的，但却可能是"非事实"的。

---

① 赵毅衡：《广义叙述学》，成都：四川大学出版社，2013年，第76页。

既然叙述者只能被理解为一个框架,那么这个框架中的一部分组分,就既可在一度区隔文本中,又可以是二度区隔的组成部分,而不是笼统地说处于文本中就不能是区隔本身。赵毅衡认为,画幅边框的区隔"与其说是视觉性的,不如说是解释性的"[1],即是说,不论是作为区隔框架,还是作为叙述者框架,其实都是解释性的。任何叙述者,都是被解释出来的。被叙述出来的"叙述者",只能是框架叙述者的某些组分。例如我写日记,我既可以不把我写进日记,也可以把我写进日记。不论写与不写,"我"都是叙述框架的一部分。对虚构叙述而言也是如此,人物叙述者可以很自由地出入于故事内外,极其自然。在回旋跨层叙述中,我可以写我如何写这本小说,如果"我"只能被理解为处于区隔了的文本世界中,"我"怎么可能参与对"我"的叙述?把叙述者理解为一个框架,可以解决很多问题。叙述者既然不是某一个人格,它的各个组件就都可以发声,同时,它的各个组件,也都可以进入叙述文本。

　　如果叙述者只是围成了一度框架,那么出现在一度框架中的各组件,就只能被理解为纪实的。然而一度框架中的再现对象,可能是"未经验的事实",所以就可能引发虚构。只要一度框架中的任何"未经验的事实"围合而成二度框架被双方觉察,那么处于二度框架中的叙述就只能是虚构的。例如《商榷》所举的例子,豪尔赫·路易斯·博尔赫斯的《通向阿尔-穆塔西姆》是对一部并不存在的侦探小说所写的书评,在一度框架中,作为书评撰写者的博尔赫斯、被评的侦探小说、书评的文化程式等,都被理解为事实,所以就被理解为纪实体。但是,为什么放入小说集中就明确了虚构体裁呢?这就是因为一度框架内的组分的非实在性得到了确认。一度框架内的非实在性一旦得到确认,由此非实在对象围合而成的二度框架内的内容就成为虚构。开始读者没有发现二度框架,正是因为他们没有发现组成二度叙述框架的一度框架中对象的非实在性。事实上,即使不放入小说集,只要读者知道任何一个组分的非实在性,虚构都可以得到确认,例如读者知道这本侦探小说不实在,或者知道书

① 赵毅衡:《广义叙述学》,成都:四川大学出版社,2013年,第75页。

评人不实在。类似的例子还有很多，例如鲁迅的《一件小事》，至今还有人争论是纪实还是虚构，是散文还是小说，因为《一件小事》所记之事是不是经验事实，至今没有弄清楚。

（四）双层区隔与虚构判定谁先谁后？

《一件小事》的例子进一步说明，文化程式与阅读经验在理解纪实与虚构的过程中是很重要的。如果文化程式的惯例被打破，我们根本就无法判断纪实与虚构。这就引出了《商榷》的第四组问题："'文化程式与阅读经验'是否就已经使读者能做出真实或虚构的判断了？也就是说，是先确定是虚构作品才去找二度区隔，还是先辨别出二度区隔才认定是虚构作品？当区隔痕迹不好辨认时，可能会是先认定虚构，再从叙述中抽象出一个不可见的二度区隔框架。"①

这个问题也是笔者曾经对"双层区隔"原则的商榷要点，在《论虚构叙述的"双层区隔"原则》中已经详细讨论过。②对于区隔痕迹比较明确的叙述，做出纪实与虚构的区分比较容易，而对于区隔痕迹比较模糊的叙述，区分纪实与虚构并不容易。体裁程式与虚构识别似乎有一个相互作用，确认体裁和虚构都需要对方的参与，从而可能进入解释的循环。

事实上这已经是另一个问题。基础学科主要回答的问题是"是什么"和"为什么"，应用学科要回答的问题是"怎么办"，如何区分纪实与虚构，是"怎么办"的问题。《广义叙述学》的核心任务是回答虚构是什么，为什么虚构需要区隔。怎么区分纪实与虚构，是一个应用型问题。虽然如此，《广义叙述学》仍然给出了如何区分纪实与虚构的提示，但是仅仅是"举几种双层框架区隔的设置方式，足以推见类似机制之习用"③，并进一步认为"文化程式使读者能识别一度再现区隔框架，

① 王长才：《梳理与商榷：评赵毅衡〈广义叙述学〉》，《文艺研究》2015年第7期，第151-160页。
② 谭光辉：《论虚构叙述的"双层区隔"原则》，《河北学刊》2015年第1期，第107-110、116页。
③ 赵毅衡：《广义叙述学》，成都：四川大学出版社，2013年，第76页。

与二度虚构区隔框架"①。这就导致了《商榷》的质疑。我们同样应该注意到赵毅衡的另一个论述："接收者的这种识别，根据的是文化程式与阅读经验，他的识别不一定是绝对准确的"，而且要讨论框架被破坏被混淆的各种可能。②赵毅衡并非没有注意到这个问题，而是认为这只是一个实际操作的问题。

无论采取何种操作方式，最终都是回到对二度区隔框架的确认上来。赵毅衡的意思是，如果文化程式是明确的，或者能够被阅读经验明确化，那么二度框架就是可以看出来的。但是因为文化程式有可能作假，所以有可能被误判。反过来说，如果我们能够发现二度框架，那么虚构体裁和相应的文化程式也是可以被确认的。如果二者都不明朗，阅读经验失效的时候怎么办呢？赵毅衡并没有给出一个明确的答案。《商榷》因此认为，这类作品（判断过程经历了从纪实向虚构的转换），"似乎只能在指称性上确认虚构性"③。但是《商榷》可能没有考虑到，有更多的类似作品我们从指称性上也不能确认虚构性，比如上文说过的《一件小事》。又如宗教典籍，信仰者认为有现实指称性，无神论者认为没有现实指称性，因为信仰者认为神是实在的，无神论者认为神是非实在的。对宗教典籍的纪实与虚构的判断差异，证明虚构与纪实不但可能转化翻转，而且可能并在。是什么原因导致了这种冲突呢？

为了解决这个问题，我们不得不又回到"文化程式"。就是说指称性本身就是由文化程式决定的。文化程式不但决定了对指称的实在性判断，而且可以将非实在性指称转化为实在性指称，也可以反过来。博尔赫斯的《通向阿尔-穆塔西姆》的例子说明的问题并不是通过指称性确认虚构体裁，恰恰是说明了文化程式在实在性指称与非实在性指称判断时有绝对影响：正是因为开始被认为是书评（文化程式），所以人们才认为侦探小说是存在的；正是因为后来被放进"小说集"（文化程式），所以人们才知道被评的侦探小说不存在。从无神论者的角度看，正是宗

---

① 赵毅衡：《广义叙述学》，成都：四川大学出版社，2013年，第84页。
② 赵毅衡：《广义叙述学》，成都：四川大学出版社，2013年，第84页。
③ 王长才：《梳理与商榷：评赵毅衡〈广义叙述学〉》，《文艺研究》2015年第7期，第151-160页。

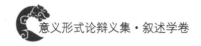

教信仰（文化程式）使非实在性指称的神成了实在性的存在。

现在我们来逐一回答这些问题。"'文化程式与阅读经验'是否就已经使读者能做出真实或虚构的判断了？"此处再次混用了"真实"与"纪实"的概念，我们暂且将"真实"理解为"纪实"。只要文化程式是确定的，读者当然能做出纪实或虚构的判断。但是这个判断不一定准确，因为文化程式有可能作假。读者的阅读判断的过程，就是不断确认文化程式的过程。一旦程式确定，他就能准确地判断纪实与虚构。

"是先确定是虚构作品才去找二度区隔，还是先辨别出二度区隔才认定是虚构作品？"[1]应该说这二者是同时的。发现二度区隔的同时，就发现了虚构；确定虚构的同时，也就认定了它处于二度区隔之内，不存在先后的问题。但是在操作上，可能有个先后。比如《广义叙述学》所举的《芝加哥救火队》拍摄现场被当作飞机失事现场作为新闻播报的例子[2]，"眼尖的挑刺的网友"可能先发现二度区隔（如摄像设备），再发现飞机失事是虚构。导播则是先发现虚构（他知道了是拍摄现场），之后才发现区隔。但是，不论哪种情况，在思维中二者是同时的。网友在发现区隔的同时立即就知道了这是虚构；导播虽然可能之后才发现具体的区隔，但是在他知道这是拍摄现场的同时一定已经在意识中构想出了区隔。所以先后问题只是一个操作问题，而不是一个理论问题。

"当区隔痕迹不好辨认时，可能会是先认定虚构，再从叙述中抽象出一个不可见的二度区隔框架。"[3]既然认定虚构和看出二度区隔框架是同时的，这个说法也就不成立。因为这个说法也可以倒过来思考，读者也可以先认定有个二度区隔框架，再认定虚构。比如读者可以先思考或证明《一件小事》的叙述者是鲁迅想象出来的，不是鲁迅本人，所以认定它是虚构。反过来说也可以，读者觉得《一件小事》是放在小说集《呐喊》中的，所以是虚构的，然后从中看出二度区隔框架。证明《一件小事》是纪实散文的读者也可以沿这两个思路去做。两个

---

① 王长才：《梳理与商榷：评赵毅衡〈广义叙述学〉》，《文艺研究》2015 年第 7 期，第 151-160 页。

② 赵毅衡：《广义叙述学》，成都：四川大学出版社，2013 年，第 79 页。

③ 王长才：《梳理与商榷：评赵毅衡〈广义叙述学〉》，《文艺研究》2015 年第 7 期，第 156 页。

思路似乎都有个顺序，但事实上这个顺序只是操作上的，在抽象层面，仍然是同时的。

（五）"双层区隔"与叙述分层的区别与联系

《商榷》的第五组问题是："是否可能存在着多度区隔？还是只能将多度区隔标记简化为一度、二度区隔？"①用了《我们的荆轲》的例子之后再问道："接下来区隔的标记是否可以视为三度区隔？还是只能将虚构区隔之内的叙述视为纪实型，再去讨论二度区隔问题？这似乎又接近于叙述层次问题了。"②

不得不说，这个观察也相当敏锐，用莫言剧本《我们的荆轲》的例子也很能说明问题。双层区隔定义中有一个重要表述："在区隔的边界内建立一个只具有'内部真实'的叙述世界。"所谓"内部真实"，就是虚构区隔内部具有与实在世界一样的逻辑真实性。亦即是说，在任一区隔内部，遵从实在世界一样的原则，但是这只是对区隔内部的人而言的。"只能将虚构区隔之内的叙述视为纪实型"不是"我们"只能将其视为纪实，而是从一度区隔内部人物的视点看只能将二度区隔视为纪实型。简单地说，立足实在世界，只能将一度区隔看作纪实，将二度区隔看作虚构。立足于一度区隔，只能将二度区隔看作纪实。立足于二度区隔，所有的叙述都是实在。例如立足于实在世界，《阿Q正传》的叙述者所处的那个世界就是纪实的，我们相信确实有一个叙述者在讲故事，而阿Q的世界是虚构的。立足于叙述者（一度区隔）的世界，阿Q的故事（二度区隔）就是纪实的，变成了一度区隔，叙述者可以明确地说，他是在给阿Q"作传"。立足于阿Q的世界，他的经历就是实实在在的。

这个问题与叙述层次确实可以看作同一个问题的不同切入角度。但是叙述层次问题的讨论视点始终用的是"我们"的视点，而讨论区隔框

---

① 王长才：《梳理与商榷：评赵毅衡〈广义叙述学〉》，《文艺研究》2015 年第 7 期，第 156 页。
② 王长才：《梳理与商榷：评赵毅衡〈广义叙述学〉》，《文艺研究》2015 年第 7 期，第 156 页。

架问题需要不断转变观察者视点。

虽然《我们的荆轲》是虚构文本，但是讨论虚构文本中的实在性问题，就只能站在这个虚构文本之中。在文本之中，就拥有了一个实在的视点。关于荆轲的故事与演员演荆轲的故事又是两个不同的问题，这个例子要谈的只是演员演戏的问题。在演员演戏的过程中，又分为三个阶段。第一个阶段是演员登台，第二个阶段是演员准备入戏，第三个阶段是准备入戏的演员入戏。第一阶段，"人艺小剧场"确实已经是虚构世界的一部分，登上台的演员已经不再是现实世界中的普通人了，而是进入一个区隔。但是在那个区隔的内部，获得了"内部真实"。第二阶段，几个演员以演员身份对话，这个时候他们扮演的角色是准备入戏的演员。在演员的视点上看，他们的对话是纪实的。但是站在观众的视点看，又是虚构的。第三个阶段，"台上人精神一振"，准备入戏的演员正式入戏，又进入新的区隔，然而在那个虚构区隔内部看，戏是实在的，站在观众或演员的角度看，都是虚构的。我们发现，在每一个阶段，在各区隔内看都是实在的，在二度区隔外看是虚构的，在一度区隔外看就是纪实的。所以，"在同一区隔的世界中，再现并不表现为再现，虚构也并不表现为虚构，而是显现为事实，这是区隔的基本目的"[1]。

再看《广义叙述学》对叙述分层的表述："上一层次的任务是为下一层次提供叙述者或叙述框架。"[2]即是说，叙述框架中可以包含另一个叙述框架，之中还可以再有另一个叙述框架，所以就与区隔问题重合在一起了。结论不仅如《商榷》所言，区隔问题"似乎接近于叙述层次问题"，区隔问题就是叙述层次问题。但是二者讨论的对象截然不同。叙述层次讨论的是叙述本身的结构问题，区隔讨论的是叙述各层次中的实在性问题。

那么，"是否可能存在着多度区隔？还是只能将多度区隔标记简化为一度、二度区隔？"[3]当然存在着多度区隔，但是讨论多度区隔对于认

---

[1] 赵毅衡：《广义叙述学》，成都：四川大学出版社，2013年，第81页。

[2] 赵毅衡：《广义叙述学》，成都：四川大学出版社，2013年，第264页。

[3] 王长才：《梳理与商榷：评赵毅衡〈广义叙述学〉》，《文艺研究》2015年第7期，第156页。

识区隔中的实在性问题没有意义，所以在讨论虚构问题的时候，只需要讨论一度、二度区隔。一个文本的某一区隔是纪实还是虚构，二者只能居其一。再多的区隔，对于认识该区隔的实在性也无意义，所以最终只能简化为双层区隔。

"二度区隔"是一个高度抽象的，试图覆盖人类思维方式的原则。但是这个原则可能面临各种复杂的情况。例如湖南卫视的娱乐节目《快乐大本营》，主持人常常扮成古人主持节目。主持人一般被看作纪实的，但是一旦扮成古人，主持人就成了虚构。虚构的主持人怎么可能主持纪实的节目呢？这就必须考虑"横向真实"或"文本内真实"的概念。"文本的真实性，必须经常到文本外的经验世界求得证实，但是接受者也可以接受内含真实性的文本。"[1]《快乐大本营》节目中，主持人本人做主持人是一度区隔；扮古人是二度区隔。权且把主持人做主持当作客观，扮古人的二度区隔就成为一度区隔，他引入的故事就成为另一个二度区隔。但是主持人又常常用跳出古人的角色，用实在的主持人声音说话，这时他的声音一般比较严肃。观众从不同的声音、语速、表情都可以看得出来，这就成为区隔标记。就是说，同一个文本，其中可能内含多种不同层次的区隔。这个时候，判断纪实与虚构，就要不断转换视点。

正是因为可能面对各种复杂情况，将区隔简化为一、二度区隔才是非常重要的，不然问题只会越来越乱。任何文本有个"横向真实"，一旦我们把这个文本横向真实作为"客观真实"，那么就可以在这个基础上再次搭建"二度区隔"。上文说的《我们的荆轲》实际上也是这样，这出戏的结构，就是一个虚构叙述寓言：如何设立不再透明的二度区隔框架。这与叙述分层貌似有关，实际上是另一种理解方式。

（六）结论："双层区隔"原则的理论意义

伊瑟尔总结了关于虚构范式在哲学话语中的变迁的讨论之后认为，

---

[1] 赵毅衡：《文本内真实性：一个符号表意原则》，《江海学刊》2015年第6期，第22页。

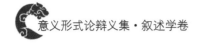
虚构的功用是变化着的，而虚构与其变化着的功用相一致，所以它没有永久不变的本性，因为功用表明功能而不是基础。①双层区隔原则的简化恰恰可以在虚构这种不断变化的功用中找出一种可以适用于动态情况中的相对稳定的判断原则，意义不可谓不重大。

　　"双层区隔"原则是认识纪实与虚构本质的有效理论工具，将纷繁复杂的关于叙述的实在性问题的讨论放入一个简单可行的理论框架之中，为广义叙述学的发展奠定了坚实的基础。虽然在接受过程中仍然可能出现误解，但是历史将证明这是叙述学发展历史上的一个具有里程碑意义的发现。

---

① 沃尔夫冈·伊瑟尔：《虚构与想象：文学人类学疆界》，陈定家、汪正龙，等译，长春：吉林人民出版社，2011 年，第 181 页。

三、从"二度区隔"到"三度区隔"

方小莉[①]

摘要： 本文以"区隔框架"为关键词来探讨奇幻文学区隔的特殊性。奇幻文学有别于一般的小说，其在虚构二度区隔世界中区隔出第三度区隔，这个虚构的奇幻世界三度偏离经验世界。三度区隔框架可以为具象存在，也可以隐形处理，它划出一个独立的虚构奇幻世界，具有独立规则，从而迫使启动新的解释元语言。虚构的现实世界和虚构的奇幻世界虽互不干扰，但也会出现相互交集，人物穿梭于两个世界，打破原有的文本边界，或违反原来世界的规则，从而导致区隔犯框。借用区隔理论来研究奇幻文学能够更深刻地探究奇幻文学的表意与解释方式，同时奇幻文学的特殊性构成，又可以检验"双层区隔"原则，扩大其内涵。因此本文在梳理区隔理论的同时，也尝试与赵毅衡先生商榷，希望能够与先生形成对话。

关键词： 奇幻文学；三度区隔；区隔犯框；解释元语言

赵毅衡先生在《广义叙述学》中提出了"双层区隔"这一重要原则，用以区分纪实型叙述与虚构型叙述。在他看来，"区隔框架是一个形态方式，是一种作者与读者都遵循的表意-解释模式"，区隔目的是要隔出一个再现世界，其"最大特征是媒介化"[②]。"双层区隔"原则解决了学界长期以来如何判定纪实与虚构叙述的难题，结合"表意-解释"来为判

---

① 方小莉，四川大学外国语学院教授、四川大学符号学-传媒学研究所研究员。主要研究英语语言文学、叙述学。本文原标题为"奇幻文学的'三度区隔'问题研究：兼与赵毅衡先生商榷"，刊载于《中国比较文学》2018年第3期。本文在原论文基础上略作了修改。
② 赵毅衡：《广义叙述学》，成都：四川大学出版社，2013年，第74页。

定叙述的纪实与虚构提供了一个行之有效的标准。本文以"双层区隔"原则为讨论基点来探讨奇幻文学的区隔问题。借用区隔理论来研究奇幻文学可以更深刻地探究奇幻文学的表意与解释，同时由于奇幻文学的特殊性构成，又可以检验"双层区隔"原则，扩大其内涵。因此本文在梳理区隔理论的同时，也尝试与赵毅衡先生商榷，希望能够与先生形成对话。

（一）区隔"何为"与"为何"

纪实型与虚构型是叙述的两种最基本表意方式，也是文本的体裁品格，它们决定了文本应该遵循什么原则来建构和解释。纪实型体裁所讲述的不一定是事实，却要求有关事实，该体裁要求读者当事实来解释，从而也要对叙述的真实性问责；虚构型体裁所叙述的并非一定不是事实，却不要求与事实有关，从而读者当虚构来解释，无权要求作者对叙述的真实性问责。可见，纪实型与虚构型的区分直接决定了读者的解释原则，而运用不同原则来阅读相同的文本，结果会大有不同。这样一来如何有效区分纪实与虚构就成为第一要务，即是说当读者在阅读文本之前，如何将文本有效地范畴化，才能够调动相应的阅读法则来完成第二次叙述化。

在赵毅衡提出"双层区隔"理论之前，曾有不少理论关照纪实与虚构的区分问题。但在他看来，现有的区分原则不能有效区分纪实和虚构体裁，而主张这些区分原则的学者们到最后也纷纷宣告放弃。文本处在与世界、作者和读者的相互关系中，它们既相互关联又彼此独立。那么文本究竟是纪实还是虚构，正是要在这几组关系中衡量哪个因素更具有决定性。

第一种区分方法可以说是一种客观说标准，将文本从外部因素中独立出来。这是一种以文本为中心的风格区分法，它认为纪实与虚构在风格上有所不同，然而就以最常见的自传和第一人称小说来作比，就会发现无法按其文本本身的风格来划分。更不用说，当纪实模仿虚构手法，或虚构模仿纪实时，更是无从分辨。因此热奈特最后也不得不承认，风格区分法并非时时有效。①

第二种区分方法是看文本与世界的关系，类似于是一种典型的模仿论区分法。以多雷特·科恩（Dorrit Cohn）为代表的学者认为，纪实型叙述指称经验世界的实在。因此，是否真实存在成为判定纪实与虚构的标准。显而易见，这个标准难以立足。首先我们要明确纪实与虚构是指是否"有关真实"而并非"有真实根据"②。新闻报道哪怕向公众误报信息也是纪实型体裁，而小说由于其基础语意域为虚构世界，因此属虚构体裁，诸如托尔斯泰、狄更斯等大家之作，无论是否像镜子那样反映了现实，甚至将真实事件写入小说中，也属于虚构。

第三种类似于表现说区分法，主要关注作者与文本间的关系，认为作者是创造艺术品并制定其判断标准的主要因素。这种区分方式在某种意义上落入了作者意图决定论，认为文本是纪实还是虚构主要由作者的意图来决定，从而将判断变为了作者特权。约翰·R. 塞尔（John R. Searle）则认为作品的虚构性由作者决定。将纪实与虚构的判定完全寄希望于作者的诚实与否显然不可靠。

在宣告以上三种判定标准都不可能后，赵毅衡提出了"双层区隔"的判定标准。如果以上的标准分别是以文本、世界和作者为核心的话，那么赵毅衡的标准则主要以"读者"为核心，即以叙述文本的接收者为核心。在《广义叙述学》中，赵毅衡明确提出要建立"以接收者二次叙述为中心的可能的理论原则"③，意味着叙述的交流性特点在广义叙述学中得到凸显。④"接收者的二次叙述化为中心"，至少指出了以下三层含义。

第一，提到二次叙述化，这就意味着：在这个判定过程中，除了读

① Gerard Genette, "Ficitional Narrative, Factual Narrative", *Poetics Today,* Vol. 11, No.4, 1990, p. 762.

② 赵毅衡：《广义叙述学》，成都：四川大学出版社，2013 年，第 69 页。

③ 赵毅衡：《广义叙述学》，成都：四川大学出版社，2013 年，第 72 页。

④ 王委艳：《叙述转向与交流叙述学的理论建构》，《符号与传媒》2017 年第 1 期，第 86-97 页。

者以外，还要考虑文本的发送者，即叙述者的一次叙述化，因为二次叙述化建立在第一次叙述化的基础上。正如前文所说，赵毅衡认为区隔框架是一种作者与读者都遵循的表意—解释模式，而这里所说的表意与解释则来自叙述者的第一次叙述化和读者的第二次叙述化。

第二，接收者的第二次叙述化，显然要以文本为对象和依托。

第三，虽然叙述者的叙述与读者的解释是叙述意义产生的必要条件，但赵毅衡显然认为文本的接收者是判定叙述文本为纪实或虚构的核心要素。

赵毅衡的这种以文本接收者为核心的理论构建与其意义说是分不开的。事实上，这一观点在他早期的经典叙述学研究中就已经有所体现，只是在他近年来的符号学和广义叙述学的研究中才正式明确提出。要讨论先生的这一判定标准的基础，则需要从他对叙述的如下定义谈起。

1. 某个主体把有人物参与的事件组织进一个符号文本中。
2. 此文本可以被接收者理解为具有时间和意义向度。①

从这个叙述定义可以看出，赵毅衡第一次将叙述划分为两个叙述化过程，叙述者承担将事件组织进符号文本的第一次叙述化，而文本意义的产生则需要接收者来读出时间和意义的向度。赵毅衡在这里将叙述接收者提到了明确的核心位置。对他来说，叙述的接收者甚至可以比发送者更加重要，因为叙述的发送者有时无法确认，例如荷马是否真有此人，并无法判定。因此在判定作品为虚构或纪实时，虽然离不开文本发送者的编码、文本的展示，但显然文本接收者的判断才是决定文本应该用什么原则来解释的中心要素。当然，如果我们退到他关于符号文本的定义，就更容易发现在其概念中，符号文本的发送者可以不存在，而接收者则是必不可少的元素。事实上笔者曾在采访赵毅衡先生时，明确向他提出该问题，而他也给出了肯定的回答。可以说，赵毅衡建立了以文本接收者的解释为核心的认知符号学理论体系，那么在确定纪实与虚构的体裁

---

① 赵毅衡：《广义叙述学》，成都：四川大学出版社，2013年，第7页。

品质时,他以接收者为中心则理所当然。

赵毅衡的"双层区隔"以作者和读者遵循的"表意-解释"模式,首先在一度区隔中将经验世界媒介化为符号文本构成的世界,从而代替了被经验的世界。原理是经验世界被符号化,也就是用符号媒介再现经验世界。符号对经验世界的再现不等于现实,但指称现实,即与现实有关,即为纪实型。其次二度区隔,是二度媒介化,是在"符号再现的基础上再设置第二层区隔。也就是说,它是'再现中的进一步再现'"。由于是二度媒介化,与经验世界就隔开了双层距离。正因为这个原因,接收者不问虚构文本是否指称"经验事实"①。二度虚构区隔不再指称经验世界,但是二度区隔是建立在一度区隔之上,也就意味着二度区隔是被包裹在一度区隔之内的区隔世界,那么二度区隔与一度区隔之间的关系是否透明?这一点先生并没有明确指出。本文将在第三部分结合奇幻文学来讨论。

赵毅衡认为:区隔框架本质上是一个抽象概念,其边框是解释性的,观者的解释画出了分界。②事实上,根据先生所说的"表意-解释"模式,区隔框架似乎是展示与解释的结果。文本的解释受制于解释者在理解时选择的文化范畴,然而解释者所选择的理解方式又在很大程度上取决于叙述文本的展示方式,因此叙述文本会用各种形式展示自己期待的解释方式。解释者在明确展示区隔框架的叙述文本中能够正确采用相应的理解方法。若在区隔框架相对不清晰的文本中,解释者则需要寻找和判定文本的边界,识别一度区隔和二度区隔,才能召唤相应的元语言规则,遵循一定的文化程式,读出文本的意义。例如当"自传"的上架建议是"小说"时,其展示方式使读者识别文本的二度区隔,不再要求该文本指称经验事实。《收租院》本是纪实型群雕,但当将其放入艺术馆、展示为艺术品时,则被再次媒介化,进入二度区隔,成为虚构型。这样一来,展示方式似乎就成了区隔标记。在展示框架(区隔框架)明确或具象的文本中,如舞台、画框,或文字文本的副文本标记,纪实还是虚构取决

---

① 赵毅衡:《符号学》,南京:南京大学出版社,2012年,第76页。
② 赵毅衡:《广义叙述学》,成都:四川大学出版社,2013年,第75页。

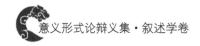

于读者根据文本的展示标记，以一定的文化程式，把某种叙述理解成纪实型叙述；而在展示框架抽象的文本中，如街头表演、壁画、岩画等，则需要靠读者读出文本的边界，从而判定一度区隔与二度区隔的边界，来决定采用的解释方式。可见以上两种情况，离不开文本的展示，但最终结果都取决于文本接收者的"二次叙述化"。

（二）奇幻文学的奇幻化三度区隔

与一般的虚构叙述不同，由于奇幻文学的特殊性构成，笔者认为奇幻叙述在虚构二度区隔内，又隔出另一度奇幻化三度区隔，这样奇幻叙述的虚构区隔则由虚构二度区隔包裹着奇幻三度区隔。也就是说任何的奇幻文本都有三度区隔。一度区隔是再现区隔，经验事实被媒介化，如奇幻小说的副文本，即作者名、序等，奇幻电影中的演职人员表等，一度区隔指称经验世界；奇幻文学的二度虚构区隔，笔者称之为"虚构现实世界"，因为虚构二度区隔世界与一度区隔之间的关系透明，虽然读者不要求其指称经验世界，但二度虚构区隔符合经验世界的逻辑、规律，例如哈利·波特在进入魔法学校前生活的世界，或《纳尼亚传奇》（*The Chronicles of Narnia*）中几个主角原本生活的虚构世界。奇幻文学的三度区隔是指"奇幻世界"，例如《哈利·波特》中的魔法学校、《纳尼亚传奇》中的纳尼亚王国。这个奇幻世界三度偏离经验事实，二度偏离一度区隔，与一度和二度区隔之间的关系均不透明。

在二度虚构区隔中，读者虽然不要求区隔内的世界指称经验事实，但却能够按经验事实来解释"虚构二度区隔世界"，因为二度区隔内的世界符合经验世界的逻辑规律。一般的虚构作品正是用与现实经验世界的锚定来伪装真实，让接收者能够假戏真看，获得一种真实的感觉。然而三度虚构奇幻世界显然进一步偏离了经验事实，甚至应该说其中的奇幻元素完全背离了自然规律和现实原则。由于奇幻元素缺乏对现实的锚定，解释者很难用相同的元语言规则进行阐释，若要能够解读奇幻世界，被迫要更换和建构新的元语言系统，才能读出文本的意义。如果说二度区隔对于一度区隔来说是虚构，那么三度区隔对于二度区隔来说则是虚构中的虚构，每进一层，就偏离经验事实更远，那么读者就会觉得"越假"。因此作为一种类型文学，奇幻文学所能吸引的读者有限。曾经的神话是历史，被人们视为"真实"，因此读者不限；童话更多只能吸引儿童，而当代奇幻文学大都被认为是青少年读物，可能只有这一类人仍然沉溺于那个幻想世界。

必须要注意任何奇幻文学都包含三度区隔，虚构二度区隔是虚构的现实，与一度纪实区隔透明，而奇幻文学在虚构二度区隔中包含虚构三度区隔——虚构的奇幻。这两个区隔之间是非组合借用，也即是说两个区隔世界的构成元素彼此不融贯，但在各自区隔世界中却为真实并逻辑融贯。那么任何奇幻文学都包含虚构的现实与虚构的奇幻，虚构的现实包裹着虚构的奇幻，虚构的奇幻世界是奇幻文学文本的核心世界。有的文本中区隔框架为具象，虚构现实和虚构奇幻都显现；在区隔框架不显、不具象的文本中，虚构现实背景化，在文本中若隐若现，甚至是要靠读者在阅读中唤起，文本主要呈现虚构奇幻世界。

在区隔框架具象的文本中，比如《爱丽丝梦游仙境》（*Alice's Adventures in Wonderland*）中的兔子洞，《哈利·波特》（*Harry Potter*）中的九又四分之三站台，《纳尼亚传奇》中的衣橱、门、山洞等，都成为连接虚构的现实世界和虚构的奇幻世界的通道，或更准确地说，是从虚构的现实世界中隔出了一个虚构的奇幻世界：爱丽丝的仙境，哈利·波特的"魔法学"，以及彼得、苏珊、埃德蒙和露西闯入的纳尼亚王国。因此具象的区隔框架就成了奇幻世界的指示符，指向一个被隔出来的再现世界。通常这些具象的区隔框架都包含一个"推入"或"弹出"的"窗口"，从而指示读者该采用什么样的解释方式。比如《爱丽丝梦游仙境》中从兔子洞推入，因梦醒而"弹出"；《哈利·波特》从九又四分之三站台"推入"，放暑假坐上火车回到现实世界，也就是原路"弹出"；《狮子、女巫和魔衣橱》（*The Lion，the Witch and the Wardrobe*）中从衣橱"推入"，再原路"弹出"；《黎明踏浪号》（*The Voyage of the Dawn*

Treader）中从画框"推入"，原路"弹出"；《凯斯宾王子》（Prince Caspian）中从火车站"推入"，从木棍架起的门框"弹出"；而《银椅》（The Silver Chair）中从学校墙边的门"推入"，也原路"弹出"。可见，这类文本中虚构的现实与虚构的奇幻之间有明显界限，从而向读者展现在人类生活的"现实世界"之外，还有另外一个独立世界。

除了上文所说的含有具象区隔框架的奇幻文本以外，有的奇幻文学中的区隔框架并不会明确显现。然而，无论是隐或显，可以肯定的一点是奇幻区隔依然存在。正如赵毅衡所说："既然可以显处理，就证明隐存在。"[①]因此不存在无三度区隔的奇幻文本，换句话说，任何的奇幻文本中，三度区隔都被包裹在二度虚构现实中。只是有的文本中两个世界并列出现，而有的文本中，虚构现实若隐若现，被背景化，等待被唤起成为奇幻世界的参照。

在这样的文本中，由于区隔框架不显，因此文本似乎是直接跳入三度奇幻区隔中，而读者也按照奇幻世界的解释规则来读出文本意义。彭佳认为"想象对符号现象的呈现能够起到基础性作用"[②]，每当出现违反现实世界或经验世界的奇幻元素时，读者通过想象构筑起奇幻世界，读者自然唤起现实世界作为参照，虚构现实世界成为与虚构奇幻世界对立的存在。出现其中一个，则另一个必然存在。事实上在大多数的文本中，虽然不存在具象的区隔框架，却充满了各种指示符号，唤起虚构现实或奇幻世界的存在。

在某些奇幻文本中，虽然没有具象的区隔框架，但是指示符号非常明显，比如念咒语、施魔法、许愿、擦一下灯、挥一下魔杖等。在《灰姑娘》（Cinderella）的故事中，灰姑娘平时生活的世界显然是一个普通的虚构现实世界，而当教母使用魔法变出南瓜车后，便"推入"奇幻世界，而12点一到魔法失效，灰姑娘"弹出"魔法世界；《阿拉丁神灯》（Aladdin and the Magic Lamp）中擦一擦神灯，许下愿望也成了区隔两个世界的指示符号。

---

① 赵毅衡：《广义叙述学》，成都：四川大学出版社，2013年，第78页。

② 彭佳：《从符号现象学出发论想象》，《符号与传媒》2017年第2期，第47页。

也有一些区隔更为隐蔽，童话故事开篇通常是"从前"（once upon a time）。这个"从前"的时间点参照显然不是读者阅读行为发生的"从前"，而是故事中的叙述者生活的虚构现实的"从前"。此二字隔出了一个奇幻世界，也显露了一个虚构现实世界。再如《霍比特人》（*The Hobbit*）和《魔戒》（*The Lord of the Rings*）中开篇便隔出两个不同的世界：《霍比特人》中提到"我想在今天，是有必要对霍比特人稍稍描述一下的，因为他们已经越来越少见了，而且也越来越畏惧我们这些大种人（他们就是这么称呼我们的）"[①]。文本要讲述的故事显然不是关于虚构现实世界中的"大种人"，而是奇幻世界中的"霍比特人"。《魔戒》中也是如此，"即便是在古老时日，他们也会照着惯例躲开'大种人'——这是他们对我们的称呼——而如今他们惊恐地避开我们，越来越难遇到"[②]。那么文本要向我们讲述的故事中显然包含两个世界，一个是"大种人"生活的，已无法遇到霍比特人的虚构现实世界，另一个是这类奇幻文学的核心世界即是霍比特人生活的奇幻世界。

（三）奇幻文学的区隔犯框

所谓的"框"首先是上文提到的区隔框架，可以是具象的，也可以隐处理，同时"框"也喻指"规则"[③]。区隔框架划定文本的边界，也就指示区隔世界内的规则。若是越出区隔框架，便会打破或是违反区隔世界的规则。那么本文所说的"犯框"即是指越过"框架"或是违反"规则"。

虚构叙述文本用符号二度媒介化经验世界，也就是再现中进一步再现。二度区隔是建立在一度区隔之上，也就意味着二度区隔是被包裹在

---

① J. R. R. 托尔金：《霍比特人》，吴刚译，上海：人民出版社，2013年，第7页。

② J. R. R. 托尔金：《魔戒 第一部 魔戒同盟》，邓嘉宛、石中歌、杜蕴慈译，上海：人民出版社，2014年，第4页。

③ 方小莉：《形式"犯框"与伦理"越界"》，《符号与传媒》2017年第1期，第98-108页。

一度区隔之内的区隔世界。一度区隔和二度区隔属于不同的区隔框架，原则上两个区隔世界相互不通达，因为处于区隔内的人物无法看到自身所处的区隔框架。但也有例外情况发生，即区隔框架痕迹暴露，人物破框而出或而入，构成犯框。在一般的叙述文本中，二度区隔里的再现与经验世界不具有"透明性"。一方面经验世界的读者无权要求虚构世界指称经验事实；另一方面虚构区隔框架中的人物因看不到区隔框架本身，也无法看到区隔框架外的世界。因此但凡虚构区隔框架中的人物发现区隔框架，便能获悉本身的虚构性，从而也发现区隔框架外经验世界的存在，框架露迹便造成区隔犯框。区隔框架显或隐的奇幻文学中，都存在虚构现实世界和虚构的奇幻世界。在区隔框架具象的文本中，区隔框架作为奇幻世界的展示框架，隔出一个独立世界；而在区隔框架隐的文本中，各种奇幻元素成为奇幻世界的指示符，虚构的现实世界背景化，要靠读者的阅读来唤起这个世界来作为理解奇幻世界的参照。

在通常的叙述文本中，犯框发生在二度区隔与一度区隔之间，例如小说人物发现自己为虚构，或作者进入虚构世界；电影人物直接与观众对话等等都是犯框的表现。在奇幻文学中，二度区隔成为奇幻世界的"现实世界"，因而虚构的现实世界之中又隔出一个虚构的奇幻区隔世界。那么奇幻文学中的犯框则通常发生在二度区隔与三度区隔之间，要么是二度区隔世界的人物发现区隔框架，进入三度区隔世界；或是进入三度区隔世界的人物找到区隔框架回到二度区隔世界，抑或是三度区隔世界中的人物来到二度区隔世界。

虚构的现实和虚构的奇幻各自有其独立的规则，因而人物在任何区隔内都要遵从各自世界的规则，也就是不能犯框。当人物处于虚构二度区隔时，他看不到奇幻世界，也不能用奇幻世界的规则来行虚构现实世界之事。人物露西在《狮子、女巫和魔衣橱》中，一开始向姐姐、哥哥们提起纳尼亚王国时，遭到了嘲笑，这正是因为哥哥、姐姐们没有看到虚构的奇幻世界，奇幻世界不同于他们所处的世界。关于这点最典型的例子是《黎明踏浪号》中的画框。几个孩子被卷入了画有黎明踏浪号海上航行的画中："听到这句话，尤塔斯赶紧冲向船边，似乎他心里还希望可以看到那副画框悬挂在海面上，说不定还可以看到露茜的卧室呢。可是，他看到的只是一望无际的海面，翻飞的海浪、浅蓝色的天空。"[1]当他们进入虚构的奇幻世界后，虚构的奇幻世界被包裹在二度区隔之内，处于里面的人物不再能看到区隔框架。此时的三度区隔世界成了生活于其中的人物的经验世界。因此几个孩子进入画中的奇幻区隔后，他们成了奇幻区隔内的人物，既不再能看到区隔框架（画框），也不再能看到区隔框架外的世界（虚构现实世界）。如果要退出奇幻世界，只能再次找到区隔框架，也即是等待框架露迹，通过犯框才能再次回到现实世界。

在《哈利·波特》的魔法世界中，情况略有不同，"框架"主要是通过"规则"来体现。九又四分之三站台作为区隔标记，在二度区隔中又区隔出一个奇幻世界。其中的主要人物通过这个具象框架进入虚构的奇幻世界，奇幻世界中的魔法师也能通过这个框架穿梭于两个世界。这样看来小说中的犯框似乎不断发生。然而值得注意的是，《哈利·波特》通过对不同世界规则的遵守来区分两个世界，尽量守住各个世界的规则，不打破框架。在《哈利·波特》中，人物若是犯框，违反了各自世界的规则就会遭到惩罚。前面提到《哈利·波特与魔法石》一开篇，德斯里先生看到猫在读地图和识路标、猫头鹰大白天满天飞、奇装异服的人在大街上走……这些都违反了现实世界的原则，从而让全城议论纷纷，因此遭到麦格教授的诟病，骂他们"不够小心谨慎，是十足的傻瓜"，说他们"大白天跑到街上，也不穿上麻瓜们的衣服"[2]。可见三度奇幻区隔内的人物，哪怕是能够出现在二度虚构现实世界中，也要被要求按现实世界的原则行事。因此魔法世界的学生，只允许在奇幻世界中使用魔法，放假回家禁止使用魔法。即使是海格这样老资格又不太守规矩的魔法师，在哈利·波特家使用了魔法后也对哈利说："要是你对霍格沃茨的任何人都不提起这件事，我就谢谢你了。严格地讲，我不能使用魔法。"[3]如果魔法师在虚构现实世界使用魔法，就破坏了现实世界的规则，同时也

---

① C. S. 刘易斯：《纳尼亚传奇：黎明踏浪号》，文竹译，北京：中国华侨出版社，2017年，第8页。

② J. K. Rowling, *Harry Potter and the Sorcerer's Stone*, Pittsburgh: Scholastic Press, 1998, p. 10.

③ J. K. Rowling, *Harry Potter and the Sorcerer's Stone*, Pittsburgh: Scholastic Press, 1998, p. 59.

使奇幻世界露迹。因此当哈利和罗恩没有赶上火车，只能驾驶父亲研制并施了魔法的车飞去学校时，他们在虚构的现实世界中露了迹，因此受到魔法世界严厉的惩罚，差点被学校开除。

（四）奇幻化三度区隔的元语言转换

从以上的分析可以看到，奇幻文学文本中包含了两个世界："虚构的现实世界"与"虚构的奇幻世界"，而每个世界各有其规则。人物进入任何一个世界会按照相应的规则行事，而读者也会调动相应的元语言进行解释。所谓的元语言，是指符码的集合，也就是人们解释一切事物的标准[①]，面对不同的文本展示，读者应该用不同的解释方式来阐释文本。既然犯框会被惩罚，就意味着两个世界各有其规则，人物在二度虚构世界框架内可以依据现实的经验来行事，因为二度区隔与一度区隔保持相对透明；然而人物在进入奇幻三度区隔后则必须按照奇幻世界的规则来行事。当读者跟随着主角人物进入另一个逻辑世界时，读者也要根据新世界的逻辑规则来建构自己新的元语言，这样才能够在解释新世界时逻辑融贯。如果读者用解释现实世界的元语言去解释"非逻辑"的奇幻世界，就无法解释得通。正如读者在面对不同体裁的文本时要采用不一样的元语言解释机制，这是读者与文本的文化契约，区隔的目的是要隔出一个再现世界，那么在奇幻文学中，三度奇幻区隔召唤了读者解释文本的元语言转换机制。在面对三度区隔隔出的另一个奇幻世界时，读者必须要相应地转换解释符码，否则就会认为逻辑不通。

事实上框架在所有小说都是基本的，它是构成文本的根本，也是我们认知世界的根本。华莱士·马丁（Wallace Martin）在讨论框架与元小说的关系时提出："这个框子告诉我们，在解释它里面的一切时要用不同于解释外在于它的东西的方式。但是，为了建立这一区别，这个框架

---

① 赵毅衡：《展示：意义的文化范畴》，《四川戏剧》2015 年第 4 期，第 10 页。

就必须既是画面的组成部分又不是其组成部分。"①可见框架的作用是划出一个文本的边界，从而划分出框架内与框架外，而这个区分正是指示读者应该调用什么元语言来解释文本，显然框架内与框架外应该区别对待。

读者处于经验世界，在虚构世界之外，因此能够看到区隔框架，知道两个世界的存在。读者既知道哈利是现实二度区隔虚构现实中的普通小孩，也知道他是魔法学校中的魔法师；露西既是虚构现实中的普通女孩，又是纳尼亚王国的女王；但对于人物来说，他们显然在同一个时间只能出现在其中一个区隔中，不可能同时既存在于虚构的现实又存在于虚构的奇幻中，"处于一个区隔中的人物无法看到区隔外的世界，区隔内的世界是一个独立的世界"②。当他们进入奇幻世界时，现实世界被悬搁起来，人物暂时忘掉自己在虚构现实中的身份，必须按照奇幻世界的规则来行事，就像是演员一上台，或是进入拍摄时只能暂时忘记自己真实世界的身份，而专心扮演虚构世界的人物，而读者相应地也需要根据区隔框架来转换元语言规则。虽然观众依然能认出扮演人物的演员是谁，但在观看表演时，要融入文本，只能启动阅读虚构文本的元语言，暂时忘记演员的身份，只关注人物，才能融入虚构情节。那么面对奇幻文学，当三度区隔框架显现时，也正是读者需要转换解释方式的时候，这意味着读者不能再用解释虚构现实世界的元语言来解释奇幻世界，否则就会"逻辑不通"。《爱丽丝梦游仙境》正是说明元语言转换的佳例。

在《爱丽丝梦游仙境》中，爱丽丝掉入兔子洞后，落到一个大厅里，厅中的墙上有一个 15 英寸的小门，门太矮，她无法穿过。这时，她发现桌上有个小瓶子，瓶子上贴着一张字条写着"喝我"的字样。显然由于前面对各种奇幻元素的描写，读者在这里已经开始怀疑，喝掉瓶中的液体，应该会有奇怪的事情发生。爱丽丝喝下后，果然缩小得跟门洞一般大小，从而可以通过。后来爱丽丝又发现一块蛋糕，上面写着"吃我"。

---

① 华莱士·马丁：《当代叙事学》，伍晓明译，北京：中国人民大学出版社，2018 年，第 203 页。
② 王小英：《广义叙述学视域中真人秀的"间类"符号特征》，《符号与传媒》2017 年第 1 期，第 117 页。

爱丽丝吃完蛋糕后，"遗憾的是，她发现自己一点儿都没变，还是和原来一样大。吃蛋糕本来就不会有变化，可是今天爱丽丝身上发生了那么多稀奇古怪的事，她已经习惯于期待有什么异乎寻常的事情发生，正常的现象反倒让她觉得无聊又乏味了"①。可见爱丽丝进入奇幻仙境后，已经开始按照奇幻世界的规则活动。现实生活中喝了液体，吃了蛋糕都不会有变化，然而在奇幻世界中则不同，由于爱丽丝喝了瓶中液体后变小，自然期待吃了蛋糕后也会发生变化。当认知脚本转化为奇幻时，吃了蛋糕不发生变化的"正常"，反而成为奇幻世界的"不正常"。事实上，读者在阅读时，也与爱丽丝有同样的认知。爱丽丝和读者对奇幻世界规则的适应体现在第四章中，当爱丽丝发现第二个装着液体的瓶子时，"瓶上没有'把我喝掉'的标签，但爱丽丝拔开瓶塞就往嘴里倒。她想：'我每次吃或喝了什么东西，一定会发生一些有趣的事。我倒要看看这一瓶能把我怎么样。我真希望它会让我长大……'小瓶里的东西真的让爱丽丝变大了"②。爱丽丝在奇幻世界的奇遇记，正是展示了读者元语言建构的一个过程。一开始当爱丽丝和读者对这个奇幻世界不了解时，文本展示了各种细节，甚至是在瓶上贴着"喝我"，蛋糕上写上"吃我"。当主角人物和读者都习惯了奇幻世界的规则后，这时文本的表意展示（无须再给出指示标签）、人物的认知，以及读者的解释，都已经融入奇幻世界，完全调用了奇幻世界的元语言规则。

事实上，不只有《爱丽丝梦游仙境》情况如此。上文提到的《哈利·波特》《纳尼亚传奇》均如是。《纳尼亚传奇》中的几个孩子在《狮子、女巫和魔衣橱》中，第一次进入纳尼亚王国时，看到羊怪，会讲话的海狸、狮子等都难以置信，但是后来融入这个世界后，甚至忘记了自己原来的身份。直到再次看到指示符——路灯，走入衣橱，才又一次回想起自己原来所在的现实世界。自《黎明踏浪号》开始，他们（除了第一次来到纳尼亚的孩子）进入纳尼亚王国，都不再大惊小怪。《哈利·波特》

---

① 刘易斯·卡罗尔：《爱丽丝梦游仙境》，闫雪梅译，长沙：湖南文艺出版社，2013 年，第 13-14 页。

② 刘易斯·卡罗尔：《爱丽丝梦游仙境》，闫雪梅译，长沙：湖南文艺出版社，2013 年，第 33 页。

也正是如此，哈利在虚构的现实世界和魔法世界显然使用两套不同的行动规则，从而也指示读者在阅读时采用相应元语言。那么所谓的犯框，也就是指元语言规则错用，或是交叉使用了两个世界的元语言规则。

综上所述，本文以"区隔框架"为关键词来探讨奇幻文学区隔的特殊性。有别于普通的小说，奇幻文学在虚构二度区隔世界中又区隔出第三度区隔，这个虚构的奇幻世界三度偏离经验世界。三度区隔框架可以为具象，也可以隐处理，它划出一个独立的虚构奇幻世界，让这个世界具有自己的独立规则，从而读者也相应地调动新的解释方式。值得注意的是，虚构的现实世界和虚构的奇幻世界虽相互独立，互不干扰，但也有相互交集的时刻，人物穿梭于两个世界，打破了文本的边界，违反了原来世界的规则，这便是本文所说的犯框。

四、从"二次叙述"到"抽象文本"

王委艳[①]

摘要： 赵毅衡的《广义叙述学》在叙述转向背景下建构了"一般叙述"的理论框架。本文对其中"二次叙述"观点及其之前和之后叙述文本状态进行述评，发现该理论框架的弹性和辐射性。叙述的底线定义暗含了叙述文本成立的条件，尤其是在一定条件下，叙述文本可以单向成立，即接收者可以"读出"叙述。这样，二次叙述就显得非常具有建构性。二次叙述对于接收者文本的勾勒，实际上提出了叙述文本（接收者文本）存在的另一状态：抽象文本，它是叙述文本在交流中获得的一种状态。

关键词： 交流叙述；《广义叙述学》；二次叙述；抽象文本

（一）叙述文本成立的条件与单向叙述文本

叙述转向之后，面对发生在各种学科领域的叙述性蔓延局面，叙述学研究的调整是一种必然趋势。但传统对叙述的界定由于以文学为参照，虚构、过去时态等等成为叙述的成立条件。这显然对于当今叙述的发展而言是不适合的，重新界定叙述成为摆在叙述学面前的首要任务。对此，叙述学界也意识到了这一点。例如，普林斯的《叙述学词典》2003年版

[①] 王委艳，信阳师范学院文学院副教授，研究方向：当代文艺理论与批评、符号叙述学。本文原标题为"交流叙述中的文本状态：从'二次叙述'到'抽象文本'：有关赵毅衡'二次叙述'问题的再探讨"，刊载于《三峡大学学报》（人文社会科学版）2017年第2期。本文在原论文基础上略作了修改。

对 1987 年版中的叙述定义进行了修改，将具有过去味道的"重述"换成"传达"。①玛丽-劳尔·瑞安在《故事的变身》中将叙述性条件归纳为"三个语义维度、一个形式与语用维度"②。瑞安指出，"完全满足所有条件的叙事，有些是强调空间维度，另一些则强调时间维度，还有的强调心理维度"③。但瑞安的定义太过复杂，使我们有时很难判断。

对于叙述学界的混乱局面，赵毅衡提出"广义叙述学"（一般叙述学）概念，将叙述成立的条件归结为"由特定主体进行的两个叙述化过程"：①某个主体把有人物参与的事件组织进一个符号文本中；②此文本可以被接收者理解为具有时间和意义的向度。④显然，这个定义并非传统的形式维度，而是对瑞安叙述性条件的一种综合，但更强调双向建构。这里有一个非常值得注意的问题，即来自叙述主体的叙述文本建构是否必须是一种有意识的行为？对于文学叙述来说，这不应该成为问题的核心，因为，文学叙述是自觉的、能动的创造行为，文学叙述者自觉地按照文化、体裁规约进行叙述文本的建构，即使有某种主观化地对规约的有意违反，也是出自熟悉规约方式的前提，如先锋文本。但，在叙述转向之后，在一般叙述的框架下，叙述的自觉在某些叙述类型中受到颇多质疑，比如梦叙述、体育叙述等等，非自觉的叙述行为成为某些叙述类型的构筑方式，但不可否认那是一种叙述活动，并可收获叙述文本。面对这种状况，赵毅衡的叙述界定就显示出弹性。也就是说，面对叙述主体的无意识叙述，接收者完全可以将其文本解读为叙述文本，这是一种叙述文本的单向建构，也是一种有条件的单向建构，即叙述主体必须有符合叙述条件的叙述化行为。

事实上，这种叙述主体不自觉的叙述行为并非一种臆测，而是人类整理经验的基本方式，只不过我们对文本叙述的精确研究，使我们忽略

① 杰拉德·普林斯：《叙述学词典》（修订版），乔国强、李孝弟译，上海：上海译文出版社，2011年，第 136 页。

② 玛丽-劳尔·瑞安：《故事的变身》，张新军译，上海：译林出版社，2014 年，第 7-8 页。

③ 玛丽-劳尔·瑞安：《故事的变身》，张新军译，上海：译林出版社，2014 年，第 10 页。

④ 赵毅衡：《广义叙述学》，成都：四川大学出版社，2013 年，第 7 页。

了人类用叙述建构经验的方式而已。叙述作为人类组织经验（时间、因果链、意义等等）的基本方式，伴随人类社会始终，因此，叙述性表现在各种学科领域并非一个奇怪现象。利奥塔曾经把人类的知识分为科学知识和叙述性知识[①]，这种提法就是站在一种"宏大叙述"（the grand narratives）的立场来看待人类认知的，因此，利奥塔的提法并非一种叙述学研究意义上的观点，对此，瑞安指出，"利奥塔的宏大叙述仅能被叫做隐喻意义上的叙述，因为他们并不涉及个人及创造一个具体的世界"[②]。就是说，叙述学研究并非一种宽泛无边的研究，而是有作为一个学科的边界与独立性。叙述转向和发生在多种学科领域的叙述性蔓延局面，至少使我们看到，利奥塔关于"叙述性知识"观点的正确性。但在叙述学研究领域，我们还需要一种适应性自我解禁：打破叙述学研究的体裁自限，向更广领域开放。赵毅衡的叙述底线定义实际上释放了叙述的一般性特征，并从接收者立场使叙述获得了一种开放性姿态。

综上所述，以一般叙述的宏观视野为叙述设定一个基本的标尺、一个底线是建构一般叙述学——广义叙述学的基础。建立在此基础上，并按照一定的标准对叙述类型做一种全域性分类就顺理成章了。因此，分类是一种研究视角，一种立场，时间、文本存在方式、文本接受方式等等都可以作为一种分类标准。也就是说，以赵毅衡叙述底线定义为基础的广义叙述学研究开启了研究的各种可能方式，新的研究范式正在形成。叙述学继经典和后经典之后，又迎来第三次范式革命，从而预示叙述学研究新阶段的到来。

（二）有关"二次叙述"

在一定条件下，叙述文本的单向成立实际上释放了接收者的能动性。

---

① 让-弗朗索瓦·利奥塔：《后现代状况》，车槿山译，南京：南京大学出版社，2011年，第29页。

② Marie-Laure Ryan, "Toward a Definition of Narrative", in David Herman (Ed.), *The Cambridge Companion to Narrative*, Cambridge: Cambridge University Press, 2007, p. 30.

接收者对叙述文本的"二次叙述"甚至比原叙述文本更具有叙述性。如梦者对梦境的复述总是试图重建梦境的时空秩序和经验秩序；观众对体育比赛绘声绘色的描述，在还原比赛过程的同时，也把自己的价值评判加入其中，使体育叙述增加了感情色彩。"二次叙述"甚至会成为某些叙述文本的存在方式，梦，作为非常私密性的无意识叙述活动，外人很难获知，除非梦者对之进行二次叙述化。体育虽然存在于运动场上，但媒介体育的强大传播功能成为其存在的非常重要的理由，如中国足球联赛，其生存很大程度上靠电视直播或转播，这是媒体的"二次叙述"。再如网络游戏叙述，没有玩家的"二次叙述"，游戏叙述文本只不过是按照一定方式排列的数字化符号而已，玩家使游戏叙述文本具形化。医疗叙述中，没有医疗师的"二次叙述"，光靠患者的叙述，很难建构一个健康的叙述文本。对于艺术叙述而言，"艺术再现涉及社会性符码，它们将阅读构造为一种兼有文化性与接受性的辨识行为"①。因此，二次叙述在广义叙述学视野中具有非常重要的意义。

赵毅衡认为，"只有叙述化，只有叙述文本，而没有接收者的二次叙述化，文本就没有完成叙述传达过程，任何文本必须经过二次叙述化，才能最后成为叙述文本。这个过程并不只是理解叙述文本，也并不只是回顾情节，而是追溯出情节的意义"②。这个表述实际上指出的是叙述文本最后成立的条件，这里包含这样一个链条：创造主体—叙述化—叙述文本—接收者—二次叙述化—叙述作品。笔者之所以区分出"叙述文本"和"叙述作品"，并分别置于"接收者"和"二次叙述化"前后，是想表明接收者的二次叙述化过程的重要性。赵毅衡对此并没有严格区分，因为他的重点不在这里，即不在叙述文本接受前后的比较上，而着重考察二次叙述过程。

赵毅衡对二次叙述的分类建立在"叙述文本-接收者"交流关系之上。然而，叙述文本与接收者之间也是相互制约的：文本叙述性是二次叙述

---

① 安德烈·埃尔博：《阅读表演艺术：提炼在场主题》，吴雷译，《符号与传媒》2013年第2期，第166页。

② 赵毅衡：《广义叙述学》，成都：四川大学出版社，2013年，第103页。

得以实现的前提，而接收者以文本叙述性为基础。如此，接收者才能在对文本的二次叙述中"找到并且衡量意义的'真值'"，而真值"只能把文本中的叙述因素（时间、人物、情景、变化等）加以'落实'，把文本的意义潜力给予实现"①。因此，二次叙述是动态性的，它是在接受过程中通过文本因素逐步建立的，然后再以此为基础建构整体意义上的二次叙述文本。正如洛特曼所言，"文本和它的读者处于互动的关系中：文本尽力使读者与自身一致，迫使读者使用它的符号系统；读者也以同样的方式回应"②。赵毅衡将二次叙述分为四个等次：对应式、还原式、妥协式和创造式。这四个等次按照从简单到复杂的解读顺序，同时也对应叙述文本叙述性的可理解程度。但无论对文本一方还是接收者一方，都不是固定的，因为叙述经验在发展的过程中既培养作者也培养接收者，二者的叙述能力都在发展。

对于"还原"式二次叙述，"还原"如何还原？还原什么？到什么程度？都存在问题。因为还原对象没有固定不变的标准，对此许多学者做出努力，卡勒的"归化"（naturalization）、弗卢德尼克的"自然化"源自同一词根 nature，其根本意思是读者将叙述文本归化到一种自然状态。但这种状态却很难把握，赵毅衡指出，"没有一个自然而然的文本形态，二次叙述无法把文本还原，或是'归化'到一个事件的原始状态。二次叙述能做的，只是把叙述理顺到'可理解'的状态，而'可理解'的标准，则是人们整理日常经验的诸种（不一定非常自觉的）认知规则"③。赵毅衡认为，"还原"式二次叙述在三个环链上构筑叙述文本的叙述性：时间上、因果链上和道义上。

妥协式二次叙述针对情节较为混乱的叙述文本。如单幅图片的叙述性就需要把其看成"过度剪辑"，即剪除的前后叙述连接需要妥协式的二次重建。这里的问题是，叙述文本必须包含一种可理解的叙述化冲动，

---

① 赵毅衡：《广义叙述学》，成都：四川大学出版社，2013年，第107页。

② 尤里·M.洛特曼：《文本运动过程：从作者到读者，从作者到文本》，彭佳译，《符号与传媒》2011年第2期，第194页。

③ 赵毅衡：《广义叙述学》，成都：四川大学出版社，2013年，第109页。

包含叙述化方向。就是说，为妥协式二次叙述找到努力的方向。这很重要，尤其对于广告叙述来说，这种方向指向往往是广告所追求的效果。正是这种方向性往往造成二次叙述的伦理矛盾，比如以罪犯为视角的电影，长时间的视角偏向造成的结果可能是对罪犯的同情甚至喜爱，接收者的二次叙述就需要妥协。但此类叙述往往很难把握，如针对叙述的不可靠性，就要求接收者具有一定的辨别能力，"只有解读者知道如何'纠正'，让理解向隐含作者靠拢"①，才能对叙述进行正确解读。

对于叙述的因果-逻辑更加混乱的叙述文本，对于混乱到接收者可能放弃理解的叙述文本，必须采取创造式二次叙述，"'创造式'二次叙述，是最严峻的考验，把二次叙述者的忍耐力与道德能力推到极端，如果接收者，甚至整个解释社群承受不起，就会放弃，叙述交流就此中断"②。创造式二次叙述使接收者的能动性发挥到了极致状态。同时，叙述经验的培养也会在这种情况下提速。因此，妥协式和创造式二次叙述对于文化的发展极具意义，文本的开放性催生了解读的多元，多向阅读为文本的丰富性提供了滋生土壤。"意义的不确定性，是叙述文本在人类文化中存在的本质方式"③，这就意味着，妥协式和创造式二次叙述是叙述交流中的常态，是文化增殖的主要方式。

虽然赵毅衡对"二次叙述"进行了详细的论述，但依然还有一些细节问题需要探讨。笔者认为，二次叙述的四个等次并非一种法律化的静态规则，而是针对不同的接收者有不同的状况。就是说，针对接收者的解读能力，其二次叙述的状况会有不同。对于解读能力弱的接收者，非常简单的叙述混乱也可能造成较大的理解困难，而对于解读能力强的接收者情况会相反。因此，二次叙述的四个等次具有个体针对性。同时，对于叙述文本而言，也许文本的叙述性程度（或者可理解程度）在整个文本中的分布情况并不相同，二次叙述的组合性表现在对接受对象的局

---

① 赵毅衡：《广义叙述学》，成都：四川大学出版社，2013年，第112页。

② Marie-Laure Ryan, "Toward a Definition of Narrative", in David Herman (Ed.), *The Cambridge Companion to Narrative*, Cambridge: Cambridge University Press, 2007, p. 113.

③ 赵毅衡：《广义叙述学》，成都：四川大学出版社，2013年，第117页。

部调整，其在整个文本中的叙述方式并不相同。在叙述文本的叙述过程中，其（不）可理解程度并非均质，在局部的理解中，接收者会采取不同等次的二次叙述。在当今多媒介叙述中，二次叙述更像是一种媒介秩序调整，它是由符号到意义再到经验的过渡。也就是说，二次叙述也许并非叙述交流的终端，那么终端是什么呢？

（三）"二次叙述"之后与抽象文本

如果说二次叙述只不过是一种过渡，不是交流叙述的最后状态，那么之后是什么呢？这是一个值得探讨的问题。要想知道叙述文本的最后存在形态，还得从接受终端寻找线索。赵毅衡在《广义叙述学》中对叙述文本的构筑方式论述了一个重要思想，即底本与述本的区分。这似乎存在于作者创作阶段的文本层次划分。笔者认为，底本和述本的层次划分是任何叙述过程都会出现的文本构筑现象。如果承认接收者的二次叙述也是一种叙述文本（接收者文本）的构筑方式，那么，底本与述本思想对二次叙述的文本构筑同样有效。

赵毅衡为了避开学界在文本层次上的术语混乱，提出底本与述本这对概念。所谓述本，即叙述文本；底本，即"述本形成之前的叙述形态"[1]。但这种简单表述似乎与接下来的论述存在矛盾。赵毅衡认为，底本有两个特点：其一，它是供选择的材料集合，其二，它是未被媒介再现的非文本。"底本与述本没有先后的差别"，"底本与述本互相以对方存在为前提，不存在底本'先存'或'主导'的问题。我们必须从述本中窥见底本，原因不是底本先出述本后出，而是因为底本是非文本"[2]。因此，底本与述本之间有一个选择过程，这一选择过程包括材料选择和再现方式选择，底本 1 是材料集合，底本 2 是再现方式集合，经过上述两种选择才能获得述本。这种"三层次论"实际上清晰勾勒了

---

① 赵毅衡：《广义叙述学》，成都：四川大学出版社，2013 年，第 121 页。

② 赵毅衡：《广义叙述学》，成都：四川大学出版社，2013 年，第 130-131 页。

述本的形成过程。对于二次叙述而言，也会存在这一过程，因为，对于接收者而言，接受过程也是一个选择过程，对于有具形的叙述文本的二次叙述，叙述文本自身构成了二次叙述的底本 1，即材料集合中的一部分，材料中的其他部分则包括如下等很多因素：叙述文本的伴随文本，接收者对文本作者、文本的评论，文本语境与接受语境，等等。所有这些底本 1 材料都会参与接收者文本的构建，然后是底本 2，即读者对上述材料选择后的组合方式，最后才能获得述本——接收者文本。值得关注的是，在一般叙述研究框架下，有些叙述类型要靠二次叙述来获得存在，如体育叙述，多数情况下，体育叙述表现为媒介体育，即媒介对体育的二次叙述，媒介观众所面对的是媒介体育的二次叙述文本，在这种文本中，体育竞技本身只不过是其底本 1 中材料的一种。靠二次叙述存在的文本还有，如网络游戏叙述，要靠玩家的二次叙述化获得存在，而在这之前，只不过是一堆数字堆积的材料。体育和网络游戏属于已经具形的二次叙述文本。一般情况下，接收者文本处于一种潜隐状态，多数会不具形，是一种理论状态下的抽象。

托多罗夫曾提出"构建性阅读"概念，并指出两种不同的叙述：作者叙述和读者叙述，二者构建的是不同的世界。造成这种不同的原因是文本的两种语式："意指和象征化"，读者叙述就是读者在阅读过程中通过文本所提供的材料挖掘意指与象征化的具体内涵。因此，按照托多罗夫的观点，作者叙述与读者叙述是不能等同的，因为二者是不同个体，作者通过语言所展现的世界不会在读者那里简单还原，读者所构建的世界经过了读者的"叙述化过滤"，相对于作者构建文本世界的材料，它已经发生了改变，这就决定了作者文本与读者文本的不对等性。[①]

露易丝·M. 罗森布拉特（Louise M. Rosenblatt）提出文学的"交易理论"，她指出作者和读者在这个交易过程中所处的位置的不同，"作者和读者都会在与文本循环往复的交易中抽取个人的语言/经验库存。作者和读者一起发展了一种框架、原则或意图，然而，这些或模糊或清晰

---

① 茨维坦·托多罗夫：《散文诗学：叙事研究论文选》，侯应花译，天津：百花文艺出版社，2011年，第 230 页。

地引导一种选择性注意，导向一种综合的、有组织的意义构成过程。然而，这些相似性产生自极其不同的语境与环境。我们不要忘了作家面对的是空白的纸页，而读者面对的是已经写就的文本。他们的创作和阅读活动是互补的也是不同的"①。这种不同在于二者所面对的底本 1 和底本 2 的不同，其最后的述本也是不一样的。

因此，笔者建议引入"抽象文本"概念来说明叙述文本的最后状态，它是接收者与接受对象交流的结果，是一种个性化的、动态的、历史性的文本形态。所谓"抽象文本"，是在交流叙述中，以作者文本为基础，经过接收者的二次叙述化过程和二度文本化过程，最后呈现的处于作者与接收者之间、接收者与文本之间，具有协商性质的文本形态。它来源于作者文本，但不等同于作者文本，它被二度叙述化，但不完全是接收者文本，它不具形，但它确实存在于交流叙述末端，是一种抽象状态。"抽象文本"的动态性特征表现在两个方面，其一，它是在交流叙述的过程中逐步建构的，即建构过程具有动态性；其二，它在不同的接收者那里会有不同的形态，它会随着接收者、历史时空、语境等的变化而改变形态。"抽象文本"促使我们考虑文本与接受的历史性。"抽象文本"的动态变化构成叙述文本的历史化的交流链条。交流叙述的历史性会以此为基础构建成型。

抽象文本可具形为某一文本，但一旦具形，就转化为文本接受历史中的一个瞬间。叙述文本在交流中的这种"抽象文本物化"现象非常普遍。电影、电视剧对小说的改编就是一种典型的物化现象。每个导演心中都有一个文本，当他们把其心中的文本落实到电影或电视剧上，我们发现，改编自同一部小说的两部电影或电视剧是那样地不同。如 1987 年版电视剧《红楼梦》与 2010 年版电视剧《红楼梦》是那样的不同，包括造型、故事的呈现方式等，面对经典，阐释社群会有一个基本的规约，它保证"抽象文本"的基本形态，当这种基本形态被破坏，接收者面临两种选择，一是改变自己的思维定式以适应新的变化，二是维持自己的

---

① Louise M. Rosenblatt, "The Transaction Theory: Against Dualisms", *College English*, Vol. 55, No. 4, 1993, p. 384.

思维定式来抵抗违反基本规约的行为。

叙述文本携带自然意义，但这不是最终文本，在交流叙述中，文本会得到扩充，这是非自然意义，并构成"抽象文本"，这是文本双向建构的产物。"意义通过听说互动或读写互动建构起来。交际事件中的意义通过听说或读写的同时执行而实现。"①因此，无论真实交流还是虚拟交流，意义生成都是一种互动结果，它不简单地取决于一方，而是存在于交流参与各方的交互关系之中。意义宿主只可能是一种难以具形的妥协性的抽象文本。抽象文本存在于交流之中，具有变动特性，即不同接收者面对同一叙述文本，其抽象文本是不一样的；具有历史性，不同时代面对同一叙述文本，在交流过程中抽象文本不同。抽象文本受到交流环境影响。抽象文本是交流叙述中普遍存在的现象，它在包含一种普遍的阐释法则基础上又变异不定，它保存经验又在运动中完成经验的更新，它是叙述文本在交流中的基本存在状态。

（四）结　　论

综上所述，赵毅衡"二次叙述"理论促使我们对交流叙述中的"文本-接收者"的交流进行更加深入的思考。接收者的接受过程是一种二次叙述化过程，作为这个过程的结果，在接收者那里会对叙述文本形成一种整体的图式，这就是"二度文本化"，这种二度文本首先是以抽象状态存在的，这是多数接收者的接受情形，只有部分接收者把这种抽象文本具体化，这就表现为来自原始叙述文本的各种改编本，但，这些改编本一旦进入流通领域，就会成为另一个叙述文本，并被其接收者所抽象，改编本的存在恰恰证明抽象文本的存在。因此，从交流叙述学角度看，对于"文本-接收者"的交流来讲，抽象文本是叙述文本的最后状态。

赵毅衡《广义叙述学》构建了叙述转向背景下"一般叙述"的研究

① Bruno G. Bara, *Cognitive Pragmatics: The Mental Processes of Communication*, trans. John Douthwaite, Cambridge: The MIT Press, 2010, p. 60.

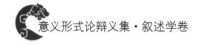

框架，上述对其中"二次叙述"之前与之后的文本形态进行探讨，可以看出，以"二次叙述"为基点，该研究框架所具有的弹性和理论启迪性。也就是说，在赵毅衡的"一般叙述"研究框架中，从任何地方都可以找到一种理论出发点，其理论观点很多都可以作为一种辐射周边的光源。因此，《广义叙述学》是一个富于启发性的理论框架，它是一个非常重要的起点，它预示着一般叙述研究充裕的空间和广阔的发展前景。

第四编

符号叙述的展开：类型、主体、情节

导　言

　　赵毅衡从媒介维度将叙述体裁全域分为三类：演示类叙述、记录类叙述、以梦为代表的心像叙述。其中，演示类叙述具有如下特征：空间性、即兴、观者可参与干预、媒介的非特有性。相比记录类叙述，演示类叙述媒介手段现成、时间指向此刻、文本不必保存。根据叙述的意向性，演示类叙述可进一步区分为表演型、竞赛型和游戏型，这三种类型和言语行为理论下的三种言语行为相对应，"演"与"言"具有一定的可比性。

　　唐小林发展了演示叙述的媒介非特有性这一观点。按照是否有媒介化和是否为特有的媒介这两个标准，从符号媒介的角度区分出非媒介化世界、非特有媒介化世界和特有媒介化世界，讨论了叙述中演述和讲述这两大基本形态的产生缘由，并论述演述是比讲述更为基本的叙述形态。

　　广义叙述学重在发现和分析叙述的普遍特征和规律。由于各种叙述类型呈现不同形态和边界形式，广义叙述学需要在诸多叙述文本类型中抽象出一个普遍的文本概念。对此，赵毅衡将狭义文本和伴随文本组合的、可以被解读出一个合一的意义-价值的文本称为"全文本"。全文本的合一的意义-价值体现为隐含作者这一拟主体，合一的拟人格主体并非文本固有品格，而更多是指接收者将符号表意解读成一个整体，赵毅衡进一步认为，"隐含作者"作为一个文本身份，应当是个普遍概念。只要有意义表达，就必然有文本身份，因此符号文本普遍存在隐含作者。

　　任伟认为"全文本"和"普遍隐含作者"概念拓展了隐含作者的适用性，分析了典籍英译研究中的"隐含作者"对英译作者之争的阐释效用，并区分了译著和原著隐含作者差。

　　情节概念向来在叙述学界是一个争议纷纭的复杂概念，赵毅衡通过回应争议来厘清和发展情节概念。他认为情节是由事件组成，并被叙述者选中统合到叙述文本中的序列性组合，即形成故事，由此情节联结了事件和故事。事件、情节和呈现故事的叙述文本三者在叙述底本和述本中的位置是：事件作为材料的结合处于底本 1，选取事件及叙述方式这一情节化处于底本 2，由此故事形成，最后通过媒介再现形成述本。此外，关于情节的类型，赵毅衡早期在论述小说叙述时，初步区分出了四种小说叙述情节类型，在情节的时间序、空间序和因果序三者之间的关系问题上，认为空间序依附于时间序，而时间序和因果序，在小说情节中是不可区分的。

在赵毅衡的符号叙述学和小说叙述学情节观基础上，谭光辉进一步进行情节分类，结合哲学上有关时间、逻辑的理论，从时序和因果序两个维度的区分和结合方面提出了 21 种小说情节类型。

一、演述与讲述

唐小林[①]

摘要： 符号叙述学，是运用符号学理论研究一切符号叙述的学科。符号媒介将世界三分为非媒介化世界、非特有媒介化世界与特有媒介化世界，由此得出符号叙述的两种基本类型，演述和讲述，其中，演述为讲述奠基。创构系统的演述理论，将敞开符号叙述学新的领域。

关键词： 符号叙述学；符号媒介；演述；讲述

（一）叙述与符号叙述

"符号叙述"这一概念，源自"符号叙述学"。符号叙述学，"即研究一切包含叙述的符号文本的叙述学"[②]。以往的叙述学，不是符号叙述学，只是符号叙述学的一部分。叙述学的门类已经发展得相当丰富。从媒介看，有文字文本叙述学、语言文本叙述学、图象文本叙述学、声音文本叙述学、实物文本叙述学、网络文本叙述学、跨媒介文本叙述学等。[③]从体裁和学科看，有小说叙述学、电影叙述学、新闻叙述学、音

---

① 唐小林，四川大学文学与新闻学院教授、四川大学符号学与传媒学研究所副所长，中国当代文学研究会常务理事，全国文化与传播符号学会常务副会长，主要从事中国现当代文学、符号学的研究。本文原标题为"演述与讲述：符号叙述的两种基本类型"，刊载于《社会科学辑刊》2016年第3期。本文在原论文基础上略作了修改。

② 赵毅衡：《广义叙述学》，成都：四川大学出版社，2013年，第4页。

③ "图象文本叙述学"参见胡易容：《图像符号学：传媒景观世界的图式把握》第三章第三节"跨媒介与图像叙述"，成都：四川大学出版社，2014年，第105-119页；刘方：《佛教早期艺术的图像叙事模式与特征》，载唐伟胜主编《叙事理论与批评的纵深之路：第四届叙事学国际会议暨第六届全国叙事学研讨会论文集》，上海：上海外语教育出版社，2015年，第304-317页。"实物文本叙述学"参见傅修延：《中国叙事学》之《视听篇》《器物篇》，北京：北京大学出版社，2015年。"跨媒介文本叙述学"参见 Marie-Laure Ryan, et al., *Narrative Across Media: The Languages and Storytelling*, Norman: University of Nebraska Press, 2004.

乐叙述学、戏剧叙述学、法律叙述学、文学史叙述学、游戏叙述学、广告叙述学、建筑叙述学、体育与旅游叙述学等。[①]从意识形态看，有女性主义叙述学、马克思主义叙述学、后殖民叙述学等。[②]从理论形态看，有经典叙述学、后经典叙述学、后现代叙述学、认知叙述学、交流叙述学、视觉叙述学、空间叙述学、声音叙述学、可能世界叙述学，甚至还有味觉地理叙述学[③]等等，可谓不一而足，蔚为大观。但仔细检查会发现，这

---

① "新闻叙述学"参见曾庆香：《新闻叙事学》，北京：中国广播电视出版社，2005年；何纯：《新闻叙事学》，长沙：岳麓书社，2006年；方毅华：《新闻叙事导论》，北京：中国广播电视出版社，2014年；王强：《新闻叙述学导论》，四川大学博士后研究工作报告，2015年。"音乐叙述学"参见埃罗·塔拉斯蒂：《音乐符号》，陆正兰译，南京：译林出版社，2015年；陆正兰：《当代歌词的叙述转向与新伦理建构》，《社会科学战线》2012年第10期，第152-156页。"法律叙述学"参见刘燕：《法庭上的修辞：案件事实叙事研究》，北京：光明日报出版社，2013年。"文学史叙述学"参见乔国强：《文学史叙事的述体、时空及其伦理关系：以王瑶的〈中国新文学史稿〉为例》，《思想战线》2009年第5期，第74-80页。"游戏叙述学"参见宗争：《游戏学：符号叙述学研究》，成都：四川大学出版社，2014年；关萍萍：《互动媒介论：电子游戏多重互动与叙事模式》，杭州：浙江大学出版社，2012年。"广告叙述学"参见饶广祥：《广告符号学》，成都：四川大学出版社，2014年。"建筑叙述学"参见张世君：《礼经建筑空间的无叙事技巧及其影响》，《江西社会科学》2010年第5期。"体育与旅游叙述学"参见 Brett Smith, Mike Weed, "The Potential of Narrative Research in Sport and Tourism", *Journal of Sport and Tourism,* Vol. 12, No.3-4, 2007, pp. 249-269；魏伟：《叙述公正与叙述惊喜：竞赛型演示叙述研究》，《符号与传媒》2015年第1期，第91-103页。

② 王传顺：《多元文化语境下的后殖民叙事策略》，载唐伟胜主编《叙事理论与批评的纵深之路：第四届叙事学国际会议暨第六届全国叙事学研讨会论文集》，上海：上海外语教育出版社，2015年，第118-125页。

③ "后现代叙述学"参见 Andrew Gibson, *Towards a Postmodern Theory of Narrative,* Edinburgh: Edinburgh University Press, 1996; Mark Currie, *Postmodern Narrative Theory*, London: Macmillan Press Limited, 1999. "交流叙述学"参见 Walter R. Fisher, *Human Communication as Narration: Towards a Philosophy of Reason, Value, and Action,* Columbia: Unversity of South Carolina Press, 1987; Didier Coste, *Narrative as Communication,* Columbia: University of Minnesota Press, 1989；王委艳：《交流叙述学的基本理论问题研究》，四川大学博士后研究工作报告，2015年。"视觉叙述学"参见米克·巴尔：《叙述学：叙事理论导论》，3版，谭君强译，北京：北京师范大学出版社，2015年，第156-166页。"空间叙述学"参见龙迪勇：《空间叙事研究》，北京：生活·读书·新知三联书店，2014年。"声音叙述学"参见傅修延：《听觉叙事初探》，《江西社会科学》2013年第2期，第220-231页。"可能世界叙述学"参见张新军：《可能世界叙事学》，苏州：苏州大学出版社，2011年。"味觉地理叙述学"参见凌逾：《开拓味觉地理叙事学》，载唐伟胜主编《叙事理论与批评的纵深之路：第四届叙事学国际会议暨第六届全国叙事学研讨会论文集》，上海：上海外语教育出版社，2015年，第140-158页。

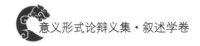

些叙述学大都建立在"特有媒介符号"叙述的基础上，并非涵盖所有叙述。一个集中的表现是，这些叙述学往往坚持叙述的"过去性"。比如当今叙述学的领军人物费伦，就力主"叙述的默认时态是过去时"[1]，阿波特也强调"事件的先存感"是"叙述的限定性条件"[2]。尽管也有叙述学家声称，"没有理由将叙述学分析仅仅限于语言文本（linguistic texts）中"[3]，但事实上，就是这位叙述学家，也依然在特有媒介符号文本的范围内，展开叙述研究。本文认为，只有将"非特有媒介符号"叙述也纳入考察范围，才是符号叙述学。也就是说，"特有媒介符号"叙述学与"非特有媒介符号"叙述学合起来才构成叙述学全域，叙述学也才成为一个完整的学科。符号是用来表达意义的，没有意义不用符号表达。人是意义的动物，叙述是人类的一种意义行为，凡是叙述就必然用符号。因此，也只有符号叙述学能够研究全部叙述。当然，符号叙述学的另外一个含义是，将符号学诸原理，应用到叙述学的研究之中，建构"叙述的符号学"。

为何"特有媒介符号"叙述学只是半截子叙述学？是因为人类的叙述活动远远超出"特有媒介符号"叙述。阿瑟·阿萨·伯格（Arthur Asa Berger）说："我们的一生都被叙事所包围着，尽管我们很少想到这一点。我们听到、读到或看到（或兼而有之）各种传闻和故事，我们就在这些传闻和故事的海洋之中漂游，从生到死，日日如是。"[4]萨特也说，"人永远是讲故事者；人的生活包围在他自己的故事和别人的故事中，他通过故事看待周围发生的一切，他自己过日子像是在讲故事"[5]。人的一生就是一个精彩的叙述文本，"我们永远被包围在叙事之中"[6]。所以巴

① 詹姆斯·费伦：《文学叙事研究的修辞美学及其它论题》，尚必武译，《江西社会科学》2007年第7期，第25-31页。

② H. 波特·阿波特：《叙事的所有未来之未来》，载詹姆斯·费伦、彼得·J. 拉比诺维茨编《当代叙事理论指南》，申丹，等译，北京：北京大学出版社，2007年，第623页。

③ 米克·巴尔：《叙述学：叙事理论导论》，3版，谭君强译，北京：北京师范大学出版社，2015年，第156页。

④ 阿瑟·阿萨·伯格：《通俗文化、媒介和日常生活中的叙事》，2版，姚媛译，南京：南京大学出版社，2006年，第2页。

⑤ Jean-Paul Sartre, *Nausea*, New York: Penguin Modern Classics, 2000, p. 12.

⑥ Peter Brooks, *Reading for the Plot: Design and Intention in Narrative*, New York: Knopf, 1984, p. 3.

尔特认为叙述遍存于一切时代、一切地方、一切社会。[①]人与人、人与社会、人与自然、人与自己，甚至人与符号打交道的过程，很大程度上就是叙述的过程。"没有叙述就没有自我"[②]，哪里有人类，哪里就有叙述，人类史就是叙述史，就是一部卷帙浩繁的叙述长卷。在这个意义上说，"叙述，是人类组织个人生存经验和社会文化经验的普遍方式"[③]。正因为"叙述是一种人类共同机制"，是有关"人类学"的问题[④]，关于叙述的研究，就不是"特有符号媒介"叙述学所能完全承担的。手之足之，舞之蹈之，哪怕不在舞台上，即便在生活空间，可能就是一种叙述行为。一场足球赛、相声表演、双簧戏、真人秀、开工典礼，有谁说这不是叙述？

既然人类叙述已超出特有媒介符号范围，叙述学就不能缺失这一部分，否则人类意义行为中一个巨大的区域，甚至是最基础的部分，就会蔽而不彰。这不仅是叙述学的失职，也会带来人类自身认识的局限。

这样就清楚了，原有的"叙述"，指特有媒介符号叙述。"符号叙述"则是将所有的人类叙述涵括进来，是特有媒介符号叙述和非特有媒介符号叙述的集合。

（二）媒介与符号媒介

看来必须界定"特有媒介符号"和"非特有媒介符号"了，不然下面的讨论无法进行。

先说"媒介符号"。"媒介符号"与"符号媒介"有关。笔者在另

① 罗兰·巴尔特：《叙述结构分析导言》，谢立新译，载赵毅衡编《符号学文学论文集》，天津：百花文艺出版社，2004年，第404页。

② David R. Olson, *Jerome Bruner: The Cognitive Revolution in Education Theory,* London: Continuum, 2007. 转引自赵毅衡：《广义叙述学》，成都：四川大学出版社，2013年，第13页。

③ 赵毅衡：《广义叙述学》，成都：四川大学出版社，2013年，第1页。

④ 刘俐俐：《文学研究如何面对广义叙述学出现的机遇和挑战》，《符号与传媒》2015年第2期，第1-16页。

一处，提出"符号媒介"的说法。[①]所谓符号媒介，指的是符号的"可感知部分"。它相当于索绪尔符号的"能指"、皮尔斯符号的"再现体"、胡塞尔"意义表达式"的"物理现象"[②]、叶尔姆斯列夫符号的"表现层"、赵毅衡先生符号的"感知"。在这个意义上，"符号即媒介"，因为人们常常把符号的这部分称为"小符号"。比如，伽达默尔就把语言符号作为"媒介"。他说："语言就是理解本身得以进行的普遍媒介"，"传承物的本质就在于通过语言的媒介而存在"。[③]因此在这个意义上，把符号是"被认为携带意义的感知"，说成"符号是被认为携带意义的媒介"并非不可。[④]但"符号媒介"又的确不是"符号的感知"或"符号的载体"。对此，赵毅衡先生切中要害："媒介与符号载体的区别，在于符号载体属于个别符号，而媒介是一种类别。"[⑤]但他随后举的例子，还可进一步分析："例如一封信的符号载体是信纸上的字句；而媒介是书信，是一个文化类别。"[⑥]既然符号载体是"字句"，它的类别就应该属于"文字"，而"书信"，笔者宁愿认为是一种"体裁"。

另外，"符号媒介"与"符号"的区别更加明显。符号是一个关系性范畴：能指与所指之间、再现体与对象之间、意义与物理现象之间、表现层与表达层之间、意义与感知之间是一种关系性存在，达成一种"意指"实践。也就是说，它们之间的关系才构成符号，符号是它们的两面一体。如果从"结构主义"的角度，也可以说，它们是一种"结构性"存在，其中的任何一方，都以对方的存在为前提。作为语言符号，"树"是"概念"和"音响形象"的联结，因为"语言符号是一种两面的心理

---

① 唐小林：《符号媒介论》，《符号与传媒》2015年第2期，第139-154页。
② 参见埃德蒙德·胡塞尔：《逻辑研究》第二卷第一部分，倪梁康译，北京：商务印书馆，2017年，第345页。同时请参见维克多·维拉德-梅欧：《胡塞尔》，杨富斌译，北京：中华书局，2002年，第36页。
③ 汉斯-格奥尔格·伽达默尔：《诠释学Ⅰ·真理与方法：哲学诠释学的基本特征》（修订译本），洪汉鼎译，北京：商务印书馆，2010年，第547页。
④ 唐小林：《符号媒介论》，《符号与传媒》2015年第2期，第139-154页。
⑤ 胡易容、赵毅衡：《符号学-传媒学词典》，南京：南京大学出版社，2012年，第142-143页。
⑥ 胡易容、赵毅衡：《符号学-传媒学词典》，南京：南京大学出版社，2012年，第143页。

实体"①。但符号的感知部分作为"媒介",则是可以相对独立的。我们许多时候,面对符号文本,并不清楚意义者为何,依然不影响这个符号文本作为媒介存在。尤其是那些被人类专门作为符号生产出来的"纯符号"更是如此。音乐听不懂,意义不在,但声音文本依然存在。即便不是"纯符号",这类情况同样存在:看到人家在密谈,知道这个文本有意义,但就算不知道意义在哪里,也并不影响密谈本身继续下去。胡塞尔甚至认为,指号等意义上的符号"不表达任何东西","每个符号都是某种东西的符号,然而并非每个符号都具有一个'含义'(Bedeutung)、一个借助于符号而'表达'出来的'意义'(Sinn)。在许多情况下甚至不能说,这个符号所'标示'的东西,就是它为此而被称作一个符号的东西"②。它们有时仅以"媒介"的方式存在。

我们与世界打交道,看似在与符号打交道,实际是与符号的媒介部分打交道,不然就不会出现我们身在意义当中不知意义的情况,也不会存在世界的万事万物我们都可以"作为"符号、"解释"为符号。因为,只有当其作为"媒介"触动我们的感知的时候,才会引起或引向我们的"解释"。一旦引发我们的"解释",此一"媒介"又作为意义的载体,以"符号"的面目出现。这也是构成意义媒介化的一种方式。这即是说,在"符号"与"意义"之间有一个中介,这个中介即"符号媒介",也可以称为"意义媒介"。极而言之,世界以媒介的方式面对人类。

也许正是在这个意义上,卡西尔的说法就很有道理:"人不再生活在一个单纯的物理宇宙之中,而是生活在一个符号宇宙之中","人不再能直接地面对实在,他不可能仿佛是面对面地直观实在了"③。人的符号能力进展多少,实在世界就退却多少。"在某种意义上说,人是在不断地与自身打交道而不是在应付事物本身。他是如此地使自己被包围在

---

① 费尔迪南·德·索绪尔:《普通语言学教程》,高名凯译,北京:商务印书馆,1980 年,第101 页。

② 埃德蒙德·胡塞尔:《逻辑研究》第二卷第一部分,倪梁康译,北京:商务印书馆,2017 年,第369 页。

③ 恩斯特·卡西尔:《人论》,甘阳译,上海:上海译文出版社,2013 年,第44 页。

语言的形式、艺术的想象、神话的符号以及宗教的仪式之中，以致除非凭借这些人为媒介物的中介，他就不可能看见或认识任何东西。"①本维尼斯特认为，这"揭示了人类状况的一个基本的，也许是最基本的事实，即在人与世界之间或在一个人与另一个人之间不存在自然的、无中介的和直接的关系。中介者是必不可少的"②。卡西尔所说的"这些人为媒介物的中介"、本维尼斯特所说的"必不可少的""中介者"，其实指的都是符号媒介，而且指的是特有符号媒介。

显然，符号媒介不同于传播媒介。准确地说，不同于传播学的"媒介"。迄今为止，传播学的"媒介"概念，往往与"媒体"纠缠，歧义迭出，极为含混。在马歇尔·麦克卢汉（Marshall Mcluhan）那里，媒介即讯息③，世间万物皆媒介。在约翰·费斯克（John Fiske）那里，媒介被分为展示性媒介（the presentational media）、再现性媒介（the representational media）和机械性媒介（the mechanical media）三类，他认为"从本质上说，媒介是将讯息转化成可以通过渠道传递的信号的技术或物理手段"④。在克劳斯·布鲁恩·延森（Klaus Bruhn Jensen）那里，"媒介是信息载体""媒介是传播渠道""媒介还是行为的方式"⑤，媒介涉及传播的"物质条件""话语、体裁与形式"，介于传播的"行动与结构之间"，与"制度"层面相关联。在赵毅衡先生那里，严格区分"媒介"与"媒体"："媒介是符号传送的技术性构造；媒介可以社会体制化为媒体。"⑥当然，符号媒介与传播媒介并非绝然两途，恰恰是它们之间的内在勾连，才奠定了符号学与传播学打通的学理基础。关于这个问题，笔者将在别的地方再加以论说。

---

① 恩斯特·卡西尔：《人论》，甘阳译，上海：上海译文出版社，2013年，第44-45页。

② 保罗·利科：《哲学主要趋向》，李幼蒸、徐奕春译，北京：商务印书馆，1988年，第354页。

③ 马歇尔·麦克卢汉：《理解媒介：论人的延伸》（增订评注本），何道宽译，南京：译林出版社，2011年，第16页。

④ 约翰·费斯克：《传播研究导论：过程与符号》，2版，许静译，北京：北京大学出版社，2008年，第15页。

⑤ 克劳斯·布鲁恩·延森：《媒介融合：网络传播、大众传播和人际传播的三重维度》，刘君译，上海：复旦大学出版社，2014年，第43页。

⑥ 赵毅衡：《符号学原理与推演》，南京：南京大学出版社，2011年，第125页。

（三）媒介符号与叙述类型

倘若"符号媒介"的说法成立，那么就可以从符号媒介出发划分符号种类。比如我们就有了语言媒介符号、文字媒介符号、声音媒介符号、图像媒介符号、身体媒介符号、实物媒介符号等等。笔者在另一篇小文里提出："叙述类型即媒介类型"，也即是说，符号媒介的类型，划分出叙述的类型。[①]运用不同的媒介符号叙述，就可能属于不同的叙述类型。最关键的是：怎样对符号媒介进行分类。

前述费斯克对媒介的分类是有启发性的。他把媒介分为"展示性媒介""再现性媒介""机械性媒介"。机械性媒介，实际指的是传播渠道，诸如"电话""广播""电视""电报"，不在讨论范围。笔者最感兴趣的是"展示性媒介"与"再现性媒介"的区别。"展示性媒介"，是指"声音、面容、身体"作为媒介，"它们使用口语、表情、手势等'自然语言'来传播。它们要求传播者在场，因为他或她就是媒介。展示性媒介受限于当地和当下"[②]。显然，展示性媒介具有"身体性""在场性""当下性""当地性"的特点。"再现性媒介"包括"书籍、绘画、摄影、著作、建筑、室内装潢、园艺等"，它们是"媒介使用文化和美学惯例来创造某种'文本'。它们是再现性的、创造性的"。它们制造的文本可以"复制"展示性媒介并独立于传播者。[③]这类媒介具有"复制性""派生性"，而且是按"文化与美学惯例"来生产的。尽管费斯克与本文所谈论的媒介不一样，但他提示我们：存在两类媒介，一类是原发性的，一类是派生性的。这两类媒介有着截然不同的特点。是"媒介"导致"语言"的产生，也即是说"媒介"导致"符号"的产生，没有"声

---

① 唐小林：《媒介：作为符号叙述学的基础》，《中国比较文学》2016 年第 2 期。

② 约翰·费斯克：《传播研究导论：过程与符号》，2 版，许静译，北京：北京大学出版社，2008年，第 15 页。

③ 约翰·费斯克：《传播研究导论：过程与符号》，2 版，许静译，北京：北京大学出版社，2008年，第 15 页。

音""面容""身体"，就没有"口语""表情""手势"等"自然语言"。媒介是符号的基础。

赵毅衡先生对媒介的划分是颇具开创性的。他从"功能"出发，把媒介分为三种。第一种是"记录性媒介"，比如远古的岩画，古代的文字书写与印刷、现代的电子技术等。第二种是"呈现性媒介"，诸如身体姿势、言语、音乐、电子技术等。再一种是"心灵媒介"。这类媒介可以说是赵毅衡先生的独创。它们是组成幻想、梦境、白日梦等的载体，"往往被认为是符号表意的草稿，符号发出者大量的表意意图最后并没有形成表意，成为自我符号。心灵媒介形成的往往是'文本草稿'，但是人表现出来的只是这大量草稿的冰山一角"[①]。心灵媒介十分重要，它构成弗洛伊德、卡尔·古斯塔夫·荣格（Carl Gustav Jung）、朱丽娅·克里斯蒂娃（Julia Kristeva）等心理分析一派考察的核心内容。也是我们在文本解释时，从"组合轴"向"聚合轴"窥探的重要景观。但心灵媒介，除非转化为其他媒介，被语言、文字、图像等二次媒介化，否则只能自我感知。赵毅衡先生的前两类媒介，与费斯克的分类有异曲同工之妙。赵毅衡先生的"呈现性媒介"相当于费斯克的"展示性媒介"，只是"身体性""在场性""当下性""当地性"，在赵毅衡先生那里表述为"表演性""现在性""一次性""现在进行时"。赵毅衡先生的"记录性媒介"相当于费斯克的"再现性媒介"，只是"复制性""派生性"，被赵毅衡先生准确地表述为"过去性""成品"，读者已无法改变其文本的结局等。[②]

但赵毅衡先生对媒介的划分，显然比费斯克推进了一步：他把媒介类型与符号类型、文本类型联系起来进行考察，并在它们的关联中辨析媒介类型给符号、文本施加了怎样的影响，赋予了什么意义，使其发生了何种变化。记录性媒介，使文本必然是"重述"的，时态是过去时的。呈现性媒介，使文本无法不表演化，时态是"现在进行时"的。这说明了一个什么问题？这说明：媒介类型决定了文本类型。事实上，赵毅衡

---

① 赵毅衡：《符号学：原理与推演》，南京：南京大学出版社，2016年，第125页。

② 胡易容、赵毅衡：《符号学—传媒学词典》，南京：南京大学出版社，2012年，第142-143页。

先生的符号叙述学著作《广义叙述学》，就是按照媒介类型来划分叙述类型的。赵先生是这样谈论叙述分类的方法的："沿着纵横两条轴线展开：一条轴线是再现的本体地位类型，即纪实型诸体裁/虚构型诸体裁；另一条轴线是媒介-时向方式，媒介与时向在这个分类上相通。也就是说，媒介分类即时间意向分类……每一种叙述，都属于某种再现类型，也属于某种时向-媒介类型。"[①]这个分类，看似两条轴线，实则一个中心。或者说两条轴线最终交织在一个点上：媒介。也就是"所有的叙述"，是"按其媒介构成的品质"来划分的。[②]划分的结果得到五个叙述类型。其中三个叙述大类：记录类、演示类和意动类；两个交叉叙述类：记录演示类和类演示类。分别指向过去、现在、未来、过去现在、类现在五种时向。这个从媒介出发的叙述分类，是比较完善的分类方案，体现了符号叙述学研究的前沿。

有没有比这更简单、更基本的分类呢？我认为有：还可以从符号媒介出发，将所有的符号分为"特有媒介符号"和"非特有媒介符号"，并以此把符号叙述分为"讲述"和"演述"两种基本类型。运用"特有媒介符号"叙述的，是"讲述"，对应"过去"时向；运用"非特有媒介符号"叙述的，是"演述"，对应"现在"时向。如此分类，整个符号叙述有且仅有两种基本类型，其余的都是它们的发展、融合和变形。其实，《广义叙述学》在开篇就强调，要弄明白各种叙述的形式特征，"必须说清记录类/演示类两大群类的差别"[③]，就已经将"讲述/演述"作为符号叙述的基本类型了，尽管在实际分类中又加进了"意动类"叙述，对应于"未来"时向。事实上，意动类叙述离不开记录类/演示类叙述。意动类叙述，如果按照雅各布森关于符指六要素的说法，是叙述文本偏重接收者[④]，或者说文本的"模态—语力"与"文本的意向性"更加

① 赵毅衡：《广义叙述学》，成都：四川大学出版社，2013年，第3页。

② 赵毅衡：《广义叙述学》，成都：四川大学出版社，2013年，第37页。

③ 赵毅衡：《广义叙述学》，成都：四川大学出版社，2013年，第2页。

④ 罗曼·雅各布森：《语言学与诗学》，滕守尧译，载赵毅衡《符号学文学论文集》，天津：百花文艺出版社，2004年，第182页。

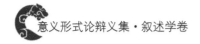

指向受众。从体裁的角度，把它单独列为叙述类型的一种，是符号叙述学史上的一个创见。

"特有媒介"和"非特有媒介"不是我的发明，在《广义叙述学》中就有这样的称谓，有时也称为"人造特用媒介""特制媒介""现成非特用媒介""非特制媒介""现成媒介"等①，它们的内涵和外延与本文的概念也大体相当。不同的是，本文来得更简明：只有"身体媒介"是非特有媒介，之外的全部是"特有媒介"。换言之，只有身体符号是非特有媒介符号，其余的符号全是特有媒介符号。特有媒介符号，就是专门用来表意的媒介符号，不管它是人类为了表意而特意生产的"纯符号"，还是从自然和社会那里挪用的"物符号"，全都包含其中。

（四）世界三分：演述为讲述奠基

这里的"讲述"相当于以往的"叙述"。在以前，叙述必"重述"。因为它研究的是特有媒介符号的叙述。特有媒介符号，不管它是哪种类型，都是人类专门制造出来的，用于信息的记录、储存、传递和保留，以及意义的生产和表达。所以符号在许多场合下又称为"记号"。这类媒介符号，一旦用于叙述，它就只能是"重述"。但"叙述"相对于"叙述学"而言是一个全称概念，因此，本文改称"讲述"。讲述，就是运用特有媒介符号进行叙述的一种符号叙述类型。它较之瑞安叙述"四分类"中的"讲述模式"要宽泛得多，不仅仅局限于"告诉某人过去发生的某事"，如小说、口头故事②，它甚至还包括连环画、影视等图像叙述，总之，大凡身体媒介符号以外的叙述，都在"讲述"范围。在这里"讲述"这个词已突破它本身携带的"语言""文字"的"色相"，进入一

---

① 赵毅衡：《广义叙述学》，成都：四川大学出版社，2013年，第35页。

② Marie-Laure Ryan, "Narrative and the Split Condition of Digital Textuality", In Dichtung Digital, Journal für Kunst und Kultur digitaler Medien, Jg. 7 (2005), Nr. 1, S. 1-22. DOI: http://dx.doi.org/10.25969/mediarep/17671.

个新的衍义空间。

演述，是演示类叙述的简称，它是以身体作为媒介的符号叙述。比如魔术表演、足球比赛、宗教仪式、杂技、游行集会、孩子的"过家家"游戏、一场派对、一次烛光盛宴、红旗渠修建的某次大会战、深海探险、百团大战、一堂公开课、红场大阅兵、抢险救灾、戏剧《白毛女》的演出、行为艺术、耍猴戏等等，演述活动几乎涵盖生活的方方面面，是人类最日常、最复杂、覆盖面最广的叙述活动。

为何这些日常活动也是叙述？是因为它符合叙述的最简定义："某个叙述主体把人物和事件放进一个符号组成的文本，让接受主体能够把这些有人物参与的事件理解成有内在时间和意义向度的文本。"①小到儿时的游戏，大到一场旷日持久的战争，莫不如此。如小朋友"过家家"，有人物主体"小朋友"卷入，有角色分配和基本情节。最难的是，如何回答这些像生活一样如实发生的叙述，它们的"叙述者"是谁？是哪一个"主体"将这些"人物""事件"组合成符号文本？生活如戏，《圣经》上说，"因为我们成了一台戏，给世人和天使观看"②。一个事件，不论是淮海战役、焚书坑儒，还是宇航员登上月球，一旦遭遇接收主体，叙述主体就会被解释出来。事实上任何一个生活事件后面都有它的叙述者。有没有不会被接收的人类事件？没有，除非"我们"不知道。人类不知道的事件，在意义世界之外，不在符号学也不在符号叙述学讨论的范围。

演述在时向上，之所以是现在进行时，是由身体这个符号媒介的特殊性所决定的。身体叙述，媒介自身必须占用当下时间和空间，否则叙述不能发生。尤其是占用当下时间显得特别关键，因为这个"当下时间"就处于"实在世界"，无论叙述是在"虚构"框架内还是在"纪实"框架内进行，情况都是这样：它是"实时"的。演述时间本身构成历史，而非对历史的重述。演述本身创构叙述，而不是对"什么"的叙述。演述是最原初的叙述，这是它与"讲述"的根本区别。演述"实时"的特

① 赵毅衡：《广义叙述学》，成都：四川大学出版社，2013年，第8页。

② 《新约·哥林多前书》第4卷第9段，https://www.biblegateway.com/passage/?search=1%20 Corinthians%204& version=NIV.

点，不仅决定了它的文本永远是"开放"的、"未决"的、"一次性"的、"不能完全复制"的，甚至是"不确定的"。演述的过程充满了"未知"。"实时"也决定了演述的叙述者，有时就是演示者自身：一个人们预料之外的"偶发"事件，比如突如其来的山体滑坡、"9·11"恐怖袭击，人们的集体大逃亡，往往就是叙述者与人物的合一。

谈论演述，困难除了叙述者、时间向度，还有一个难题摆在那里：那些仿照身体媒介制作，或挪用其他符号进行的"身体"类叙述，是不是演述？比如影视、皮影、木偶、动画、动漫等。笔者认为它们不是演述，是讲述。理由是，它们使用的是特有媒介符号。影视已经是演述的"二度媒介化"。影视的拍摄过程，不管是不是现场直播，被拍摄对象是演述的，犹如生活中和戏剧舞台上的情景一样，可一旦经过摄像机，制作成图像，再经过放映或播出，二度媒介化就使其转化为"讲述"，时态也由"现在时"，转变为"过去时"。老电影是制作成胶片，变成帧帧静态的图像，然后在放映机上以每秒24帧的速度转动，在一束强烈的光的照耀下，最后才在银幕上如"演述"般运动起来的。皮影、木偶、动画、动漫只是媒介化的介质不同，原理与电影相同，所以也属于"讲述"。但不可否认的是，这类"讲述"与文字、语言、图像、雕塑等媒介类"讲述"显然有别，最直观的原因是，影视、皮影、木偶、动画、动漫等的媒介本身是运动的，文字、语言、图像、雕塑等媒介本身是静止的。媒介本身的运动与静止，决定了叙述是"一般"时态，还是"进行"时态。凡是运动的是"进行时"，凡是静止的则是"一般时"。因此，影视、皮影、木偶、动画、动漫等属于"过去进行时"，与演述的"现在进行时"区分开来。

演述实际是基于这样的哲学观：叙述是靠叙述而成其所是，世界上原本没有什么"客观"的东西摆在那里供我们叙述，除非是重述，所有的叙述都是在叙述中成为叙述的。这就相当于人，作为"存在的主体不断地处于成为（becoming）的状态之中"[1]。只有在这个意义上，伯格关

---

[1] Merold Westphal, *Becoming a Self: A Reading of Kiekegaards Concluding Unscientific Postscripts*, West Lafayette: Purdue University Press, 1996, p. 56.

于人的一生被叙述包围、萨特关于人生就是叙述、巴尔特关于叙述普遍存在、利奥塔关于除了科技知识就是叙述知识等等观点①，才可以理解。人与世界都是在叙述中成其为人、成其为世界的。

演述也是基于对这样的符号观的坚持：符号是"被认为携带着意义而接收的感知"②。"被认为"三个字，将符号的决定权从"发送主体"转移到"解释主体"③，一个人类事件，能否最终成为符号学意义上的叙述，全靠接收主体的解释，解释使之成为文本、成为叙述：叙述是被认为携带意义的文本，只要这个文本符合叙述的最低条件。建基于上的符号叙述学，超出了"经典叙述学"和"后经典叙述学"。当鲁迅回忆童年的时候，在百草园翻开断墙遇见蜈蚣，按住斑蝥的脊梁"放屁"等童年趣事④，那些本来只作为"演述"而存在的事件，经过鲁迅的"解释"，便成了文学作品中意趣横生的"叙述"。更为重要的是，要理解一个经验世界中的事件，又必须对其"解释"，将其"叙述化"。因为"理解的进行方式就是解释"⑤。因为"叙述化"就是把可有可无，或无法理解的细节排除掉、过滤掉，并对其进行重新组合，这样意义才能把握；亦"即在经验中寻找'叙述性'，就是在经验细节中寻找秩序、意义、目的，把它们编成情节，即构筑成一个具有内在意义的整体"⑥。面对各种各样扑面而来的事件，我们每天都在进行这样的"叙述化"工作，从而与他人、与自我、与社会保持足够的沟通与交流。"叙述是构造人类'时间

---

① 参见 Jean Francois Lyotard, *The Post-Modern Condition: A Repot on Knowledge*, Manchester: Manchester University Press, 1984, p. 34; 让-费朗索瓦·利奥塔：《后现代状况：关于知识的报告》，岛子译，长沙：湖南美术出版社，1996 年，第 74 页。

② 赵毅衡：《符号学原理与推演》，南京：南京大学出版社，2011 年，第 27 页。

③ 唐小林：《建立解释主体：论反讽时代主体符号学的建构》，《四川大学学报（哲学社会科学版）》2012 年第 2 期，第 49-56 页。

④ 鲁迅：《百草园到三味书屋》，《鲁迅全集》第二卷，北京：人民文学出版社，1989 年，第 278 页。

⑤ 汉斯-格奥尔格·伽达默尔：《诠释学Ⅰ·真理与方法：哲学诠释学的基本特征》（修订译本），洪汉鼎译，北京：商务印书馆，2010 年，第 547 页。

⑥ 赵毅衡：《广义叙述学》，成都：四川大学出版社，2013 年，第 15 页。

性存在'和'目的性存在'的语言形式"①，人的存在就是叙述性存在。

演述还是基于对世界的如此理解和划分。只要人类的实践活动属于意义活动，实践化的世界就是符号世界，其中的叙述就是符号叙述学研究的范围。非特有媒介符号，是意义原初的、第一次的媒介化、符号化。特有媒介符号，是意义的再度媒介化、二次媒介化。世界因此三分：非媒介化世界、非特有媒介化世界与特有媒介化世界。三个世界有重叠、有交叉。演述作为基本的符号叙述类型，研究的是第一次媒介化、符号化的叙述。讲述考察的则是再度媒介化、二次媒介化的叙述。因此，相对于"讲述"，"演述"更为"基本"，"演述"为"讲述"奠基。

演述之所以为讲述奠基，首先是因为"演述"与人类的"叙述史"同时诞生，也是与人类同时诞生的："凡是有人，就会用身体，用言语、用实物演示故事，它们是人与生俱来的本能。"②人类用特有媒介符号"讲述"，才几十万年，比如"岩画"，人类的文明史则更短。但人类从诞生之日起，就从来没有停止过意义活动。人类是意义的动物，是使用符号的动物。"演述"在人类开始"讲述"前，已经在人类的意义活动中扮演极其重要的角色。

其次，演述是"人性本质所决定的"。"叙述既然表现的是'卷入人物的事件'，人必然是叙述的中心。如果人的身体没有卷入周遭的世界的变化，这种变化就无法被演示出来。"③身体是符号最基础性的媒介。

再次，"讲述"是对"演述"的创造性"复制"或"再现"。之所以用"复制"，是因为费斯克的说法很有道理：包括"书籍、绘画、摄影、著作、建筑、室内装潢、园艺等"的"再现性媒介"，可以是对"使用口语、表情、手势等"身体类"展示性媒介"的"复制"④。在瑞安的"跨媒介叙述学"中，也出现了叙述的"模仿模式""模拟模式"。"复

---

① 赵毅衡：《广义叙述学》，成都：四川大学出版社，2013年，第15页。

② 赵毅衡：《广义叙述学》，成都：四川大学出版社，2013年，第37页。

③ 赵毅衡：《广义叙述学》，成都：四川大学出版社，2013年，第46页。

④ 约翰·费斯克：《传播研究导论：过程与符号》，2版，许静译，北京：北京大学出版社，2008年，第15页。

制""模仿""模拟"都有一个对象，不管这个对象是什么、是何种形态，最终都只能指向演述世界。当然，"模仿""复制""再现"这些概念，在"语言学转向"以后，在一个解构主义甚嚣尘上的时代，很容易遭到诟病，不过其中所提示的"互文性"历史，已足以让我们理解"演述"对"讲述"的奠基作用。一句话："讲述"锚定在"演述"的坚实地基上，就像再度媒介化、符号化锚定在一度媒介化、符号化的世界上一样。从象征的意义上说，"文字的符号语言总要归结到真正的讲话语言"①。

最后，也是容易被忽视的一点是："演述"为"讲述"奠基还在于，一个"讲述"的文本，一旦再次回到"演述"，它就将再次获得新的生命。音乐作品的表演不是要创造一件新作品，"但表演给作品带来生命"。伽达默尔说，音乐作品的再现（reproduction），使它如其最初所显现的那样②，又一次回到第一次媒介化的世界。因为作为"文字文本"的音乐作品，已经将"演述"的世界"异化"③。

演述与讲述的分类，是就其叙述文本的主导倾向而言。要将其一刀两断、截然分开，除非在"真空世界"中。在许多场合，尤其在"媒介融合"的新传媒时代，演述与讲述往往共存。一场足球比赛的实况转播，不管是网络媒体还是电视媒体，其主导倾向都是"讲述"，因其凭借图像、语言等特有媒介符号，但离开了现场的"演述"，"讲述"根本不可能进行。即便是原始巫术，作为"演述"活动，没有巫师念念有词般的"讲述"，如何"祭神如神在"？再比如"梦叙述"，属于演述，从说梦话到梦中的身体语言，再到梦游，说明梦叙述主要运用身体媒介，

① 汉斯-格奥尔格·伽达默尔：《诠释学Ⅰ·真理与方法：哲学诠释学的基本特征》（修订译本），洪汉鼎译，北京：商务印书馆，2010年，第552页。

② 帕特里夏·奥坦伯德·约翰逊：《伽达默尔》，何卫平译，北京：中华书局，2014年，第62-63页。

③ 伽达默尔认为："一切文字性的东西都是一种异化了的话语，因此它们需要把符号转换成话语和意义。"音乐作品的演出即回到话语中。参见汉斯-格奥尔格·伽达默尔：《诠释学Ⅰ·真理与方法：哲学诠释学的基本特征》（修订译本），洪汉鼎译，北京：商务印书馆，2010年，第553页。

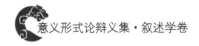

只是程度不同，轻到可以不表现出动作，重到可以离家出走，或在梦中从事复杂劳动，以至于这种情况被李白极度夸张，留下千古名诗《梦游天姥吟留别》。但"梦叙述"还需要借助特殊的图像媒介符号：心像，辅之以讲述才能完成。

正如赵毅衡先生所指出的那样："现当代叙述学发展得相当成熟，却至今没有人系统研究演示叙述。"[1]《广义叙述学》是其开端。尽管瑞安主编的《跨媒介叙述》和爱瑞珂·费舍尔-李希特（Erika Fischer-Lichte）的《行为表演美学——关于演出的理论》（*Ästhetik des Performativen*）等，为"演述"的研究作了大量开拓性的工作，但覆盖"演述"全域的系统理论建构，还需假以时日。一旦真正进入"演述"的广阔领域，一扇巨大的门敞开了：创构"生命叙述学"或"生活叙述学"的前景是如此让人着迷[2]，它或许将把叙述学义无反顾地推向另一个新的发展阶段：人类叙述学。

---

① 赵毅衡：《广义叙述学》，成都：四川大学出版社，2013年，第37页。

② 对此，鲁纳发表的两篇论文已昭示了这种前景：Jerome Bruner, "Life as Narrative", *Social Research*, Vol. 54, No. 1, 1987, pp. 11-32; Jerome Bruner, "The Narrative Construction of Reality", *Critical Enquiry*, Vol. 18, 1991, pp. 1-21.

二、隐含作者

任　伟①

摘要："隐含作者"概念最早在1961年由布斯提出，发展至今已成为叙述学中的重要核心概念之一。赵毅衡将"隐含作者"进一步拓展为"普遍隐含作者"，将原本主要用于小说、电影叙述研究的概念推广至所有符号文本。这种延伸对翻译研究，尤其是典籍英译研究启发颇多。本文以典籍英译为例，论述翻译研究中引入"隐含作者"概念的必要性及其意义。

关键词：隐含作者；普遍隐含作者；典籍英译；必要性

21世纪是中国走向世界的世纪，将中国文化典籍译成外文被认为是中国翻译界的重要任务。把中国的浩瀚典籍翻译成为外语，使中国古代文化的瑰宝走向世界，这是我国翻译工作者当仁不让的责任。②国内成立了专门的典籍英译专业委员会（现已更名为中国典籍英译研究会），定期召开全国典籍英译研讨会，定期出版研究专刊《典籍英译研究》（现为《典籍翻译研究》），以南开大学、苏州大学为代表的高校积极开设典籍英译相关的硕博士专业课程，招收典籍英译方向研究生。大连理工大学和浙江师范大学等高校都有专门的典籍英译研究所。

英译实践方面，以"大中华文库"为代表的典籍英译出版成绩斐然；学术研究方面，典籍英译论文数量逐年递增。以"典籍英译"为主题在

① 任伟，四川师范大学外国语学院副教授，主要从事比较文学和翻译符号学研究。本文原标题为"论典籍英译研究中'隐含作者'的引入"，刊载于《符号与传媒》2018年第1期。本文在原论文基础上略作了修改。

② 汪榕培、李正栓：《典籍英译研究》，保定：河北大学出版社，2005年，序言。

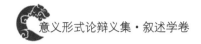

中国知网上检索，2010 年之后每年的发文量均在百篇以上，其中以 2013 年为最高（233 篇）。从内容上看，大量论文涉及译本比较，且集中于译本正文的对比研究，反映出研究者对译文质量的重视。相对而言，典籍英译译本产生过程中的其他因素则较少论及，对前言、序、注释等的重视程度还有待提高。

事实上，前言、序、注释等作为译作的有机组成部分，在译作的传播与接受过程中作用不可小视。孙昌坤较早注意到了这个问题，著文讨论译作序言跋语与翻译研究。①笔者早年亦对大中华文库版《孟子》注释、前言等进行过专门研究，称其为"文本外注释"研究。②尽管关注对象相似，但术语的不统一明显妨碍了学者之间的有效交流。这种情况直到引入热奈特的"副文本"概念之后才有所改观。

肖丽较为系统地阐释了副文本对于翻译研究的意义，她指出：副文本因素能为文本提供一种氛围，为读者阅读正文本提供一种导引，参与正文本意义的生成和确立。③同样，一个完整的译本不仅仅包括正文本，也包括了各种副文本因素。对于一个译本来说，副文本因素参与、丰富甚至阐释了该译文正文本的意义。受此观点启发，陈述军对大中华文库汉英对照版《红楼梦》的护封、版权页、总序、前言、注释以及插图等部分进行研究。④滕雄、文军从副文本视角比较了《诗经》的多个英译本，通过比较再次肯定了副文本对于译文评价、译者研究以及研究影响译文的社会文化因素等所具有的重要意义。⑤宗争指出："任何一个符号文本的解释，一方面是由文本本身决定的，另一方面，伴随文本的种类、数量和品质也影响、促进甚至干扰着对文本的解读。"⑥而副文本正是显性

① 孙昌坤：《译作序言跋语与翻译研究》，《四川外语学院学报》2005 年第 6 期，第 126-128 页。
② 任伟：《大中华文库版〈孟子〉文本外注释研究》，《重庆科技学院学报》（社会科学版）2008 年第 7 期，第 139-140、184 页。
③ 肖丽：《副文本之于翻译研究的意义》，《上海翻译》2011 年第 4 期，第 17-21 页。
④ 陈述军：《大中华文库汉英对照版〈红楼梦〉副文本指误》，《红楼梦学刊》2015 年第 1 期，第 313-329 页。
⑤ 滕雄、文军：《〈诗经〉英译研究的副文本视角》，《外语与翻译》2015 年第 4 期，第 7-16 页。
⑥ 宗争：《体育与游戏传播的"伴随文本执着"》，《符号与传媒》2016 年第 1 期，第 126 页。

伴随文本的一种。①

　　副文本概念的引入方便了我们对译本复杂性的讨论，而事实上这些副文本和正文本一起构成了一个更大的文本。阅读分析这个更大的文本，读者可以明显感受到一套意义价值的集合。对这套意义价值集合的讨论，是对翻译研究中副文本问题的深化,这就是翻译研究中的隐含作者问题。本文受赵毅衡"普遍隐含作者"理论的启发，拟将叙述学中"隐含作者"概念引入典籍英译研究，希望通过较为全面、客观的译本分析，对可能存在的问题提出建设性的意见。

（一）有关隐含作者

　　"隐含作者"的提出者是布斯，他在《小说修辞学》中首先用到了这个概念，其含义为：隐含在作品中的作者形象。布斯认为"隐含作者"是作者在作品中的"替身"，是作者写作时的特定立场、观点、态度所构成并表现在具体文本中的"第二自我"。②查特曼将其与叙述者、叙述文本、受述者、隐含读者等概念并列为不可或缺要素，认为这些要素共同构成了叙述交流模式的研究框架。③之后，里蒙-凯南在分析查特曼模式的基础上，提出了自己关于"隐含作者"的见解。在肯定"隐含作者"价值的同时，主张"最好是把隐含的作者看作一整套隐含于作品中的规范，而不是讲话人或声音（即主体）"④。巴尔、热奈特等学者也对这一概念有过自己的界定。尽管具体观点不尽相同，但"隐含作者"作为叙述学重要概念的地位已然确立。

---

① 宗争：《体育与游戏传播的"伴随文本执着"》，《符号与传媒》2016 年第 1 期，第 125-134 页。

② W. C. 布斯：《小说修辞学》，华明、胡苏晓、周宪译，北京：北京大学出版社，1987 年，第 23 页。

③ Seymour Chatman, *Story and Discourse: Narrative Structure in Fiction and Film,* Ithaca: Cornell University Press, 1978, p.151.

④ 里蒙-凯南：《叙事虚构作品》，姚锦清、黄虹伟、傅浩，等译，北京：生活·读书·新知三联书店，1989 年，第 159 页。

　　国内学者在这个问题上的讨论也颇为热烈，其中代表性的学者主要有申丹、乔国强、赵毅衡等。申丹重点探讨了隐含作者的定义以及隐含作者与作者的关系问题。①②她指出，布斯所谓"隐含作者"是处于特定创作状态的作者，以区别于"真实作者"（那个日常生活中的同一人），但与此同时，"隐含作者"又是"外"（编码）和"内"（解码）的有机统一体。毕竟，隐含作者的形象只能从作品中推导出来，隐含作者之间的不同也只有通过比较不同的作品才能发现。③

　　乔国强在肯定"隐含作者"价值的同时，力主突破布斯的框架结构（集中在小说叙事），将"隐含作者"概念延伸、扩展到其他叙事领域中去。他认为，"隐含作者"不仅仅是真实作者所创造的，与社会环境、政治意图等相关概念密不可分，而且在很大程度上是读者在阅读过程中最终还原、构成的一幅图景。乔国强结合媒体叙事的具体例证，探讨了"隐含作者"概念的真实内涵以及在其他叙事形式中运用的可能性。④

　　赵毅衡则提出了"普遍隐含作者"概念，突破了仅仅在叙述文本中应用"隐含作者"的局限。他认为，所有符号文本，无论是陈述文本还是叙述文本，都有意义和价值，因此都有体现这套意义与价值的一个拟人格作为符号文本的发送者。准乎此，隐含作者也不应该仅仅是（小说或电影的）叙述学研究中的一个课题。⑤方小莉将"隐含作者"引入梦叙述研究，发现由于梦往往是本能欲望的实现，梦文本的隐含作者应该比做梦人的自我更卑微⑥，并且将隐含作者的卑微与梦可能具有的自我治愈功能联系起来加以阐发。这在很大程度上深化了对隐含作者与史存作者关系的认识。蒋诗萍把隐含作者与品牌形象相关联，认为品牌形象即品

① 申丹：《究竟是否需要"隐含作者"？：叙事学界的分歧与网上的对话》，《国外文学》2000年第3期，第7-13页。

② 申丹：《再论隐含作者》，《江西社会科学》2009年第2期，第25-34页。

③ 申丹：《何为"隐含作者"？》，《北京大学学报（哲学社会科学版）》2008年第2期，第136-145页。

④ 乔国强：《"隐含作者"新解》，《江西社会科学》2008年第6期，第23-29页。

⑤ 赵毅衡：《"全文本"与普遍隐含作者》，《甘肃社会科学》2012年第6期，第145-149页。

⑥ 方小莉：《符号叙述学视野下的梦叙述研究》，《符号与传媒》2015年第2期，第50-59页。

牌"隐含作者"，其清晰度在很大程度上取决于品牌"代理作者"与"推论作者"二者的融合程度，进而提出以满足消费者需求为导向，通过创建拥有与企业符号文本相沟通的图式的"隐含读者"品牌社群，促成"'代理作者'，与'推论作者'，在最大程度上统一"，将有望成为"品牌形象管理的有效手段"。①该文将"隐含作者"理论与品牌有机结合，颇有见地。

由此可以看出，从符号学角度加以审视，"隐含作者"概念不应局限于叙述。只要表意文本卷入身份问题，而文本身份需要一个拟主体集合，就必须构筑出一个作为价值集合的"隐含发出者拟主体"，即"隐含作者"。这个意义上的"隐含作者"，其适用范围实际上已经扩大到所有的符号文本，可以称之为"普遍隐含作者"②。

"普遍隐含作者"概念的提出，拓展了"隐含作者"的适用范围，对于翻译研究，尤其是典籍翻译研究启发颇多。以下仅以典籍英译为例，尝试对翻译中引入"隐含作者"概念的可行性和必要性进行初步探讨。

（二）典籍、典籍英译与隐含作者

1. 典籍及其作者之争

何为典籍？《现代汉语词典》（第7版）的解释是"记载古代法令、制度的重要文献，泛指古代图书"③。言下之意，典籍既可以特指记载法令制度的古代重要文献，也可以泛指一切古代图书。本文所要讨论的是中华文化典籍的英译，这里的典籍概念，特指经受过时空考验与筛选、在推动中华民族文明发展甚至世界文明进步的过程中发挥过重大作用的

① 蒋诗萍：《隐含作者与品牌形象：基于文本理论与认知视角的分析》，《西北大学学报》（哲学社会科学版）2015 年第 4 期，第 128-132 页。

② 赵毅衡：《"全文本"与普遍隐含作者》，《甘肃社会科学》2012 年第 6 期，第 148 页。

③ 中国社会科学院语言研究所词典室：《现代汉语词典》，7 版，北京：商务印书馆，2016 年，第 291 页。

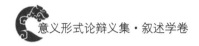

文献与典册。这些典籍经过历代学者不断研究、增补、注疏、阐释、传播与借鉴，表现出极强的生命力和恒久的价值，构成了中国传统文化的内核和载体。①

从以上定义上可以看出，典籍由于年代久远，流传中多有亡佚，传世者也往往存在作者不详的情况。如果强行套用"知人论世"的研究方法，先考订作者，再以作者生存年代、生平事迹等为参照来研究典籍本身的意义和价值，虽然在一定程度上确能促进对典籍的理解，但更多时候可能缺乏足够史料支撑而难有定论。因此，现实中的做法恰恰相反，读者往往依据作品特点来推知作者的大致生活年代，再通过其时代背景来进一步确证对典籍的理解。实际上，这种范式中所研究的作者，更大程度上接近"隐含作者"概念，而不一定与所谓"史存作者"相符。

譬如《道德经》，其作者相传为老子，但在老子生平与《道德经》成书年代等问题上就颇有争议。《史记》中称老子为李耳，记载老子欲出函谷关西行，被关令尹喜阻拦，尹喜要老子著书后方可通行，"于是老子乃著书上下篇，言道德之意五千余言，而去，莫知其所终"②。其记述本也清楚明白，但太史公又补充说老子可能是太史儋、老莱子。如此，《史记》中老子生平就有三说，生活年代难以确证，成书年代亦难考证。直至1993年湖北荆门郭店的战国节抄本《老子》出土，才从文献上证明了老子及其著作不可能晚至战国中后期。

另有学者主张从语言学角度切入，认为"一时代的客观社会生活，决定了那时代的语言内容"。换言之，语言的内容是对某一时代社会生活的反映，"社会的现象，由经济生活到全部社会意识，都沉淀在语言里面"③，因而可以通过语言特征来分析，来考订成书年代以帮助确定作者。这种通过文本本身语言特点的分析来确认成书年代及作者的方式，实际上与叙述学中从文本中推知隐含作者的做法不无相似之处。

无独有偶，学界虽历来重视《庄子》的研究，甚至也不乏从符号学

---

① 毕冉：《中国文化典籍英译与对外传播之思考》，《出版广角》2016年第4期，第45-47页。
② 司马迁：《史记》，北京：长城出版社，1999年，第266页。
③ 罗常培：《语言与文化》，北京：北京出版社，2004年，第108页。

角度分析《庄子》叙事技巧的有益探索①，但《庄子》究竟是庄子本人所著还是庄子弟子门人所记述，研究者却莫衷一是。现在学界大致认同：《庄子》内篇七篇更可能为庄子所著，其余各篇应是后学所补。这种观念在明清以来才逐渐形成，且现在依然有部分学者质疑。②

事实上，典籍不仅作者存疑，版本问题也不可小觑。存世经典往往有多个版本，在传播过程中改易增删似乎不可避免。《三字经》就是一例。《三字经》相传为南宋末年王应麟所作，历经朝代更迭，一直到民国时期都是蒙童学习汉语的首选教材。全书言简意赅，辞约旨丰，从教育的重要性、学习的阶段性、学习的必要性等多方面展开，将儒家伦理、中华历史、传统文化贯穿于朗朗上口的三字韵文之中，具有明显的劝学重教倾向。历朝对《三字经》多有增补，影响较大的版本有清代王相的《三字经训诂》、清代贺兴思的《三字经注解备要》、民国章太炎的《重订三字经》。其中最接近王应麟《三字经》原貌的当推清代王相《三字经训诂》，中国社会科学院编辑的"国学经典规范读本"和人民教育出版社的《三字经》均以此为蓝本。

关于三字经的著作权问题历来多有争议，考订出《三字经》的真正作者和最初缘起固然是一大功绩，但在未有定论的情况下先搁置史存作者，而讨论《三字经》隐含作者也会很有启发。

或许正是由于这个原因，有学者主张，当今，在典籍研究方面，重要的或许不是关心谁写了这部著作，而是这部著作究竟讲了什么，重要的是著作所传递的深刻哲理，以及所表现的敏锐洞察力。③换言之，我们更应该关心的是这部著作中所传递的意义价值，更应该关心其"隐含作者"。

---

① 文玲：《〈庄子〉的符号学解析》，《符号与传媒》2012年第1期，第52-61页。

② 祝东认为，《庄子》内篇七篇为庄子所著，也是要打折扣的，因为先秦诸子大多不自己著书，诸子现在传世的著作多是其后学所述乃师之言，汇集成书。参见祝东：《先秦符号思想研究》，成都：四川大学出版社，2014年，第117-118页。

③ Archie J. Bahm , *Tao Teh King by Lao Tzu Interpreted as Nature and Intelligence*, Fremont: Jain Publishing Company, 1996, p. 71.

2. 英译本的隐含作者

之所以用译本隐含作者概念代替译者和作者，是因为翻译过程中涉及的因素实际更为复杂。署名某作者或译者的作品不一定完全体现作者和/或译者的意义价值，不一定表现了他们的选择。举例来说，湖南出版社出版的《汉英四书》中收录了理雅各的翻译，却在编选时出于各译本体例统一等方面的考虑对译者注释、引言、附录等予以删减而未加说明。不少学者对理雅各译文的评价正是依据该删减本而来，这一问题已经引起了王辉等人的担忧。[①]因为编校人员的删减，《汉英四书》版《论语》不能完全体现理雅各的翻译理念。如果以此译本为据对其批评指责，难免有失公允。所以，更客观的做法，或许是评价集合了典籍英译本意义价值的"隐含作者"。

如前所述，典籍原文本中可以推出一个隐含作者。该隐含作者的理想读者与其处于同一文化圈、同一时代。典籍英文译本的目标读者已经变更，从典籍英译本推导出来的隐含作者自然也不同于典籍原文本的隐含作者。典籍英译本中所集合的不仅仅有源于典籍原文本的意义价值，还可能增添了译者（阐释者）的阐释说明，受到编校人员的影响，牵涉到赞助人和/或出版机构的干预。换言之，读者最终接触的英译典籍出版物所呈现出的形态并不能简单地解释为原作者或者译者的选择，而是多种因素共同作用的结果。也就是说，读者接触的最终出版物中，无论优点抑或缺憾，都不能简单地归结为译者的杰出或者拙劣，尽管译者可能的杰出或平庸事实上确实起了关键作用。

反映于文本中的各种错误疏漏或许并非现实作者和/或译者的本意，因为成书过程中还涉及项目资助方、出版制度、编辑、校对等多方因素。针对某一问题，具体何种因素起支配作用或者是几种因素共同作用的结果，很难推知，更难确证。搁置这些因素，转而从最终文本来对之进行分析，似乎更为客观，有助于避免相关指责或推诿。

---

① 王辉：《从〈论语〉三个译本看古籍英译的出版工作：兼与刘重德教授商榷》，《广东外语外贸大学学报》2003 年第 3 期，第 13-17 页。

因为书不尽言，言不尽意，作者"恒遗恨以终篇"，通过文本推知的隐含作者往往比现实作者更为清晰。从文本推知，其实质就是让隐含作者说话，这往往比现实作者的辩驳更有说服力。毕竟，隐含作者是作者当时写作状态下分离出来整合到文本中之后又由读者通过文本阅读再加以认识的形象，被作者写进文本又被读者解析出来，但传世典籍的史存作者往往考订困难。

3. 隐含作者差

隐含作者是读者通过文本倒推出来的集合了文本意义价值的拟主体。英译本的特殊性在于，译语文本由于其在文本内容的选择（或组合），对原文本相关典故的处理（等化、深化、浅化），伴随文本的构成等方面的差异，加之编辑出版过程中其他因素（包括译者、编辑、出版人、赞助人等）的介入，译本和原文本在隐含作者上的差异几乎不可避免。同样，由于社会环境、意识形态等因素的变化，不同时代甚至是同一时代产生的同一典籍的不同译本之间也存在着较大差异。这些差异的形成原因较为复杂，很难还原到历史语境中加以确证分析，但又确实在阅读比较译本、原文过程中能够真实感受到。笔者以为，在无法确切了解译本形成中种种因素之间相互影响的错综复杂过程的情况下，不妨将这些因素暂时悬搁，转而讨论译本中真实可感的"隐含作者"，比较原文本与译文本之间，以及不同译文本之间在"隐含作者"问题上存在的差异，亦即"隐含作者差"问题。下文以《三字经》及其英译为例略作分析。

《三字经》的隐含作者是儿童启蒙教育家，旨在让蒙童在识文断字的同时明白教育的重要性、学习的紧迫性，同时对中国历史、中国传统文化有总体性、概括性的把握。相应地，三字韵文是这些内容的承载方式。不同时代的不同修订本将自己所属时代的判断体现在《三字经》中，从而让这些经文有了与特定时代相符的隐含作者。总体来说，《三字经》的不同中文版本差别不大，所集合的意义价值大致相同，多是在"十八传，南北混"之后加入了截至修订人当时的历史，唯有章太炎版修订增益较多。尽管有诸多差异，但《三字经》隐含作者将其作为启蒙读物，

服务于汉字教学和中国历史与文化传统传承的目的从来不曾改变。

在这个问题上，对照翟理斯的《汉字启蒙：三字经》①与赵彦春的《英韵三字经》②两个译本，会发现其隐含作者有很大差异。

《汉字启蒙：三字经》强调了其识字和文化传承功能，每个汉字都有注音，并给出字面意义的英文解释，附有源自《说文解字》的汉字结构分析。之后的译文基本是将三字各自的释义连成一句，给出尽量简单明了的解释，涉及中国历史文化传统再另外补充注释。换言之，针对中国蒙童的汉语启蒙教材被改造成了对外汉语教材。隐含作者的用意明显：让读者以英语为辅助工具，在习得汉语汉字的同时掌握中国历史文化传统的基本知识。值得注意的是，翟理斯译本在前言中对《三字经》原文的版本进行了甄别，说明英译文以王相的《三字经训诂》为蓝本，而译文的注释部分也包括了对已有主要英译本的错误点评，正文严格按照王相版本，历史部分以"十八传，南北混"结束，表现了对原文本的尊重。宋以后至清的历史又以附录的形式补充，并提供多个版本作为参考，且每个版本都有对作者的说明，并附与英译本正文体例一致的译文。浏览全书，读者会明显感到不是某位来自中国宋代的夫子在讲授汉语启蒙，而是熟悉中西文化的西方人以英语为桥梁来学习中文这门外语，并在学习字词的同时习得中国历史文化传统的相关知识。这位老师力图客观完整地呈现出《三字经》的原貌，而《三字经》作为三字韵文的形美和音美，就留在诵读原文的过程中去体悟了。研习这样的教材，最理想的结果是通过英文理解了原文的意思，并且将《三字经》汉语原文熟读成诵，从而开启通过汉语了解汉语文化的大门。

赵彦春教授的《英韵三字经》最大的特点，是其形式上与三字经原文的契合，让读者可能从译文感受到原文的音韵美。不无遗憾的是，原文隐含作者是童蒙塾师，意在教育少年儿童，这一目标在《英韵三字经》似乎较难实现。换言之，《英韵三字经》隐含作者的目的，实际上是在英文中创造性地再现汉语《三字经》的韵文样式，而且尽可能保留《三

---

① Herbert Allen Giles, *San Tzu Ching: Elementary Chinese*, Shanghai: Kelly & Walsh, 1900.

② 赵彦春：《英韵三字经》，北京：光明日报出版社，2014 年。

字经》的历史文化内涵。其立志至高，值得嘉许。事实上，《英韵三字经》出版不久即获盛赞，《人民日报 海外版》称其"将对国学经典《三字经》的海外传播起到重要的推动作用"①。天津外国语大学视之为"将国学经典向海外传播的'拳头产品'"②。

　　然而，细读《英韵三字经》，其集合的意义价值，其"隐含作者"，却似乎与典籍走出去的初衷不无背离之处，让人颇感意外。首先，该书序言和后记均用中文写就，而且在中国国内出版，与面向国内读者的其他双语读物并无二致。其次，中文虽带汉语拼音，却不做单字释义，只是将英译文严格做成三词一句的 aabb 式韵文，同时在韵文下方简单地给出英文解释，并做必要的注释。这在一定程度上削弱了《三字经》作为汉字启蒙教材的价值。更重要的是，对英译本依据的原文并无版本说明，而封面未标注作者，历史部分一直延续至清朝。如此一来，读者可以推知的"隐含作者"恐怕至少是生活在清代了。"赤道下，温暖极，我中华，在东北"一句，更是体现了对世界气候带的基本认识，而我中华在东北更是与我国传统的"王者必居天下之中"（《荀子·大略篇》）观念大相径庭，以上两点都应该是近现代才有的认识。查阅《三字经》各版，也可以发现，清代王相与贺兴思两个版本的《三字经》中并无此种表述，而章太炎的《重订三字经》中确有其文。以此而推断赵彦春所依据为章太炎修订本《三字经》，但细考其文，虽有"史虽繁，读有次。《史记》一，《汉书》二，《后汉》三，《国志》四。此四史，最精致。先四史，兼证经，参《通鉴》，约而精。历代事，全在兹，载治乱，知兴衰"等诸句相符，却又无"医、卜、相，皆方技；星堪舆，小道泥"，以及"汉贾、董，及许、郑，皆经师，能述圣。宋周、程，张、朱、陆，明王氏，皆道学。屈原赋，本风人，逮邹、枚，暨卿、云。韩与柳，并文雄；李若杜，为诗宗。凡学者，宜兼通，翼圣教，振民风"等各句，因而不知原文所宗，难免有些让人困惑。

---

① 王仁：《英韵三字经》，《人民日报 海外版》2014 年 12 月 5 日，第 11 版。
② 陈建强、朱斌：《〈英韵三字经〉妙含"中国味道"》，《光明日报》2015 年 6 月 18 日，第 5 版。

《英韵三字经》采取汉英对照模式，有原文，有拼音标注，可惜原文与注音都不无舛误。①原文方面，46 小节"明句读"的"读"字误写为"窦"，56 小节"着六官""着"字应该为"著"，而"宇文周，兴高齐"中原文应该是"与高齐"而非"兴高齐"。注音问题上，"此五臭"的"臭"字被标读为[chòu]而实际应为[xiù]。105 小节谢道韫的"韫"字被误标为[wēn]，误译作 Dao wen。101 小节翻译人名"梁灏"正文英文部分是 Liang，英文注释中却又变成了 Liang Hao，读者如何能知道这两个专有名词之间的联系，笔者表示担忧。

专有名词处理方面也存在瑕疵。例如，96 小节注释中将苏秦翻译为Soo Qin，99 小节苏老泉翻译成了 Suh Hsun，同样的姓"苏"，前后两处英文却采取了不同的处理方式，让人费解。苏姓如此，朱姓也不例外。80 小节注释朱全忠翻译成了 Chu Quanzhong；98 小节朱买臣 Chuh Maichen；同一个"朱"，两种不同的处理，同样使人困惑。更有意思的是，103 小节，北齐的祖莹译成了 Chuh Ying，祖莹也因此而成了朱买臣的本家。他的祖国，被翻译成了 North Qih Dynasty；对照 77 小节注释部分也提到北齐，译文是 Northern Chih。译文读者何以知道两处实为一朝，笔者不解。如此处理，究竟是译者疏忽还是编辑过失，笔者不得而知，但由此而得到的《英韵三字经》隐含作者形象确实难称完美。

《英韵三字经》出版之初就被寄予厚望。时至今日，《英韵三字经》的海外传播尚待推进，而国内的反响确实可谓热烈。翻译教学界已开始将该译本编入教材，作为课堂范本。笔者无意对此现象进行价值判断，只是想指出：译者实现初衷尚待时日，而译本隐含作者与原文本隐含作者似乎距离不小。从目前情况看，《英韵三字经》的读者更大程度上是国内翻译研习者和英语学习者。这大抵也与笔者前文中对其隐含作者的分析相一致：正文本不再着意汉语启蒙，转而致力于创造性地使用英文再现汉语《三字经》韵文样式并试图传递《三字经》的历史文化内涵，而副文本与其他汉英双语读物无甚差别，服务国内读者倾向明显。简言

---

① 以下各处所引均出自赵彦春《英韵三字经》，限于篇幅，仅标注小节编号，参见赵彦春：《英韵三字经》，北京：光明日报出版社，2014 年。

之，译者在《英韵三字经》译文正文上雕琢打磨，煞费苦心，而全书的"隐含作者"却不经意间对该书的海外传播设置了障碍，在一定程度上沦为影响典籍英译传播的"噪音"，殊为遗憾。毕竟，"一个被噪音强力影响的符号，解释者在面对这样的符号时并不能区别符号与噪音"[①]。当符号与噪音混为一体时，英译典籍的传播效果难免会打折扣。

实际上，"传播的目的就在于通过传播双方的共同努力，来减少这种符号传播的不确定性，让符号的解释没有过多的回旋余地……传播双方为了减少不确定性，需要遵守一定的交际规则就被传播符号的意义进行协商"[②]。遵从一定的交际规则，本着协商的态度鼓励传播所涉各方，特别是目标受众的积极参与，应该是汉语典籍外译及传播中考虑的重要问题。

（三）结　语

事实上，由于各种新因素参与其间，典籍英译本与典籍中文原文各自可以推导出不同的意义价值体系，二者之间在意义价值上存在差异，值得研究，可以称作"隐含作者差"。不仅如此，同一典籍的不同英译本也能推出不同的隐含作者，也即是说，同一典籍的不同译本之间也在不同程度上存在着"隐含作者差"。

翻译出版文本的本身在很大程度上就是作者、译者、编校人员、出版发行商等多方协商调适的结果，再加上出版制度方面的限制，以及来自市场预期、反馈的影响，"隐含作者"作为种种意义、价值观的集中体现，本身就是一个非常复杂的问题。要实现某个目标，其中涉及的诸多因素之间需要协调，需要综合考量。

阅读文本，读者与"隐含作者"之间会产生一种或贴近或疏远的距

---

① 何一杰：《噪音法则：皮尔斯现象学视域下的符号噪音研究》，《符号与传媒》2016年第2期，第172-182页。

② 赵星植：《论皮尔斯符号学中的"信息"概念》，《符号与传媒》2016年第2期，159-171页。

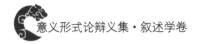

离感。这种距离的远近在一定程度上影响着译本的接受。因为译本"隐含作者"问题的复杂性，这种距离不仅仅简单由译者决定。正是由于这个原因，在肯定传统译本对比分析的价值、重视正文本翻译研究的同时，有必要将副文本也纳入研究视野，并且以副文本与正文本组合成的更大的文本中所集合的意义价值为研究对象。毕竟，这个"隐含作者"是读者不可避免会接触到，而且会影响正文本传播与接受的重要因素。

三、叙述情节

谭光辉①

摘要： 自亚里士多德以来，情节分类主要从人物命运或结构功能两个方面着手。这两个方面因均不涉及情节的本质而无法概括全域。从主题方面着手的分类更加不能切中要害。因为情节是话语对事件的处理，所以情节既存在于话语层又存在于事件层。话语的本质是时间性的，事件的本质是因果性的，所以情节就是话语层面的时间化和事件层面的因果化，情节分类就应从此点切入。本文将时序分为顺时序、倒时序和心理时序三类，将因果分为一因一果、一因多果、多因一果、多因多果、有因无果、有果无因、无因无果七类，任一组因果和时序的搭配即为一种情节类型，从而得到 21 种类型。一因一果顺时序型是基础类型，是所有情节变体的出发点和解释终点。

关键词： 情节；类型；时间；因果；二次情节化

（一）情节分类的难度与模式

在叙述学的所有讨论中，标准最不能达成统一的，可能是对情节的分类。情节有各种分类法，但是每一种分类标准几乎都没有足够的理由说服其他人。赵毅衡总结道："在现代叙述学中，情节结构是讨论者最

---

① 谭光辉，四川师范大学文学院教授，硕士生导师，主要从事中国现当代文学、符号学研究。本文原标题为"论情节类型：时间与因果的复杂组合方式"，刊载于《文艺争鸣》2016 年第 7 期。本文在原论文基础上略作了修改。

多而取得一致最少的领域。"①查特曼认为："情节类型的区分是叙事研究领域中问题最大的领域，它很可能需要等待。"②本文首先清理已有的分类模式，然后大胆地提出一个分类设想。

对情节的分类有几种不同的出发点模式，查特曼总结了两种宏观型情节模式。第一种模式是按人物的特点分类。亚里士多德坚持按主人公的道德品质和遭遇分类。从他所说的悲剧"不应写的"和"应写的"类型来看，他一共提到四种：好人由顺境转入逆境；坏人由逆境转入顺境；极恶的人由顺境转入逆境；上乘的主人公陷于厄运。前三种是不应写的，后一种是应该写的。③查特曼按亚里士多德的理论推演出六种情节类型。在"毁灭"的范畴中有三种：一位极好的主人公失败；一位卑劣的主人公失败；一位上乘的主人公因判断错误而失败。在"幸运"的范畴内也有三种：一位卑劣的主人公成功；一位极好的主人公成功；一位上乘的主人公因判断失误而受挫，但结局令人满意。④后来人们习惯上用悲剧与喜剧对情节进行划分乃至鲁迅对喜剧与悲剧的概括应该说与亚里士多德的分类不无关系。江守义将情节分成传奇型、生活型、反讽型三类，其依据是"叙述者与主人公的关系"⑤，判断标准要依靠叙述者对主人公道德水平判断，初始理论依据仍然来源于亚里士多德，但更直接的来源是诺思洛普·弗莱（Northrop Frye）。弗莱对情节的分类标准是人物相对于"受众"而不是叙述者的关系。如果人物相对于受众是完全优越的，就是神话；比较优越，就是浪漫故事；一般优越，就是"高模仿"；与

① 赵毅衡：《苦恼的叙述者：中国小说的叙述形式与中国文化》，北京：北京十月文艺出版社，1994年，第172页。

② 西摩·查特曼：《故事与话语：小说和电影的叙事结构》，徐强译，北京：中国人民大学出版社，2013年，第80页。

③ 亚里士多德，贺拉斯：《诗学·诗艺》，罗念生译，北京：人民文学出版社，1962年，第37-38页。

④ 西摩·查特曼：《故事与话语：小说和电影的叙事结构》，徐强译，北京：中国人民大学出版社，2013年，第71页。

⑤ 江守义：《传奇·生活·反讽：关于叙事情节类型的思考》，《江淮论坛》2014年第5期，第107-111页。

我们一样，就是"低模仿"；低于我们，就是"反讽"。弗莱进一步概括了 4 种"叙述程式"（mythoi），即喜剧、浪漫、悲剧、反讽，每一种又有 6 个"相位"（phases），于是就得出 24 种类型。查特曼质疑道："为什么是 4 种类型、6 个相位，而不是 6 种类型、4 个相位，或者是 10 种类型、10 个相位？"[①]这个质疑是非常有道理的，因为弗莱的分类法看似严密丰富，但是并未抓住问题的实质。查特曼进而指出，罗纳德·卡莱恩（Ronald Klein）的行动情节、性格情节和思想情节三分法，诺曼·弗里德曼（Norman Friedman）的 14 种类型以及其他一些类似方案都"足以说明以内容为基础的情节类型学之报偿与风险所在"[②]，因为这些理论都有一个"推定人们普遍理解这些事实"的前提。以人物特征作为分类依据极其不好操作，特别是一旦涉及价值判断，情节类型就成了一个纯主观的存在，相当于取消了情节本身。

第二种模式是结构主义的分类方式，这种分类方式"依赖于叙事内容的形式，而不是叙事内容的质料"。[③]这种分类方式以普罗普和托多罗夫为代表。普罗普把人物置换为"功能"，这样，关于人物的命运与发展的情节就成了角色功能之间的关系结构。托多罗夫则从故事中提取出三个基本符号：叙事的主语（人物）、形容词（品性或状态）、谓语（动作）。人物、品性、状态、动作用符号置换，不同的组合排列便是不同的情节模式。普罗普和托多罗夫的"语法"式情节归类也有其致命缺陷，查特曼指出，"他们的'语法'就不是发现性的程序：代数公式不能揭示俄罗斯民间故事和《十日谈》故事的结构，只能说明分析者对模式的预先感觉"[④]。特别是在现代小说或电影中，人物更是没有了一分为二的

---

① 西摩·查特曼：《故事与话语：小说和电影的叙事结构》，徐强译，北京：中国人民大学出版社，2013 年，第 72-73 页。

② 西摩·查特曼：《故事与话语：小说和电影的叙事结构》，徐强译，北京：中国人民大学出版社，2013 年，第 74 页。

③ 西摩·查特曼：《故事与话语：小说和电影的叙事结构》，徐强译，北京：中国人民大学出版社，2013 年，第 75 页。

④ 西摩·查特曼：《故事与话语：小说和电影的叙事结构》，徐强译，北京：中国人民大学出版社，2013 年，第 77 页。

善恶差别。进一步说，对人物的品性归属，到底应该放在哪一个范畴内加以归类整理也是一个大问题，"归属选择也就更成问题。对解释的控制更含糊，代数模式可能恰恰是运用错误的那一个"①。普罗普的分类模式是人物与人物的功能关系，托多罗夫的分类模式是叙述的语法关系，布雷蒙更进一步认为分类模式可应用于一切叙事，任何叙事都是这些微型叙事要素的集合。结构主义分类模式必须面对的最大问题是不能找出强有力的论据证明他们为何要用"这种"功能而不是"另一种"功能，是用"这种"语法而不是"另一种"语法来概括。换句话说，他们的分析必须先预设一个外围框架，而预设的这个框架，不一定是合法的。正如乔纳森·卡勒所指出的那样，"意义由语境限定"②，因此，事件不能从语境中孤立出来被看待。例如杀死，就有很多种可能，可能是悲剧的，也可能是正义的，还可能是意外的，或神圣的。查特曼在总结了上述两类分类模式并提出批评意见之后不无遗憾地说道，"向情节的宏观结构与类型学展开密集攻坚，我们尚未做好准备"③。

赵毅衡对情节类型的讨论从微观型开始。微观型情节讨论从意元开始，"意元是构成叙述情节的砖块"④。赵毅衡从鲍里斯·托马舍夫斯基（Boris Tomaševskij）、普罗普、格雷马斯等人对意元的论述开始。托马舍夫斯基将意元做了两类区分：动力型与静止型，束缚型与自由型。两种分类交叉可得四种意元类型：动力束缚型、动力自由型、静力束缚型、静力自由型。"把微观分析扩展为宏观分析，最终导向情节分类。"⑤由于这四种分类法涉及因果链和时间链，对动与静的判断的主要依据是因果链的关联和进展，因此具有很强的科学性和实用性。赵毅衡用"可追

---

① 西摩·查特曼：《故事与话语：小说和电影的叙事结构》，徐强译，北京：中国人民大学出版社，2013年，第78页。

② 乔纳森·卡勒：《文学理论入门》，李平译，南京：译林出版社，2008年，第71页。

③ 西摩·查特曼：《故事与话语：小说和电影的叙事结构》，徐强译，北京：中国人民大学出版社，2013年，第80页。

④ 赵毅衡：《苦恼的叙述者：中国小说的叙述形式与中国文化》，北京：北京十月文艺出版社，1994年，第172页。

⑤ 赵毅衡：《苦恼的叙述者：中国小说的叙述形式与中国文化》，北京：北京十月文艺出版社，1994年，第174-175页。

踪性"来概括事件之间的关联，因此就把时间序、空间序和因果序都纳入讨论之中，最终决定情节发展的关键问题就被纳入因果序之中，而因果序又不能与时间序分开，所以小说的情节核心往往表现为时间序。动力型意元是形成情节的基础，静力型意元使小说"无情节可言"，那么动力型意元与静力型意元的不同搭配就只能用以说明整部小说的情节特色，而不是对情节本身进行的分类。要对情节本身进行分类，只能从动力型意元的类型谈起。情节的分类问题，就应该是一个因果链的类型问题。一部小说可以有数个情节，情节与情节间的关系，或者情节性的强弱，就成了另一个问题。因此，赵毅衡在《当说者被说的时候：比较叙述学导论》中只是列举了弗拉基米尔·普罗普、托多罗夫、米莱娜·多洛采洛娃-维林盖洛娃（Milena Doleželová-Velingerová）、弗里德曼、罗纳德·萨蒙·克兰（Ronald Salmon Crane）、威廉·福斯特·哈里斯（William Foster Harris）、弗莱、B. F. 叶戈洛夫（B. F. Ėgorov）等人的分类学观点，与查特曼一样遗憾地说："笔者自己至今拿不出任何值得说出来让大家听听的情节分类体系。"[1]

从以上分析中我们发现，除了《苦恼的叙述者：中国小说的叙述形式与中国文化》触及情节的基本构成元素之外，多数分类法都着眼于人物或结构。维克托·什克洛夫斯基（Viktor Shklovsky）理解的情节主要存在于话语层面，并将其分为"阶段式结构"和"环形结构"[2]。克兰的分类依据是情节的"变化"特征，但是在分类的时候却根据主人公所处环境、道德态度、思想感情三个方面分成行动型、人物型、感情型，仍然是在人物上做文章。福斯特的分类非常简单，他说所有情节不是 1–1=？ 就是 1+1=？ ，但是这种分类完全无助于我们对情节类型的理解。[3]最有趣的分类法是叶戈洛夫的分法，他用纸牌占卜的方式给情节分类，认为"可

---

① 赵毅衡：《当说者被说的时候：比较叙述学导论》，成都：四川文艺出版社，2013 年，第 212 页。

② 什克洛夫斯基：《情节分布的拓展 故事小说的建构》，载胡经之、张首映编《西方二十世纪文论选》（第 2 卷），北京：中国社会科学出版社，1989 年，第 12 页。

③ 赵毅衡：《当说者被说的时候：比较叙述学导论》，北京：中国人民大学出版社，1998 年，第 192 页。

以创立一种情节的'门捷列夫周期表'"，然而他的操作方式却是从主题、人物和动作出发的。[①]刘勇强认为"情节类型研究可以在不同层面展开"[②]，完全放弃了形式抽象性，在操作层面倾向于主题分类。以此思维方式分类，基本上不具有概括性。例如康丽仅给"中国巧女故事"就分出了三十二个情节类型。[③]仁钦道尔吉给蒙古-突厥的英雄史诗就分了四个大类型，"四个大类型中也有若干小类型"[④]。甚至有人把古代小说"同梦"的动作或题材模式也看作一种情节类型。[⑤]

至今对情节类型的讨论主要集中在三个方面：一是情节中的人物，二是叙述中的功能项的结构，三是主题。前两种分类方式都需要更基础的分类为基础，而这两种分类法都因没有统一的框架而不能达成统一。用主题进行情节分类的，分出来的类别五花八门，失去分类的形式抽象性特征，基本上不具参考价值。因此几乎所有的尝试都以失败告终。

（二）情节分类的理论基础

对情节进行分类必须面对一个更基础的问题：到底什么是情节？首先难以处理的问题是"情节到底处于哪一个层次"。申丹厘清了对"情节"这一概念理解的混乱，尤其值得注意。申丹认为，查特曼指出了结构主义对情节所处位置的理解是在"话语"这一层次，"在结构主义的'故事'与'话语'的区分中，情节属于'话语'这一层次，它是在话语

---

① 叶戈洛夫：《最简单符号体系与情节类型学》，杨伟民译，载赵毅衡《符号学文学论文集》，天津：百花文艺出版社，2004年，第88-101页。

② 刘勇强：《古代小说情节类型的研究意义》，《北京大学学报（哲学社会科学版）》2010年第3期，第133-137页。

③ 康丽：《故事类型丛与情节类型：中国巧女 故事研究（上）》，《民族艺术》2005年第3期，第76-88页。

④ 仁钦道尔吉：《蒙古-突厥英雄史诗情节结构类型的形成与发展》，《民族文学研究》2000年第1期，第17-25页。

⑤ 王凌：《古代小说"同梦"情节类型浅谈：以唐传奇和〈红楼梦〉为中心》，《明清小说研究》2008年第1期，第41-53页。

这个层面上对故事事件的重新组合。'每一种组合都会产生一种不同的情节，而很多不同的情节可源于同一故事'"，这一认识助长了理解的混乱。①她进而从普罗普与什克洛夫斯基的比较中发现"他们研究的情节分别处于故事和话语这两个截然不同的层次上"②，"在迄今为止的理论评介中，这两种情节观之间的本质差异一直被忽略或被掩盖"③。这一认识非常敏锐且使问题明晰。申丹进而系统地清理了两种情节观，特别是查特曼等人对造成理解混乱的推波助澜作用，指出两种情节观均存在一定程度的偏误，但建议"最好把情节保留在故事事件这一层次，把各种形式技巧都看作在话语这一层次上对故事事件进行的加工处理"④。申丹如此建议的主要目的是避免混乱，与西方主要结构主义学家对情节的处理保持一致。

申丹也提到了托马舍夫斯基得到一些西方批评家认可的对情节的定义："故事是按实际时间、因果顺序连接的事件。情节不同于故事，虽然它也包含同样的事件，但这事件是按作品中的顺序表达出来的。"⑤但托马舍夫斯基也说过"我们把这种内部相互联系的事件之总和叫作情节"⑥。对该问题游移不定，但似乎更重故事和事件。赵毅衡对情节的定义是："情节就是被叙述者选中统合到叙述文中的事件具有序列性的组合。"⑦赵毅衡强调了对事件的安排，又强调了叙述时间（序列），就既考虑了故事事件，又考虑到了话语层面的安排。在情节大小方面，赵毅衡对情节定义的底线比托马舍夫斯基走得更远，托氏认为"情节就是处在逻辑的因果——时间关系中的众多细节之总和"⑧，而赵毅衡认为情

① 申丹：《叙述学与小说文体学研究》，2 版，北京：北京大学出版社，2001 年，第 33 页。

② 申丹：《叙述学与小说文体学研究》，2 版，北京：北京大学出版社，2001 年，第 31 页。

③ 申丹：《叙述学与小说文体学研究》，2 版，北京：北京大学出版社，2001 年，第 34 页。

④ 申丹：《叙述学与小说文体学研究》，2 版，北京：北京大学出版社，2001 年，第 44 页。

⑤ 申丹：《叙述学与小说文体学研究》，2 版，北京：北京大学出版社，2001 年，第 44 页。

⑥ 鲍·托马舍夫斯基：《情节和情节分布》，载胡经之、张首映编《西方二十世纪文论选》（第 2 卷），北京：中国社会科学出版社，1989 年，第 80 页。

⑦ 赵毅衡：《广义叙述学》，成都：四川大学出版社，2013 年，第 167 页。

⑧ 鲍·托马舍夫斯基：《情节和情节分布》，载胡经之、张首映编《西方二十世纪文论选》（第 2 卷），北京：中国社会科学出版社，1989 年，第 83 页。

节的底线定义是"被叙述出来卷入人物的事件"①，情节单元小到事件。事件存在于经验世界之中，而情节存在于叙述世界之中。托马舍夫斯基在故事层和话语层之间游移不定，但可能更倾向于故事事件层，赵毅衡更倾向于考虑"事件"和"话语"二者。申丹只建议了情节最好处于故事层，但没有建议情节的大小。从申丹在该书后面部分的论述来看，她其实也同意结构主义叙述学家"将情节视为故事中的结构"的观点，也将情节的最小范围放在了事件层。②赵毅衡提到，"现代欧美文论的总趋势似乎是把情节单元越弄越小"③，特别是托马舍夫斯基等的努力，使情节分类研究朝基本情节单元进展成为可能。

本文同意赵毅衡的处理方式，情节大小方面，底线是事件层，结构方面，情节同时存在于事件层和话语层中。首先，如果把情节放在"故事"而非"事件"层，由于故事可以是由多个事件组成的，而且事件会有反反复复的变化，无疑会使情节分类无法处理如此复杂的情况。之前许多先贤之所以没有办法处理这个难题，其根源之一就是把情节的外延进行了这种扩大化处理。其次，将情节放在故事事件层而不考虑话语层的话会导致对情节理解的片面化。任何情节都只可能是叙述出来的，而不仅是被经验出来的。对实在世界中的事件而言，只有被叙述出来才具有因果关系。对虚构故事而言，必然是先有话语再有故事，话语是故事的基础和存在处所。特别是在"否叙述"中，既然所述的故事没有发生，当然就不存在故事，然而却有情节。最后，本文建议必须对事件进行一个具有延展性的限定：事件就是可以被归纳入一个因果关系中的动作或状态组合。赵毅衡认为"事件是事物的某种状态变化"④，其中涉及"状态"和"变化"，也就是本文所说的"因果"和"动作或状态组合"（时间）。让事件具有延展性的目的是使本分类法既可用于微观，又可用于宏观，这也是对赵毅衡尝试使用"意元"对情节进行分类的一个呼应。

---

① 赵毅衡：《广义叙述学》，成都：四川大学出版社，2013 年，第 166 页。

② 申丹：《叙述学与小说文体学研究》，2 版，北京：北京大学出版社，2001 年，第 47-50 页。

③ 赵毅衡：《当说者被说的时候：比较叙述学导论》，成都：四川文艺出版社，2013 年，第 197 页。

④ 赵毅衡：《广义叙述学》，成都：四川大学出版社，2013 年，第 166 页。

一个事件或情节单元在观念中只涉及一个因果关系组合，事件是经验世界的因果关系，情节是叙述中的时间化因果关系。因与果本身是可大可小的，具有延展性。"只有身处具体文本给出的疆域，我们才能真正明白自己面对的是什么"[①]，因而普罗普的人物功能论就极不适合用来归纳情节类型，因为 31 个功能项之间涉及太多的因果变数。正如讨论叙述的时候我们只能单个地看一样，讨论情节的时候也只能分解为单个的情节单元。

情节分类的第二个关键是我们必须以情节的本质规定性对其进行分类，而不应该以其中的内容进行分类。上文提到的多种分类方式，都未涉及实质性问题。热奈特给叙述的定义是："叙事即用语言，尤其是书面语言表现一件或一系列真实或虚构的事件。"[②]语言涉及时间，事件涉及因果。托马舍夫斯基也说过："应当强调的是，情节不仅要有时间的特征，而且要有因果的特征。"[③]综合上文各家论述，情节就是对事件用叙述话语进行处理的结果。在事件层面，主要涉及因果范畴，在话语层面，主要涉及时间范畴。简单地说，情节就是事件的时间化和因果化。

（三）时间化与因果化的关系

任何一个事件只要进入经验，必然被赋予时间。按康德的理解，时间和空间是先验的。任何进入意识的事件，首先必然是有时间性的，不然该事件不能被感知。时间是线性的，一维的，不可折回的。这是意识之所以能够把握事件的根本前提之一。康德认为人也有先验逻辑能力，先验逻辑最重要的是因果逻辑。因此任何进入时间流中的事件都可能被

① 董明来：《预言与回旋：从〈百年孤独〉中的羊皮纸看回旋分层的逻辑特点》，《符号与传媒》2012 年第 1 期，第 72-78 页。

② 热拉尔·热奈特：《叙事的界限》，王文融译，载胡经之、张首映编《西方二十世纪文论选》（第 2 卷），北京：中国社会科学出版社，1989 年，第 344 页。

③ 鲍·托马舍夫斯基：《情节和情节分布》，载胡经之、张首映编《西方二十世纪文论选》（第 2 卷），北京：中国社会科学出版社，1989 年，第 79 页。

人纳入因果关系中思考整理。本文暂不进入复杂的现象学讨论，但是要阐明一个比较容易被理解和接受的观点。任何事件之所以能进入意识形成表象，必然需要意识的表象能力。人的意识有表象时间和因果的能力，所以被人感知的事件就具有时间性和因果性。在时间维度，实在世界的一组因果只能被理解为前因后果；在空间或结构维度，只能被理解为一因一果。

在经验世界，上述结论可能被完全推翻。对时间而言，量子力学早已开始研究"时间反演"，时间可逆。人为某个目的而采取行动，目的是因，行动是果，行动在先，目的在后，所以是先果后因。伏尔泰说，"如果自然没有任何目的因，那便等于否定了人类的视觉和悟性"[①]。在心理世界，因果的时序更加自由。随着思维科学的发展，单因果论也受到了系统论乃至后现代理论的挑战。在系统论中，路德维希·冯·贝塔朗菲（Ludwig von Bertalanffy）发现"物质系统的因果关系极为复杂，并非单因果关系所能表示"[②]。任何果都不可能只有一个因，任何因都不可能只有一个果。客观世界不存在单因果事件。先验能力是纯粹的，经验世界是复杂的。要用纯粹的先验能力去理解复杂的经验世界，需要一个强烈的意向性冲动。叙述便是这个意向性冲动的直接表现。

叙述的目的是把我们对世界的理解用话语表达出来，最初只可能是按先验能力的形态去重构经验。所以，最初的叙述情节，只可能是前因后果的单因果形态。此形态经过累加、变形、丰富，才逐渐演变为各种复杂的情节类型。我们只要对人类叙述史做一个简单的检查便可验证。情节类型发展的基础动力，来自经验对先验能力的改造。叙述本身也是改造先验能力的重要手段，它使人的意识能够把握更为复杂的经验世界的内容，并通过再生创造经验世界本身。

处于叙述中的事件被赋予两个最基本的性质：时间性和因果性。因此，任何叙述中的事件，必然是时间化的和因果化的。由于先验能力的定势，叙述中的时间性被自然地因果化，因果性被自然地时间化。赵毅

---

① 伏尔泰：《哲学辞典》，续建国编译，北京：北京出版社，2008年，第76页。
② 黄麟雏：《高科技时代与思维方式》，天津：天津科学技术出版社，2000年，第148页。

衡批评过福斯特的偏颇，福斯特认为"时间关系，只是因果关系的伴随物"，然而事实却是"小说叙述的时序关系总是隐含着因果关系……时序关系只不过是非明言的因果关系"①。其实反过来看这个道理也说得通，任何因果关系也隐含着时序关系，因果关系也是非明言的时序关系，所以他认为"时序即因果……我们已经无法把因果与时间相分离"②。结合上面的理解，这个说法就非常有道理。但是，随着叙述情节形态的多样化发展，这样理解将面临越来越多的挑战。例如，在心理时序的意识流小说中，我们常常难于在时间上相邻接事件之间建立因果连接。在时间穿越类小说中，我们更难给具有因果关系的事件一个常规的时间性理解。

因此，本文认为，因果与时间，必须在观念上分开，才能解释越来越丰富的情节类型。但是分开之后也存在一个问题。任何叙述，必然包含叙述层和事件层两个层次，是每个层次都包含两个范畴还是各占其一呢？按理说，每个层次都应该包含二者。叙述层必然有个叙述时间，同时也有一个如此叙述的原因。事件层必然有个因果关系，同时也有一个事件发生的时间顺序。但是，对叙述层而言，显在的是时间，从叙述时间的安排即可推断如此叙述的原因，所以因果不是理解情节本身所必需的；对事件层而言，显在的是因果，因果关系必然是前后关系，理解了因果关系即可将事件时间化，所以事件发生的时间关系也不是理解情节本身所必需的，事件层的时间是理解因果关系的辅助。因此，情节的时间化和因果化内涵，是叙述层面的时间化和事件层面的因果化。这二者，是叙述者对事件的两个基本处理维度。情节分类学的着手点应在于此。

就因果类型而言，可能有的组合有如下七种：一因一果、一因多果、多因一果、多因多果、有因无果、有果无因、无因无果。对时间类型而言，可能形态有如下三种：顺时序、倒时序、无时序（心理时序）。任一因果类型均可与任一时间类型搭配组合，从而产生 21 种情节类型。这

---

① 赵毅衡：《当说者被说的时候：比较叙述学导论》，成都：四川文艺出版社，2013 年，第 217-218 页。

② 赵毅衡：《当说者被说的时候：比较叙述学导论》，成都：四川文艺出版社，2013 年，第 219 页。

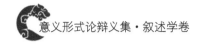

21 种组合方式，基础类型是一因一果顺时序型。这种类型是先验能力赋予我们理解世界的基础，也是所有叙述解释回归的终点。情节变化，是为了理解经验世界的杂多，取得关于人事的"说服性"。情节的解释动力，是试图将其还原为先验形态的冲动，取得关于人事的理解。任何情节的解释，都必经历一个"二次情节化"的过程。所有叙述，都会被二次情节化尝试还原为一因一果的顺时序情节。

在上述可能组合中，有多个组合没有因果关系。对这些类型，申丹建议"倘若故事事件已不再是作品的骨架（譬如已被意识的延续性和其内在结构所替代），我们也许最好不再称之为情节，以免造成混乱"[1]。例如心理时序与无因无果型的搭配。但是只要事件被安放在一个叙述文本中，就必然有情节。无因果无时序的事件，仍然可以被"二次情节化"还原为一个情节。

（四）情节类型的举例与归纳

本文给每一种情节类型举一些例子，证明这些类型不仅确实存在，而且是现代小说建构情节模式的基本思路。有些例子是微观层面的，有些例子是宏观层面的，二者可以互相借用。

一因一果型。一因一果顺叙型是最基本、最经典的叙述类型。福斯特所举的那个广为人知的例子，虽然问题很多，但此处可借用："国王死了，接着王后也伤心而死"。若改为"王后伤心而死，因为国王死了"，则为倒叙型。若写成"国王死了。王后也死了"，则是心理时序型。中国古代小说常用的"单线叙述"，"环环相扣"的情节模式是一因一果顺序型，只不过因果链被不断地延伸。一因一果顺叙型，是所有情节的起点，也是解释所有情节的终点。上文整理的自亚里士多德以来建立在人物、功能基础上的情节分类模式，基本上都局限在此类型之中。

---

① 申丹：《叙述学与小说文体学研究》，2 版，北京：北京大学出版社，2001 年，第 50 页。

一因多果型。①顺叙型。在一部小说中，可以给小说安排几个不同的结局。现在网络上流行一种叫作"双结局"的小说，一个喜剧结尾，一个悲剧结尾，读者可以根据自己的喜好，选择一个结局看。②倒叙型。许多悬疑小说和侦探小说都是这种类型。帕特里克·聚斯金德（Patrick Süskind）的小说《香水》（*Das Parfum*）中有一段情节，先是一个 15 岁少女赤身裸体地死了，随后又有 23 名美丽的少女莫名死亡，这些少女的头发和衣服都被弄走，然而她们没有受到奸污。这些"果"使格拉斯市民非常恐惧。后来"因"终于弄明白，是让-巴蒂斯塔·格雷诺耶（Jean-Baptiste Grenouille）为了搜集她们的体香制作香水而将她们杀害。每一个少女的死亡都是一个果，"因"是后来才发现的。③心理时序型。王蒙的《春之声》写岳子峰搭闷罐子车回乡探亲，思绪万千，他产生了无穷的联想，看到了无数的新景象，这些联想之间没有时间关联和因果关联，促使他产生这些思绪、看到这些"果"的原因，正是社会的变化。

多因一果型。①顺叙型。《子夜》的宏观结构，先写吴荪甫面临的各种困难，有来自买办资本家赵伯韬的，有来自工人的罢工斗争的，有来自家庭成员反戈的，有来自国家不安定战乱频繁的，有来自农民暴动的，有来自民族资本家内部争斗的，所有的因最终导致一个结果：破产。②倒叙型。芥川龙之介（Ryunosuke Akutagawa）的《筱竹丛中》对同一个凶杀案，砍柴人、捕手、老婆子、凶手多襄丸、女人、死者幽灵各有一个叙述，每个叙述都像原因，但是又互不相同，"果"是死者在叙述一开始就被凶手杀死。③心理时序型。这种模式在对描写猜测心理活动时最常见。施蛰存的小说《春阳》写婵阿姨的心理活动时有一段很典型，婵阿姨看到一家人吃饭，产生一段心理活动，然后感到难堪。"难堪"是果，她的各种猜测是因。

多因多果型。①顺叙型。《水浒传》的宏观结构，108 将被逼上梁山各有各的原因，而每个人又都有一个不同的终局与结果。②倒叙型。比较复杂的侦探小说或推理小说常采用这种情节类型。阿加莎·克里斯蒂（Agatha Christie）的《尼罗河上的惨案》（*Death on the Nile*）先给出几个"果"，年轻漂亮刚做新娘的林内特·里奇韦（Linnet Ridgeway）

在度蜜月时被谋杀了，紧接着她的女佣路易斯·布尔热（Louise Bourget）也死了，案件目击者莎乐美·奥特伯恩（Salome Otterbourne）也死了，就有了三个"果"。在埃屈尔·波洛（Hercule Poirot）展开侦探的过程中发现，船上每个人似乎都有作案的动机和时间，于是就展开了多个"因"的追寻，情节的过程是多个原因的展开。③心理时序型。比较复杂的意识流小说常用这种情节类型。普鲁斯特的《追忆逝水年华》、詹姆斯·乔伊斯（James Joyce）的《尤利西斯》（Ulysses）都可以归入这种情节类型，这种类型让理解变得极其困难。二次叙述化试图将无时序整理成有时序，将杂乱的因果关系有序化，因而阅读过程充满挑战性与创造性。

有因无果型。①顺叙型。《边城》没有给主人公翠翠的爱情结局一个交代，而是用"这个人也许永远不回来了，也许'明天'回来！"结尾，只说可能性，不说最后结果。这种情节结构模式不交代结果，反而给读者留下思考的空间。②倒叙型。这类情节模式往往从回忆开始，然后追述人生经历，但最终仍然得不出答案，这是一种开放式情节模型。《忏悔录》（第二部）一开始就说："在两年的沉默与忍耐之后，尽管我曾屡下决心不再写下去，现在还是拿起笔来了。"[1]开始便指明这是倒叙，但是由于忏悔录必须假定忏悔者和被叙述的忏悔者为同一人，所以无法给这个被叙述的自己一个结局，第三部也没有写出来[2]，因此是有因无果的。③心理时序型。《边城》中有一段翠翠回忆与二老见面场景的心理活动，放大一点看，翠翠看见二老是因，产生心理活动是果。缩小一点看，翠翠的心理活动内部就只有因没有果，她有了这些无时序的回忆，但她并不知道该怎么办，也不知道结局会是什么。

有果无因型。①顺叙型。冯骥才的《高女人和她的矮丈夫》，写了一对个子高矮悬殊的夫妻引发了团结大楼居民的议论、好奇乃至迫害，但不叙述这些人如此做的原因，又写了高女人的死去和矮丈夫一如既往地单独与孩子生活的结果，但始终不交代这对奇怪身高组合夫妻结合的原因和他们的身世。②倒叙型。徐志摩的诗歌《我不知道风是在哪一个

---

① 卢梭：《忏悔录》（第二部），范希衡译，北京：商务印书馆，1986年，第343页。
② 卢梭：《忏悔录》（第二部），范希衡译，北京：商务印书馆，1986年，第808页。

方向吹》每节以"我不知道风/是在哪一个方向吹"开头，说明"我"不能解释各小节后两句合在一起叙述的那个结果。这个结果是从"她的温存，我的迷醉"变到"她的负心，我的伤悲"，直至我"在梦的悲哀里心碎"。③心理时序型。屈原的《天问》，用一百七十多个问题结构全篇，相当于叙述了一百七十多个结果，每个结果中又包含着问题，但是并不叙述原因。

最难理解的是无因无果的各种类型。既然无因又无果，叙述如何可能？佛教的因果循环律认为："第一，没有无因而生果的。第二，没有有果而无因的。第三，没有果不成因而再生果的。"①既然如此，叙述怎么可能做到无因无果？本文的观点是,此种情节类型可以是一种片段化、相对化的情节类型。叙述可以暗示该事件前面有一个因，后面有一个果，但是故意不把二者说出来，或者说出来之后又将其取消。因为前因后果都被取消，所以时序也只存在于被叙述出来的那个"片段"之中。当然，这个片段本身可以是上述类型的任一种。"否叙述"指说一个情节，又说这个情节没有发生。马原的《虚构》，先讲故事，然后说故事根本就没有发生，是无因无果顺叙型。古装情景喜剧《武林外传》中的掌柜佟湘玉的经典台词叙述了一个没有发生的情节："我错了，我真的错了。我从一开始就不应该嫁过来；如果我不嫁过来，我的夫君也不会死；如果我的夫君不死,我也不会沦落到这么一个伤心的地方。"不嫁过来(因)、夫君不死、不沦落到这个地方（果），在事件层都没发生，所以也就不存在因也不存在果，但是该情节内部可以被理解为顺时序的。回旋跨层叙述也是无因无果型的一种类型。《百年孤独》关于羊皮纸手稿的回旋分层叙述部分，叙述层是故事层的因，故事层又是叙述层的因，叙述层和故事层互为因果。互为因果的本质也可以理解为无因无果，因果互相生成，同时也是互相取消。

所有情节的基础是一因一果顺叙型，其他类型基本上都是在此基础上的延伸或变形。一个复杂的叙述可以是由各种类型组合成的情节系统。

---

① 周叔迦：《周叔迦大德文汇》，北京：华夏出版社，2012 年，第 402 页。

情节组合可分可合，合在一起看是一个情节，分开来看是多个情节的组合。下面我们以福斯特所举的"国王"和"王后"的例子来说明，同一个事件，可以改成各种不同的情节。

	顺时序	倒时序	心理时序
一因一果	国王死了。接着王后伤心而死。	王后伤心而死。因为国王死了。	国王死了。王后死了。
一因多果	国王死了。王后伤心而死。妃子也伤心而死。	王后伤心而死。妃子伤心而死。因为国王死了。	国王死了。王后死了。妃子死了。
多因一果	国王死了。王后很爱国王。后来王后因伤心而死。	王后伤心而死。因为王后很爱国王。然而国王死了。	国王死了。王后死了。王后很爱国王。
多因多果	王后很爱国王。妃子也很爱国王。国王死了。王后因伤心而死。妃子也因伤心而死。	王后死了。妃子也死了。因为王后和妃子都很爱国王。然而国王死了。	王后很爱国王。王后死了。国王死了。妃子很爱国王。妃子死了。
有因无果	如果国王死了，王后会伤心而死。后来国王死了。	国王死了。王后曾说，如果国王死了，她会伤心而死。	王后很爱国王。国王死了。如果国王死了，王后会伤心而死。
有果无因	如果国王死了，王后也会死的。后来王后死了。	王后死了。王后曾说，如果国王死了，她也会死的。	王后死了。如果国王死了，王后也会死的。
无因无果	如果国王死了，王后也会伤心而死。	如果王后伤心而死，一定是因为国王死了。	如果王后还活着，就说明国王还活着。如果王后死了，就说明国王已经死了。

在有因无果和有果无因的六种模式中，每种类型还包括两个亚型。有因无果型至少包括一因无果亚型和多因无果亚型；有果无因型包括一果无因亚型和多果无因亚型。本文没有对这些亚型展开列举，是考虑到这几类亚型很容易理解，而且不影响该情节的总体类型构架。进一步说，如果没有语境因，一因无果很难被理解为情节。在一果无因型中，若没有果与果之间的关联语境，也很难导向对因的追问，因此也难被理解为情节。无因无果型包含的亚型更多，可以是前四个因果类型进行否定后的各个亚型。但是这些亚型都不影响我们对该大类的理解和把握。

从上述情节类型的变化我们可以看出，不论是处于故事层的因果，还是处于叙述层的时间，都是叙述者选择的对故事的不同处理方式。叙述者既可以决定选择哪些因或哪些果进入情节，也可以决定用什么时序来呈现情节，所以情节就是因果与时序的结合。同时我们也可以注意到，在时序关系中，解释情节时，二次叙述总是将时序还原为顺时序，将因果补充、组合、分解或重构为一因一果。对无因或无果的情节，二次叙述进行补充。对多因的情节，二次叙述进行组合。对多果的情节，二次叙述进行分解。对无因无果的情节，二次叙述进行重构。只要二次叙述能够通过上述步骤成功还原，我们就会认为该事件"有情节性"；如果失败，就会认为它"无情节性"。

（五）不是结论的结论

情节类型问题是叙述学的千年难题。本文从情节的本质规定性入手，尝试从因果和时间两个基本维度入手，把各种情节类型进行一个抽象的整理与归纳，尽可能涵盖全部，并启发小说对新的情节类型探索。特别是对无因无果大类中的各种亚型的探索，极有可能会使情节形态更为丰富多样，使叙述的趣味性和说服性更强也更多元。本文建议的分类方式，是一个大胆的尝试，能否得到实践的检验和同行的认可，仍然需要因果论证，更需要时间。

附录　符号叙述学的兴起：赵毅衡访谈录①

The Rise of Semio-Narratology: An Interview with Mr. Zhao Yiheng

方小莉
Fang Xiaoli

方小莉：虽然您多次被问到这个问题，但我今天还是想再问一次。当初在全国上下都热衷于内容，批判所谓的"形式主义"的时候，您是怎么就选中了形式研究呢？而且还一做就是 40 年，是什么力量让您始终坚持不放弃？

Fang Xiaoli: Today I'd like to ask you a question which I believe you must have been asked many times. Why did you choose to study formalism when people all over the nation were keen to the research of content and criticizing the so-called "Formalism study"? And what is the spiritual power that keeps you being absorbed into the study for as long as 40 years?

赵毅衡：这个问题，功劳不能归于我自己，而应该归于我的导师卞之琳先生。形式论是 20 世纪西方文学理论的四大支柱理论之一，20 世纪初在世界各个地方自发产生。英国形式论的一些主要人物在 20 世纪 30 年代来到中国，长期在清华大学、西南联合大学教书，跟中国的知识分子关系密切，也产生了一系列重要成果，影响很大，但这影响后来中断了。我的老师卞之琳先生是莎士比亚研究大师，把我招进去本来也是

① 本文原载于《英美文学研究论丛》，2016 年第 2 期。本文在原论文基础上略作了修改。

做莎士比亚研究。研究了一年后，他发现我写的文章老要讲究形式上的理论问题。他没有批评我，而是认出我的思想方式是他在20世纪30年代比较熟悉的，当时瑞恰慈在清华大学讲课，卞之琳先生是北京大学学生，也去听了。种子在当年已经播下，希望我可以拾起来，把形式论一路追踪，直到符号学。他向我推荐了一本书，这本书很奇怪，是1963年出版的文集——《批判资产阶级文艺理论》，借批判为名，将一些主要的文艺理论文章集合起来。这本书成为我从事研究的起步材料。形式论是老师委托我做的，我一直做到今天。老师的嘱托不敢忘，40年都不敢忘。可以说做形式论不是我的先见之明，是中国知识界长期的愿望，这个愿望未能得到实现，而卞之琳先生慧眼金睛，给我指出了道路，我就走到现在。到今天，我依然觉得我的工作，尚无法告慰老师的在天之灵。

Zhao Yiheng: As for your question, I cannot simply give the credit to myself. Instead, I own much to my teacher, Mr. Bian Zhilin. Spontaneously produced in every corner of the world in the early 20th century, formalism is one of the four theoretical pillars of western literary theories in the 20th century. In the 1930s, some of the main representatives of British formalism came to China and then became teachers in Tsinghua University and the Southwest United University for quite some time. As a result, they had close relations with Chinese intellectuals and also produced a series of important results with huge but discontinuous impact. As a master of the study of Shakespeare, my teacher certainly expected me to do Shakespeare studies after I was admitted by the university. However, after my first year's study, he found that I always paid much attention to the formal theoretical problems in the articles I had written. However, he did not criticize me. Instead, he recognized my way of thinking was identical with something he used to be familiar with in the 1930s. At that time, I. A. Richards was teaching in Tsinghua University and my teacher also audited his class as a Peking University student. Since then the seeds of formalism have been planted in

his minds and he hoped I could pick it up and trace formalism all the way to Semiotics. Afterwards he recommended me a strange book named *Criticism of the Bourgeois Literature and Art Theory*（批判资产阶级文艺理论），an anthology published in 1963. It assembled some major articles of literary theories in the name of criticism and then became the earliest material for my research. I have been devoting myself to formalism study to this day because my teacher commissioned me to do so, and I could never forget his entrustment, not over the past 40 years. So to speak, I am not the one who has the foresight to do formalism research. On the contrary, it is the long-term aspiration of the Chinese intellectual community, but it failed to be realized over the years, and it was Mr. Bian Zhilin who has the vision and showed me the way I have been working on. Till today, I still feel that my work is far from comforting my teacher's spirit in the Heaven.

方小莉：谢谢赵老师。虽然您刚才将所有的功劳都归给了自己的先生，但我们都知道您 40 年不忘先生的嘱托，坚持形式论研究，是一件多么不容易的事。

Fang Xiaoli: Thank you, Mr. Zhao. Even though you have just attributed all the credit to your teacher, we all know that it is not an easy job to insist on formalism research just for the sake of your teacher's entrustment over the past forty years.

赵毅衡：人这一辈子，做不了太多的事，能做成一桩事就行了，哪怕这一桩事情被别人看作很小的事。中国人喜欢赶潮流，千军万马去挤独木桥，我们应该走出自己的路。

Zhao Yiheng: People cannot do too many things in their short lives, so it would be fine as long as you could just accomplish one thing, even if it may be seen as a little thing by others. Our Chinese always like to keep up with the trend to squeeze their way out of a single-wood bridge. As a matter of fact, we should independently choose our own way of life.

方小莉：您刚才提到要走出自己的路。我回顾了一下您40多年的研究。您的每一次选择似乎都与国内的研究方向背道而驰。虽然一开始，有些人可能不看好，但您每次都能够独辟蹊径，有一番作为。比如，前面我们提到，当国内热衷于内容，批判形式时，您选择了形式；当国内的学者们主要关注索绪尔传统，您却关注皮尔斯传统；这也意味着当国内的符号学家们主要从事语言符号学研究时，您却主要研究文化符号学；不仅如此，当全世界的叙述学家们都只关注门类叙述学时，您却来挑战建立一门广义叙述学。请问这是做研究时独具慧眼呢，还是出于什么原因呢？您能否跟我们简单概述一下，您当初选择这些方向的原因，分享一下您的研究心得？

Fang Xiaoli: You just mentioned that we must find out our own path in life. So I reviewed your research for the past over 40 years and then find out that every choice you ever made seems to go against the domestic research. Although some people may don't believe in you at the beginning, every time you can always blaze a new trail and make some achievements. For example, as we have mentioned earlier, you chose the formalism research when the domestic scholars were passionate about the study of content and criticizing formalism study. What's more, when the domestic scholars focused their attention on Saussure Tradition, you are more concerned about the Pierce Tradition. This also means that when Chinese symbologists were mainly engaged in the research of Linguistic Semiotics, you were indulged in the study of Cultural Semiotics. Except for that, you tried to establish General Narratology when the narratologists around the world are only interested in Generic Narratology. Is that because you got some inspiration when you

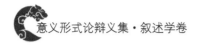

were doing your research, or you just did it for some other reasons? Can you briefly tell us the reason why you chose these study directions and share your research experience with us?

赵毅衡：关于这个问题，有一个经历对我刺激很大。20 世纪 80 年代时，有位文学所的副所长，一位我非常尊敬的学者，他当时在编辑一套文学理论丛书。他与我讨论这套书的构想时，说我们研究中国文学的人都是自己找题目，你们做外国文学的，外国人说什么，你们就是什么的"二道贩子"。他是我很尊敬的学者，他这个话给我一个很大的刺激。我当时想，难道我们就贩卖一些外国人所说的话就行了吗？是不是抄几个外国书就能做成自己的学问呢？我当时正在写《文学符号学》那本书，的确大量的东西是在介绍国外的思想。他的确刺激了我，应当来说，中国学者，中国有自尊心的学者不应当只做二道贩子。我很想破除这种偏向，中国的学者应当走自己的路，在国际上也要走自己的路。

Zhao Yiheng: As for this issue, I want to say that I was greatly stimulated by a previous experience. In the 1980s, there was a deputy director of an Institute of Literature, a scholar I respect very much, editing a series of literary theory books. When he discussed his concept of this set of books with me, he said that all of them who studied Chinese literature looked for research topics by themselves. However, those people like me who were engaged in the study of foreign literature were like a group of second-hand traffickers, because we simply did what those foreigners had said. He is a scholar I respect very much, and his words gave me a great spiritual stimulation. I wondered at the time if it was enough for us to sell the words some foreigners had already said before? Could we produce our own academic theories by copying a few foreign books? I was writing the book *Literature Semiotics* at that time in which I indeed introduced a lot of foreign ideas. His words really got on my nerves. We could say that those Chinese scholars with self-esteem should never be satisfied to be second-hand dealers. I am eager to get rid of this bias because Chinese scholars should go their own ways both at home and abroad.

方小莉：我们都知道叙述学经历了经典叙述学、后经典叙述学两个阶段。经典叙述学受到结构主义的影响，主要关注封闭的文本研究，而后经典叙述学则将社会历史语境纳入研究范围内。您的广义叙述学建立后，国内一些学者，比如王瑛、王委艳等，认为叙述学的研究进入了第三阶段。您能不能谈一谈叙述学三个阶段的根本性区别以及国内外学者对于这三个阶段的不同认知？

Fang Xiaoli: We all know that Narratology has gone through two stages, that is Classical Narratology and Post-classical Narratology. Influenced by Structuralism, Classical Narratology mainly focused on the closed texts study, while Post-classical Narratology incorporated social historical context into its study. After the establishment of your General Narratology, some domestic scholars, such as Wang Ying and Wang Weiyan, believe that the study of Narratology has advanced to the third stage. Could you please talk about the fundamental differences between the three stages of Narratology and the different perceptions of these three stages by domestic and overseas scholars?

赵毅衡：说广义叙述学是第三个阶段，可能是太过溢美之词，一个人无法开创一个阶段，我没有那么妄自尊大。但是，做中国学者有中国学者的好处。很多外国人很容易搞错的事情，中国人反而不容易搞错。比如符号学当中最简单的 symbol 一词，既有"符号"又有"象征"的意思。外国人，哪怕是西方一流的学者都经常混淆，卡西尔的书讨论"象征哲学"，两个意义混用，没法儿翻译。中国的符号与象征是不同的，所以中国人要拿出自己的意见，不必像西方人那般混用。

Zhao Yiheng: I think that it is too much to view General Narratology as the third stage because a stage cannot be created by a single person and I am not an arrogant person. However, Chinese scholars do have their own benefits, that is, many foreigners are easily mistaken by some things which will not be mixed up by our Chinese people. For example, symbol, the simplest word in Semiotics, has the meanings of "signs" and "token". Therefore, those foreigners, even the first-rate western scholars, would often get confused. Ernst Cassirer once discussed "symbolic philosophy" in his books. However, the book failed to be translated to Chinese because he mixed up its two meanings in the book. In China, signs and tokens are two different things, so the Chinese people will not mix them up like those westerners when they want to express their opinions.

西方人在叙述学上有个很大的困难，就是西方自亚里士多德以来一直认为叙述必须是过去式。亚里士多德对比悲剧和史诗，他认为悲剧不是叙述。舞台上演的不是过去时，不是叙述。这个枷锁一直捆绑着西方叙述学界，他们一直认为讲故事必须是过去时。这样就引起了一个基本的问题：戏剧是不是叙述？如果戏剧不是，那么电影是不是？电影实际上是戏剧的记录，是演出的记录。原来普林斯在《叙述学词典》中明确将戏剧开除出叙述，但现在改正过来了。普林斯新的一版的《叙述学词典》将这个问题改正过来，他肯定了现在时应当算叙述。

Westerners have a great difficulty in Narratology study because they have always believed that narrative must use past tense ever since Aristotle. After comparing tragedy with epic, he believed that tragedy doesn't belong to narrative and what is displayed at the stage was nothing about the past nor narration. Being constrained by the yoke for a long time, the scholars in western narratology field always believed that storytelling must also used the past tense. Consequently, it triggered a basic question: is drama a kind of narrative? If not, then how about a movie? A movie is actually a record of drama and performance. Gerald Prince once explicitly removed drama from the range of narrative in *A Dictionary of Narratology,* but now he corrected it in the latest version of the dictionary where he affirmed that the present tense should be accounted as narrative.

我在上海开会时遇到他，我对他说，"就连你们的后经典的叙述学家们都没有把戏剧归入叙述学。你做了此事，你虽然年龄比他们大，但你比他们更开放"。他听了异常高兴，跟我说我看穿了这个事。我在想为什么叫只有我看穿了呢？西方后经典叙述学家还是不愿意离开过去时。他们不愿意改，我愿意改，为什么呢？因为我是中国人，中国语言中没有过去时，那我何必拘泥于这一条呢？这一条不纠正的话，我们的叙述学将永远在小说这一模式中打转。所以你说"广义叙述学"是第三阶段，我觉得是很简单的事情。

When I met him in Shanghai, I told him that "even your post-classical narratologists did not classify drama into Narratology. But you did it. Much older as you are, you are more open than them". Hearing this, he was extremely happy and told me that I actually saw through the whole thing. Then I wonder why I am the only one who is able to see through all of this? That's because the western post-classical narratologists are still reluctant to leave the past tense and they are not willing to make a change, but not including me. Why? It is because I am a Chinese and there is no past tense in the Chinese language. So why should I be stuck with it? If this one cannot be corrected, then I guess our Narratology study will always be restricted within novels. So that's why I believe it is just a very simple thing when you say General Narratology is the third stage of Narratology.

方小莉：您说来觉得简单，但是在这个过程中，您做出了很大的努

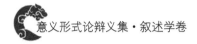

力。您在 2008 年提出了建立一门广义叙述学的构想，接下来您和您的团队就一直在努力建立这门新兴的学科。您在 2013 年完成了《广义叙述学》的撰写，建构了广义叙述学的基本框架。该书可以说是在叙述学界发起了新一轮的革命，不仅引起了叙述学界的普遍关注，同时也获了极大的肯定，荣获了教育部优秀成果二等奖。我们现在就主要来聊一下这个新兴的符号学与叙述学的交叉学科：广义叙述学。首先问一个基本的问题，在您的论文中，您有时候用广义叙述学，有时将其称作符号叙述学，这两个名称指的是同一个意思，还是有不同的内涵？

Fang Xiaoli: Though you may believe it is quite simple, we all know you have made great efforts in the process. You proposed the concept of establishing General Narratology in 2008 and then you and your team have been working hard to establish this emerging discipline. In 2013, you completed the writing of *A General Narratology* which builds the basic framework of General Narratology. In a manner of speaking, the book has initiated a new round of revolution in the Narratology circles. It has not only attracted widespread attention from the Narratology field, but also received wide acclaim and even won the second prize of Outstanding Achievements by the Ministry of Education. Now we are going to talk about this newly emerging General Narratology, a cross-discipline of Semiology and Narratology. First I'd like to ask you a basic question. In your thesis, you call it General Narratology or Semio-narratology. Do these two names refer to the same thing or have different connotations?

赵毅衡：广义叙述学就是符号叙述学，只不过就是让叙述学界听着舒服一些。用"符号叙述学"，听起来似乎符号学占了叙述学的领地。关于广义叙述的定义，任何一个符号文本，只要包含情节就是叙述。因此做梦、律师庭辩等都是叙述，因为它们都包含了情节。

Zhao Yiheng: General Narratology is exactly Semio-narratology. I use two different names just to make it sound more pleasing for the Narratology circle. When you call it "Semio-narratology", it sounds like Semiotics prevails in the domain of Narratology. As for the definition of General Narrative, we can say that any symbolic text that contains a plot is a narrative. So dreaming, lawyers' arguments of defense and so on are all narrations because they all have plots.

方小莉：符号叙述学顾名思义，是叙述学与符号学的交叉学科。那么符号叙述学的学科渊源是什么呢？他看起来既不同于西方的经典叙述学，也不同于西方正热的"后经典叙述学"。即使是西方的主流符号学家，也很少观照叙述学这一块儿，但是"广义叙述学"也不可能是无源之水，您能不能谈谈"广义叙述学"对西方叙述学理论的继承性和其独特性？

Fang Xiaoli: Semio-narratology, as the name implies, is an inter-discipline of Narratology and Semiotics. So what is the real origin of Semio-narratology? It looks different from the western Classical Narratology or the Post-classical Narratology that is hot in the West. Even the mainstream western semiologists rarely pay attention to the Narratology, but General Narratology cannot just appear out of nowhere. Could you talk about its uniqueness as well as the inheritance of western narrative theory?

赵毅衡：我想这个问题是形势所必然。电影与小说改编成为电影常规之后，著名的叙述学家查特曼就说：要将电影改编小说这个问题说清楚，就必须要靠符号学。他认为电影是符号学的领域，实际上就把电影看成了符号叙述。从抽象高度讨论符号叙述学，很早有学者在做，比如格雷马斯，他提出的叙述语法适用于任何的符号文本，只要符号文本有情节，他指的是抽象的情节，并不局限于小说。

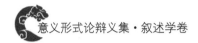

Zhao Yiheng: I think it is contributed to the inevitable trend. After films and novels were adapted into film conventions, Seymour Chatman, a famous narratologist once said, "We have to rely on Semiotics if we want to clarify the adaptation issue." He believes that films should belong to the field of Semiotics, which means he regards movies as semiotic narrative. Some scholars have already tried to discuss Semio-narratology from an abstract perspective. For example, Greimas, A. J. once proposed the narrative grammar applying to any semiotic text with a plot, and he refers to the abstract plots, but not limited to novels.

方小莉：这样来看，西方早期已经有叙述学家关注到了这一交叉学科，然而巴尔特、格雷马斯、利科等人虽然做了许多工作，却没有得到发展？您能不能先谈一下，符号学与叙述学的关系，再进一步谈一谈符号学与符号叙述学的关系？

Fang Xiaoli: From this point of view, there are some western narratologists who have already paid attention to this inter-disciplinary. However, how could the inter-discipline not ever been developed since such people as Barthes Roland, Greimas A.J., Ricoeur Paul, and others have done considerable works in this field? Could you please talk about the relationship between Semiotics and Narratology first and then tell us something about the relationship between Semiotics and Semio-narratology?

赵毅衡：符号叙述学就是符号学应用于叙述，就是这么简单。

Zhao Yiheng: Semio-narratology is produced when Semiotics is applied into narrative. It is really as simple as that.

方小莉：那就是叙述学把符号学的相关原理应用到叙述学内，形成这样的一个交叉学科。

Fang Xiaoli: That is to say, it is an inter-disciplinary formed after the principles of Semiotics find their applications in Narratology.

赵毅衡：但是要注意有一个东西在叙述学中是关键，但是在符号学中不是关键，那就是情节。因为一般的符号文本不一定有情节，陈述不是叙述。西方为什么一直没有发展出符号叙述学，我想是学界大了以后，学科反而要维护自己的阵地。每个学科似乎都要固守着自己的名字不愿意放下，有些画地为牢。事实上保罗·科布利（Paul Cobley）的那本《叙述》（*Narrative*），最后已经涉及了符号叙述，但他始终进不了叙述学的圈子。相反，从叙述学中不乏朝符号叙述学移动的学者，比如瑞安做跨媒介叙述，跨媒介叙述学，就是走了一半路的符号叙述学。

Zhao Yiheng: However, it should be noted that there is one thing critical in Narratology and that is the plot. But it is not essential in Semiotics, because the general semiotic texts do not necessarily have plots and statement is not narrative. I think the reason why the West has not developed Semio-narratology is that the discipline manages to maintain its own position after the academic world is getting bigger and bigger. Each discipline seems to stick to its own name and is unwilling to let it go, thus restricting themselves to a small area. In fact, Paul Cobley has finally mentioned Symbolic Narrative in his book *Narrative*, but he never really entered the circle of Narratology. On the contrary, there is no lack of scholars moving from Narratology towards Symbolic Narratology, such as Marie Laure Ryan who is dedicated to the study of cross-media narration, which equals to a half-way Symbolic Narrative.

方小莉：的确，像瑞安所做的跨媒介叙述已经将电影等小说或文学

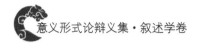

之外的叙述类型都纳入了叙述学的研究范围内。当然我个人认为您跟瑞安有一个很大的区别是，她的研究还主要是停留在门类叙述学，而广义叙述学则是试图进一步去寻找各类叙述的基本规则。

Fang Xiaoli: That's right. The cross-media narrative Marie Laure Ryan has rearched includes films, novels as well as other narrative types execept for literature in the research scope of Narratology. Of course, I personally believe that there is a big difference between you and Ryan, that is, her research is still mainly focused on Generic Narratology, while your General Narratology tries to find the basic rules of various types of narration.

赵毅衡：是的，我们不能始终拘泥于以小说为原型来研究叙述学，不能只是说跨出小说这个有限的媒介来研究叙述学，我认为不如将这层幕布撕掉。

Zhao Yiheng: Yes. We can't always restrict our Narratology research to the prototype of novels or study Narratology only by crossing the limited media. So I think it's better to tear this curtain off.

方小莉：刚才，您提到国际符号学协会的主席科布利在其专著《叙述》中已经涉及了符号叙述学的内容。我在与他聊天时提到的《广义叙述学》在国内的出版和影响，他有些吃惊，同时也很高兴。我想他吃惊的是，他认为欧洲的符号学很难打入叙述学的阵营，而国内学界竟然如此开放。高兴的是建立了广义叙述学这一新学科，并得到国内学界的认可，让他看到了符号学与叙述学的前景。那么您认为，为什么中国这片土壤更适合产生符号叙述学呢？

Fang Xiaoli: Just now, you mentioned that Paul Cobley, the chairman of the International Semiotics Association, has already covered the content of

Semio-narratology in his monograph *Narrative*. He was surprised at the publication and influence of the book *A General Narratology* in China that I mentioned when I chatted with him. At the meantime, he was very pleased to hear that. I think the reason why he felt surprised is that he didn't expect Chinese scholars are so open to it because it's very hard for Semiotics to break into the camp of Narratology in Europe. He was very glad the establishment of the new discipline, that is, General Narratology, has been recognized by the domestic academic community, and he could finally see the prospects of Semiotics and Narratology. So why China is a more favorable place for the generation of Symbolic Narratology?

赵毅衡：我想最大的原因是我们的这个传统并没有固定成为一个圈子，这个相当重要。实际上，符号叙述学还是受到了一定的阻力。我记得在一次符号学会议上，我做主旨发言，发言稿事先已经印发给各位专家。我发完言后，下来看到一些专家在我的发言稿上打了一行大叉。当然我其实挺高兴的，因为他们注意听了。不注意听就是不当一回事，不同意比无动于衷要好。但是一个学界如果固守自己的疆界，这始终是一个问题，这在西方也是一个问题。我们一旦成为专家以后反而容易固守成规。像我这样反而无所畏，年轻人，无所畏惧。或者说，像我们中国人，没有亚里士多德顶在前面，那我们就可以自己判断。

Zhao Yiheng: I think the biggest reason is that we are not fixed in a circle, which is very important. In fact, Semio-narratology still received some resistance. I remember that at I once made a keynote speech a Semiotics conference and the text of my speech had already been handed out to all experts in advance. But after I finished my speech, I saw some experts left a big cross on my speech text. Actually, I'm still quite happy because it means they were listening carefully when I addressed the speech. However, if you are not willing to listen to me, it means you don't even care about

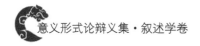

what I would say. In my view, having different opinions is better than being indifferent to what I said. Nonetheless, if an academic circle sticks to its own borders, it will always be a problem. For instance, it remains to be a problem in the West. Once we become experts, we would easily stick to conventions, but people like me as well as young people are fearless. To put it another way, we Chinese people, having no such people as Aristotle in our history, can make our own judgement.

方小莉：赵老师太谦虚了。那么做学问在您看来，就是要不断地打破各种局限性，不断突破创新，才能够做出与这个时代共同进步的学问吗？

Fang Xiaoli: You are too modest. So in your opinion, does learning mean to constantly break all kinds of limitations and make continuous innovations so that we can make progress with this era?

赵毅衡：就是这个意思。我特别欣赏年轻人，相当重要的原因是年轻人愿意接受新的事物。很多学者做了 10 年或 15 年以后，就不愿意改变了，因为改变似乎就是将自己从事了一辈子的研究改掉了。我则愿意改。我当然也不是完人，不是超人。我以前听有的人谈现象学，觉得挺难受，因为现象学超出了谈形式论的范围。但是最近三年我一直在集中考虑符号现象学的问题。我如果对现象学曾有抵触情绪，那是我的错，不是现象学的错。我们应该有这样自觉的态度，不应该用一块布把自己的眼睛蒙住，这样不好。

Zhao Yiheng: That's exactly what I mean. I particularly appreciate the young people, and that's because they are always willing to accept new things. In contrast, after 10 or 15 years' study, many scholars are reluctant to make changes, because making changes, according to them, means to change their lifelong research. But I am willing to change myself. Of course I am not a perfect person, nor a Superman. I once listened to some people talk about Phenomenology and I felt very depressed, because Phenomenology goes beyond the scope of formalism. However, I have been focusing on the issue of Symbolic Phenomenology for the past three years. If I ever had resistance to Phenomenology, then it is completely my fault and it has nothing to do with Phenomenology. We all should have such a self-conscious attitude in our minds instead of blinding our eyes with a cloth, which I believe is not good for ourselves.

方小莉：讨论完学理渊源，我们来具体讨论一下广义叙述学的理论问题。提到传统的西方对叙述的定义总是要强调"重述"，这就使得戏剧、游戏、电影等演示类叙述被排除在了叙述学的研究之外。因此您在建立广义叙述学的时候首先重新给叙述下了一个底线定义：一个叙述文本包含由特定主体进行的两个叙述化过程。

1. 某个主体把有人物参与的事件组织进一个符号文本中。
2. 此文本可以被接收者理解为具有时间和意义向度。

Fang Xiaoli: After discussing the theory source, let's have a look at the theoretical problems of General Narratology in detail. Traditionally, the western scholars always place emphasis on "restatement" when it comes to the definition of Narrative, making Performing Narrative, such as drama, game, and movie be excluded from the study of Narratology. Therefore, when you established General Narratology, you firstly gave a bottom-line definition to Narrative, that is, a narrative text should contain two narrative processes performed by a specific subject:

1. A subject organizes the events in which characters are involved into a semiotic text.

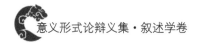

2. This text can be understood by the recipient as having both time and meaning dimensions.

叙述学的研究从经典叙述学开始似乎比较偏向于修辞，叙述学家们更多关注叙述者的叙述策略，也就是如何组织故事的意义，即您提出的第一次叙述化。在您的底线叙述中，您第一次在叙述定义中将第二次叙述化提到很重要的位置。在您的定义中是不是更强调第二次叙述化，即意义在什么条件下生成、什么条件下被阐释，以及意义如何被阐释？

Starting from Classical Narratology, the study of Narratology seems to be biased towards rhetoric. What's more, narratologists pay more attention to the narrator's narrative strategy, that is, how to organize the meaning of the story, or we could call it the First Narrative you have proposed. In the narrative of your bottom-line, for the first time, you raised the Second Narrative narration to a very important position in the narrative of definition. In your definition, do you place more emphasis on the Second Narrative. In other words, what is the necessary condition for the generation and interpretation of meaning? How is the meaning interpreted?

赵毅衡：是的。实际上，我们说皮尔斯的符号学就是认知符号学。也可以说，我最近的一些思考就是认知叙述学。这个也是受了一个国外学者的刺激，其实受点刺激挺好。我所说的这个人是牛津的一位学者阿瑟·阿萨·伯格，他说单幅图画不能叙述。我觉得很荒唐，我们经常看到单幅图像的叙述，比如许多广告就是单幅的。他这个说法完全不符合实际。我想他这个说法不符合实际相当重要的原因是他完全忽视了叙述接收者构筑情节的能力。我想摆脱这一点，就顺着这个思路往下想，就提出了"二次叙述"。

Zhao Yiheng: Yes. As a matter of fact, Peirce's Semiotics is exactly Cognitive Semiotics. In a manner of speaking, recently I have thought a lot about Cognitive Narratology, which is also stimulated by a foreign scholar. In fact, I think it will do you good if you can be stimulated every now and then. The person I am talking about is Arthur Asa Berger, an Oxford scholar who said that a single picture cannot be narrated. I think what he said is very ridiculous, because we could always see the narrative of a single image. For instance, many advertisements are single-pictured, proving that his statement is completely unreal. I think the reason why his statement doesn't conform to the reality is that he completely ignores the ability of the recipient to construct a plot. I want to get rid of this point, so I just keep thinking and then put forward Secondary Narrative.

方小莉：所以若是参考您对符号文本的定义的话，我们会发现，不一定要有符号的发送者，但符号的阐释者却不能缺少。根据您刚才所说，事实上，在早期巴赫金的《小说理论》（*Rhetorical Theory of Fiction*）中也探讨了，各个叙述主体之间相互交流的问题。在您看来，符号的发送者与接收者之间是主体间平等交流的关系，还是接收者比发送者更重要？

Fang Xiaoli: So if we could refer to your definition of semiotic text, we will find that there is no need to have a symbolic issuer, but the symbolic interpreter is indispensable. According to what you have said just now, in fact, Bakhtin Mikhail's *Rhetorical Theory of Fiction* also discussed the issue of mutual communication between narrative subjects. In your opinion, is there an equal relationship between the sender and the receiver of the symbol? If not, is the recipient more important than the sender?

赵毅衡：应该说接收者比发送者更重要。有时候发送者你根本不知道他是谁，比如施耐庵、罗贯中、兰陵笑笑生、荷马，你不知道他是什

么人物。所以依靠发送者就走进理论上的死胡同。

Zhao Yiheng: I believe the recipient is more important than the issuer because sometimes you even do not know who the sender is. For instance, you may have no understanding about these people, such as Shi Nai'an, Luo Guanzhong, Lan Lingxiaoxiaosheng and Homer. Therefore, if you just rely on the sender, you will walk into a theoretically blind alley.

方小莉：您早期发表了两本叙述学专著《当说者被说的时候》与《苦恼的叙述者》。这两本书都是以叙述者为中心来建构您的叙述学体系。在《广义叙述学》中，您强调了第二次叙述化的问题。那么您的研究是从早期以叙述者的修辞策略为中心，转移到以叙述接收者的认知为研究中心了吗？您的符号学就是意义学，关注意义的生成和阐释，可以这么理解吗？

Fang Xiaoli: You once published two narrative monographs, that is, *Talk About When a Speaker Is Talked About* and *The Uneasy Narrator*. Both the books are centered on narrator to construct your Narratology system. However, in your book *A General Narratology*, you emphasized the issue of the Second Narrative. Does that mean the center of your research has shifted from the narrator's rhetorical strategy in the early days to the perception of the narrative recipient? Can we say your Semiotics equals to Significs and you mainly focus on the generation and interpretation of meaning?

赵毅衡：这里可能有点小误会，二次叙述，是相对于作者的叙述而言的，不是相对于叙述者的叙述而言。叙述者是一个功能，可以说是一个人格，但他不是一个真正的人。叙述接收者是不一定现身的，他只是叙述者的镜像，所以他不可能做二次叙述。

Zhao Yiheng: There might be a small misunderstanding. The Secondary Narrative is relative to the author's narrative instead of the narrator's narrative. The narrator can be said to be a function or a personality, but he is not a real person. The recipient of the narrative is not necessarily present. He is only a mirror image of the narrator, so he cannot make the Secondary Narrative.

方小莉：那么也就是说是读者做的二次叙述。因为读者是一个很难把握住的群体，那么我们在讨论第二次叙述化的时候，对象是不是只能定位在阐释社群？

Fang Xiaoli: That is to say, it is the reader who makes the Second Narrative. So does that mean the object can only be positioned to interpretive community when we discuss the Secondary Narrative since the reader is a group that is difficult to grasp?

赵毅衡：解释标准问题是文艺理论当中最难的问题，实际上也是哲学理论当中最难的问题。每个人的思想都不一样，他人之心不可测。人说一千个人眼中有一千个哈姆雷特，我说一千个人眼中有几千个哈姆雷特。因为读者的想法随时都会发生变化，单个读者都无法将对哈姆雷特的阐释固定下来，更何况是成千上万的读者。这样的情况下，唯一的暂时确定解释的可能性，就是解释社群。

Zhao Yiheng: Explaining the issues of standard is the most difficult one in literary theories, so is it in philosophical theories. People are varied in their thoughts, and their minds are unpredictable. People always say that there are a thousand Hamlets in a thousand people's eyes, but I want to say that there are thousands of Hamlets in a thousand people's eyes. That's because the reader's ideas will change at any time and every individual

reader will not be able to finalize his interpretation of Hamlet, let alone those thousands of readers. Such being the case, the only possible way to tentatively determine the explanation is from the Interpretive Community.

方小莉：我在读您前期的两部作品时发现您在早期的研究中也关注了阐释问题，只是当时您没有明确提出。比如您在《当说者被说的时候》中的一段精彩的论述："不仅叙述文本，是被叙述者叙述出来的，叙述者自己，也是被叙述出来的——不是常识认为的作者创造叙述者，而是叙述者讲述自身。在叙述中，说者先要被说，然后才能说。"[①]说者/被说者的双重人格是理解绝大部分叙述学问题的钥匙。叙述者通过讲述故事来讲述自己，而接收者也通过故事读出叙述者。叙述者部分也是由叙述接收者推导出来的，就正如隐含作者部分是由读者推导出来是类似的道理？不知道我这个理解是否有道理？

Fang Xiaoli: When I read your two previous works, I noticed that you also paid attention to the interpretive issues in your early studies, but you didn't explicitly mention it. For example, there is a brilliant exposition in your work *Talk About When a Speaker Is Talked About*, "Not only the narrative text is narrated by the narrator, but the narrator himself is also narrated. It is not what we usually believe that it is the author who creates the narrative or relays the story of the narrator. In fact, the narrator is just telling himself. In the narrative, the speaker must be said before he can speak. The dual personality of the speaker or the person who is spoken is the key to understand most of the issues of Narratology." The narrator tells himself by telling a story, and the recipient can know the narrator through the story. The narrator part is also derived by the recipient of the narrative, just as the part of implied author is derived by the reader. Does my understandings make any sense?

[①] 赵毅衡：《当说者被说的时候：比较叙述学导论》，桂林：广西师范大学出版社，2022 年，新版自序，第 vi 页。

赵毅衡：是的，隐含作者肯定是。叙述者是不是被读者推导出来这个问题很复杂。相当重要的问题是符号学中的一个基本原理。任何一个陈述，不光是叙述，任何陈述，讲述主体无法讲述自己的讲述。有很多符号学家已经感觉到了这个问题，但是没有将其普遍化。托多罗夫就说"我跑"这句话里有三个我：我说、我自己、我跑。前面两个"我"之所以省掉是因为无法在同一个层次上得到表达。叙述者可以讲任何故事，什么故事都可以讲，但是不能讲我自己在讲这个故事，这是一个叙述悖论。

Zhao Yiheng: Yes. You are absolutely right about implied author. It is a complex issue whether the narrator is deduced by the reader. A very important issue is a basic principle in Semiotics. The subject cannot tell people what he has just told not only in narrative, but in any kind of statement. Many symbologists have already noticed this problem, but they didn't universalized it. Todolov said that there are three "I" in the short sentence "I run", that is, I said, myself and I run. The reason why the first two "I" are omitted is that they cannot be expressed at the same level. The narrator can tell any story, but not including the story that is being told right now, and this is a narrative paradox.

　　方小莉：也就是说叙述者可以讲述任何故事，但是他无法在同一个叙述层讲述他的讲述本身，也就是要到上一个层次，也就是到元层次，才能描述讲述过程。刚才我们还提到了苦恼的叙述者的问题。您当初写《苦恼的叙述者》时，试图通过形式的研究来进行文化形态的分析。叙述者在不同的文化形态中会采用不同的叙述策略。那么现在是不是可以写《苦恼的接收者》了？接收者是否也面临同样的问题？同样挺苦恼？

Fang Xiaoli: That is to say the narrator can tell any story, but he cannot narrate his narrative in the same narrative layer. In other words, he must

reach the meta-level before he could describe the narrative process. Just now we also mentioned the problem of the uneasy narrator. When you wrote *The Uneasy Narrator*, you tried to analyze the cultural form through formal research. The narrator would adopt different narrative strategies in different cultural forms. Is it now possible for you to write *The Uneasy Receiver*? Does the recipient also face the same agonizing problem?

赵毅衡：我想单独的接收者不苦恼。单独的接收者是一个充分的主体，一个充分的主体有自主的权利。单独的作者也不苦恼，他写作的时候如佛陀诞生一样，天上地下唯我独尊。叙述者是要苦恼的，因为他是一个时代，一个文化所规定的某种叙述样式的代表。他的苦恼之处就在这里。

Zhao Yiheng: I don't think the individual receiver would feel distressed. An individual recipient is an adequate subject who has full and independent right. An individual writer is also not distressed, because he was dominant on earth as a Buddha when he was writing. The narrator is distressed because he is an era and a representation of a narrative style prescribed by the culture. And that's where his worries lie.

方小莉：在《广义叙述学》中，通过重新定义叙述，从而将被传统叙述学忽略的各类叙述文本含纳进了叙述学的研究中。将叙述分为：记录类、演示类与意动类。这大大扩充了叙述学的研究范围，从传统的以小说为中心的研究，扩大到各类型的门类叙述学，并探索这些不同门类叙述的共同规律。您对传统中被大家忽略的游戏/广告/梦等叙述文本的新研究也让读者大开眼界，开启了叙述学新的研究领域。您和您的团队主要是做理论探讨，但是不能忽视的是，今天在叙述学界，特别是传统中比较注重文本细读的英文系，有很多学者更多的是将叙述学作为工具来研究文本。我想知道，您认为《广义叙述学》或者您的《符号学原理与推演》如何能够指导我们广大读者进行文本阐释呢？这些学问看起来很抽象啊？

Fang Xiaoli: In *A General Narratology*, the various narrative texts ignored by traditional Narratology are included in the study of Narratology by the redefinition of narrative. The narrative is divided into three types, that is to say, the documenting narrative, the performing narrative as well as the conative narrative. This has greatly enlarged the scope of the Narratology study. The traditional novel-centered research was expanded into various types of Generic Narratology and the common laws of these different categories of narrative are also explored. Your new research on narrative texts such as games, advertisements and dreams that have been overlooked in the traditional study has opened the horizons of readers and has also explored new fields for Narratology study. You and your team are mainly engaged in theoretical discussions, but we cannot overlook the fact that Narratology is more of a tool for many scholars to study texts in today's Narrative academic world, especially in the traditional English department which pays more attention to textual reading. I'd like to know how your books *A General Narratology* and *Semiotics Principles & Problems* can guide our readers to do such abstract studies as interpreting the text?

赵毅衡：这恐怕没有英文系、中文系之分。外语工作者面临一个语言转换和意义阐释的问题。有时候觉得能将莎士比亚读懂已经实属不易，古代文学也存在这个问题。因此可能比较忽略理论研究。研究现代文学的学者会更多地关注理论。然而无论是研究什么，理论都是不可缺少的。

Zhao Yiheng: I am afraid it has nothing to do with the English department or the Chinese department. The foreign language workers are facing the problem of language conversion and meaning interpretation.

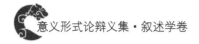

Sometimes we believe that it is rather difficult to understand the works of Shakespeare, and the ancient literature also has the same problem. Therefore, theoretical studies may be neglected. But scholars who study the modern literature will pay more attention to theory. However, theory is indispensable no matter what they are studying.

方小莉：在您的《广义叙述学》中，您其实不仅架构了广义叙述学的基本框架，同时也重访了经典叙述学中的许多重要概念，比如叙述者/隐含作者等。当然在您的作品中，您更重要的是创造性地提出了伴随文本、双重区隔、"框架-人格"二象性等新的观点和定义。这些新术语和观点其实与文本阅读是非常相关的，完全可以指导我们去进行文学或文化文本的分析。您的《趣味符号学》就是一个极佳的例子，将那么抽象的符号学原理运用到分析那么贴近我们生活的各种现象。有人说符号学是人文学科的数学，它能解决一切问题，当然也包括文学文本研究，您怎么看？

Fang Xiaoli: In your *A General Narratology*, you have not only structured the basic framework of general narratology, but also revisited many important concepts in classical narratology, such as narrators and implied authors. Of course, in your work, you are more creative in putting forward such new ideas and definitions as "co-text," "double separation", and "framework-personality" duality of the narrator. These new terms and ideas are actually very relevant to text reading and can guide us in the analysis of literary or cultural texts. Your book *Funny Semiotics* is an excellent example of applying such abstract semiotic principles to analyzing the varied phenomena that are close to our lives. Some people say that Semiotics is the mathematics of the humanities and it can solve all problems, including literary text studies. So what is your opinion about the point?

赵毅衡：符号学是人文学科的数学，这个听起来有点吹牛。但实际上这是形式论的应有之义。形式论中最明显的，无可置疑的就是数学。以等腰三角形为例，什么是等腰三角形？两条边或两个角相等。这个概念提出来以后，我们发现一个河口，或者是一片树叶，都可能是等腰三角形。但是我不必说这是河口形状或是银杏形状等等。因为这些问题都被化解成为一个形式的普遍问题。这是形式论的必然，形式论就是在被内容所分散的各类现象中，提取出本质的关系，形式论即为本质论。

Zhao Yiheng: It may sound a little exaggerated to regard Semiotics as the mathematics of the humanities, but as a matter of fact, this is the exact meaning of formalism. The most obvious thing in formalism is no doubt the mathematics. Let's take the isosceles triangle as an example. What is the definition of isosceles triangle? It refers to a triangle that has two sides of equal length or two corners of same degree. After this concept was proposed, we discovered that an estuary, or a leaf may be regarded as an isosceles triangle. But I don't have to say this is the shape of the estuary or the shape of ginkgo and so on, because these problems have been resolved into a universal problem of the same form. This is the inevitable result of formalism. Formalism is the extraction of essential relationships among the various types of phenomena that are dispersed by content. To put it another way, formalism is essentialism.

方小莉：那么就是说它是我们所看到的内容背后的规则问题。说到这里，我突然想到科布利曾经说，符号学不是抽象的研究，而是细读。当初我似懂非懂，现在我突然觉得，如果符号学是要研究文化现象背后的文化形式和规律，那么必然是需要进行文本细读的。您最近正在忙于写您的意义理论，您的研究更是深入到了符号哲学的层面。您能跟我们分享一下您的构想吗？

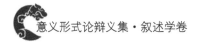
Fang Xiaoli: So that means it is the rule issues behind the content we have seen. Speaking of this, it suddenly occurs me that Cobley Paul once said that Semiology is not an abstract study, but a close reading. At that time, I couldn't fully understand it, but now I suddenly feel that if Semiotics is to study the cultural forms and laws behind the cultural phenomena, then it would be necessary to have a close reading of the text. I know currently you are busy writing your theory of meaning. Your research has gone deep into the level of semiotic philosophy. Would you like to share a little about your ideas with us?

赵毅衡：很惭愧，这个工作到现在还没有做好。实际上意义理论这个概念是康德最早提出，但康德没有发展它，而康德的后继者们也没有好好发展。但是其他的形式却出现了，比如维特根斯坦说的事实世界、胡塞尔说的生活世界、皮尔斯说的符号世界、于克斯库尔说周围世界、海德格尔说存在世界，实际上都是意义世界的问题，用不同的方式来阐述而已。我们生活的世界就是意义世界，如果有一部分世界对于我们来说没有意义，那么我们是不知道，不了解的。我们甚至不知道它存在与否。说意义世界理论就是说我们怎么用意义的办法来看待人与整个世界的关系。在叙述学和符号学之后，第三个我想做的就是意义学。我很早就将其称作"意义三部曲"，或是"意义三书"。关于叙述学和符号学，我从 20 世纪 80 年代就已经在做了，最近出的两本书可以说是以前所有工作的总结。我想我这一辈子还要不要再往前走一步呢，这最后一步还走不走呢？谢天谢地有那么多同学在推动我，所以我就继续往前走。

Zhao Yiheng: I feel ashamed that this work has not yet been finished. In fact, the concept of meaning theory was first proposed by Immanuel Kant, but he did not develop it, and so did his successors. However, other forms have kept emerging, such as the world of fact of Wittgenstein, the life world of Husserl, the semiotic world of Peirce, the around world of Uexküll, as well as the existing world of Heidegger. They are all the explanations of the meaning world problems in different ways. The world we are living in is exactly the meaning world. If there is a part of the world that does not make sense to us, then we don't know or understand it, and we are even not sure if it exists or not. The theory of the meaning world refers to how we could take a meaningful approach to look at the relationship between human beings and the entire world. After Narratology and Semiotics, the third thing I wanted to do was Significs which I called "The Meaning Trilogy" or "Three Books of Meaning" in the early stage. I have been researching Narratology and Semiotics since the 1980s and the two recent books I have published can be said to be a summary of all my previous work. I wonder if I still need to go one step further in my life. Thankfully, with so many students pushing me forward, I am able to keep moving forward.

方小莉：赵老师说很多同学在推着您向前走，我想越来越多的学者和同学正在被您推着向前走。最后您能否对广大从事人文社科类研究的年轻学者们说点什么，鼓励一下大家呢？

Fang Xiaoli: You mentioned that it is the students who are pushing you forward, but I believe that more and more scholars and classmates are also being pushed forward by you. In the end, is there anything you'd like to say to the young scholars who are engaged in the study of humanities and social sciences?

赵毅衡：我一步一步是靠学生推动的。我去年出的《趣味符号学》这本书，完全是靠学生推动的，里面的有些例子是课堂上同学们提出来的，有些例子是提出来后在课堂上跟大家讨论的。如果我要向大家提出什么希望的话，我希望大家好好推动我，不要让我停下来。

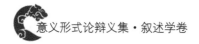

Zhao Yiheng: I was actually motivated by my students step by step. For example, the book *Funny Semiotics* that I published last year was entirely driven by students. For example, some of the examples in the book were made by my students in the class while others were discussed in the class after they were raised by students. If there is anything I want to say to you, I'd like to say that I hope everyone of you could just keep inspiring me so I won't stop halfway in the future.